북한의 재난관리

실태와 개선

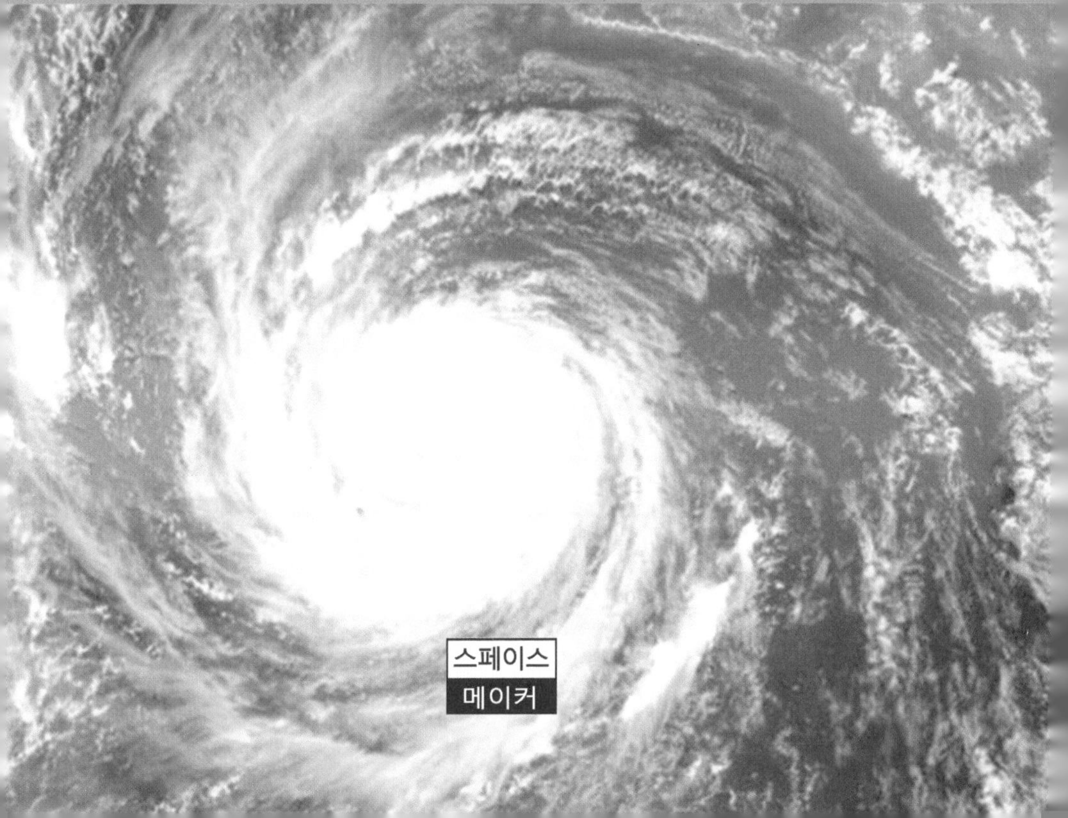

스페이스
메이커

북한의 재난관리 실태와 개선

인쇄 2020년 7월 10일
발행 2020년 7월 20일

지은이 홍윤근

편집 김현수
펴낸이 김건국
펴낸곳 스페이스메이커
등록 1979년 11월 15일 제2019-000268
주소 서울시 서초구 언남10길38-301
전화 02-521-4722, 02-464-6670

정가 18,000원

ISBN 978-89-85011-01-3
이 도서의 국립중앙도서관 출판예정도서목록(CIP)은
서지정보유통지원시스템 홈페이지(http://seoji.nl.go.kr)와
국가자료종합목록 구축시스템(http://kolis-net.nl.go.kr)에서
이용하실 수 있습니다. (CIP제어번호 : CIP2020021727)

북한의 재난관리

– 실태와 개선 –

Disaster Management in North Korea

-Reality and Improvement-

홍윤근 지음

머리말

제1차 세계 대전이 종료될 무렵인 1918년 여름에 발생한 스페인 독감(공식명칭 : 1918년 인플루엔자 바이러스)으로 약 5,000만 명의 인류가 목숨을 잃었다. 제1차 세계 대전 4년 기간 중 사망자 약 1,000만 명보다 5배나 많은 숫자이다. 그로부터 100년이 지난 지금 전 세계가 신종코로나바이러스-19(COVID-19) 감염병 발생으로 인하여 또 한 번 최악의 재난 상황을 겪고 있다. 2019년 12월 중국 우한시에서 최초 발병한 후 5개월이 지나 전 세계 214개국에 확산된 팬데믹(pandemic)으로 21C 최첨단, 최고의 방재 및 의료보건 조건하에서 가히 상상을 초월할만한 감염병 재난(Disaster) 앞에 나타난 인간의 나약한 모습을 그대로 보여주고 있다. AIDS보다 더 심각한 인수공통 대유행병(big pandemic)이다. COVID-19는 인수공통 전염병으로 지금까지는 인간에게 집중 확산되었지만 동물 전염 등 재확산의 가능성이 매우 높은 재난성 감염병이다. 앞으로 백신 개발 등 이에 대한 대비와 대응이 더 중요한 상황이다. 한 가지 확실한 것은 유행병은 시간이 지나면 끝난다. 그러나 새로운 대규모의 유행병은 세월이 지나면 또다시 나타날 것이다. 단지 인간이 어떻게 대처하느냐에 달려 있다.

무릇 동서고금을 통틀어서 재난을 관리하는 국가, 정부, 조직, 기관, 단체, 기업의 인적 자원들은 미래의 발생 가능한 어떤 위험과 위협이 국가나 지역사회, 개개인에 대해 치명적인 영향을 어떻게 끼칠 수 있는지 항상 상상하고 고민하고 검토하고 예견하는 마인드를 가져야 한다. 그리고 예측되는 위기, 위험과 위협에 대처할 자원이 어떤 것이 있는지, 부족하거나 구비되어 있지 않을 경우 어떻게 확보해야 할지를 꾸준히 연구하고 세부적인 확보계획을 수립해야 한다. 정확한 계획수립, 가용할 수 있는 자원 확보, 예지력과 통찰력을 갖춘 재난관리자는 미래 발생 가능한 재난의 피해를 예측하고 완화할 수 있으며 어쩌면 재난이 발생하기 이전에 예방할 수 있는 대응전략을 제시할 수도 있을 것이다.

크고 작은 재난이 발생하였을 경우 재난을 관리하는 주체인 중앙정부, 지방자치단체, 개별기관 및 기업 등 소단위의 재난담당부서는 미래의 피해와 확산이 예상되는 모든 문제점들을 가정하고 사전에 대응 매뉴얼을 반드시 구비해놓아야 하고 선정된 재난담당원들에게 사전 교육과 훈련을 실시해야 하며 이를 다시 국민들과 구성원들에게 대응 매뉴얼에 따른 행동지침을 온오프라인을 통해 끊임없이 교육 · 훈련을 실시해야 한다. 기존의 을지훈련이나 민방공 대피훈련을 받은 많은 기성 세대들은 왜 훈련을 받아야 하는지를 잘 알고 있으며 대응 매뉴얼을 어렴풋이나마 인지하고 사전에 교육훈련 받은대로 행동해야 한다는 것을 알고 있다. 이는 인간의 선행학습을 통한 인지의 결과이다. 재난에 대비하고 대응하는 주체들은 재난관리 매뉴얼을 작성할 때 최악의 상황을 가정하여 최적화되고 최대화된 예방, 대비 및 대응, 복구 매뉴얼을 준비해야 한다. 주변에서 좀 과하다고 평가할 정도로 재난관리 매뉴얼을 구축해 놓더라도 실제 재난상황이 발생하면 그 누구도 예측하지 못한 새로운 방향의 형태로 전이(轉移) · 발전될 가능성이 매우 큰 이유는 누적성(cumulativity), 복잡성(complexity), 불확실성(uncertainty)과 같은 재난의 특성이 내재되어 있기 때문이다.

재난의 비극적이고 아이러니한 결과는 역사상 지진과 쓰나미, 화산분출, 팬데믹(pandemic) 등의 형태로 지속해서 반복되고 있다. 인류탄생 이후 수많은 자연적(natural) 재난과 사회적(man-made) 재난을 경험하였지만 인간은 세월이 지나면서 쉽게 망각하는 특성으로 인해 경각심을 가지지 못하고 있다가 어느 날 갑자기 직접적 영향을 미치는 재난이 다가오면 미리 대비하지 못한 것에 대해 후회한다. 과거도 그랬고, 지금도 그러고 있으며 미래도 마찬가지일 것이다.

자신의 명예를 지키기 위해 죽음을 각오한 비운의 결투로 젊은 시절에 유명(幽明)을 달리한 재정 러시아 시대의 천재시인 푸시킨(A Pushkin, 1799~1837)의 시 한 구절을 음미하며 인간의 망각적 실수에 대해 애써 그 슬픔을 달래보면 좀 위안이 될는지.

Если жизнь тебя обманет, Не печалься, не сердись!

삶이 당신을 속일지라도, 결코 슬퍼하거나 노여워하지 마세요!

В день уныния смирись: День веселья, верь, настанет.

슬픔의 날을 받아들이고: 기쁨의 날이 찾아올 것임을 믿으세요.

Сердце в будущем живет; Настоящее уныло:

현재는 슬프지만; 마음은 미래를 살아 갑니다.

Все мгновенно, все пройдет; Что пройдет, то будет мило.

모든 것은 순간적이고, 모든 것은 지나갈 것이니; 지나간 것은 아름다울 것입니다.

대한민국은 북한과 불과 70년 전 동족상잔의 처절한 피의 전쟁을 치렀고 이로 인해 정치, 경제, 사회, 문화 등 각 분야에 비우호적인 관계를 이어오고 있지만 그래도 먼 훗날 함께 살아가야 할 우리의 이웃이고 동족이다. 푸시킨이 쓴 시처럼 미래를 생각하면 이해하고 포용하여 언젠가는 함께 가야 할 가장 가까이 살고 있는 한 민족이라고 생각해야 한다.

그러한 의미에서 인도적 차원뿐만 아니라 민족적 차원에서 북한에서 발생하고 있는 지진, 홍수, 감염병 등 각종 재난 상황을 모른 체 하고 방관하면 결국 그 위험이 직간접으로 우리에게도 영향을 미치기 때문에 예방적 차원의 선제적 대응이 필요한 상황이다.

아직까지 우리 사회에서 북한의 재난안전이나 재난관리에 대해서는 심도 깊고 체계 있는 연구가 되어있지 않고 학계나 행정 · 정치적 분야에서도 북한의 재난발생 계기 시마다 일시적 관심과 논의를 가진 경우가 대부분이다. 그리고 북한지역 재난관리체계의 개선에 관한 연구는 고도의 불완전한 정보, 폐쇄적 자료 접근성, 법 제도적 차이, 북한 재난 관련 전문가 부족 등으로 인하여 아직 학문적으로도 활성화되지 못하고 있다. 이러한 연유로 현직에 있는 동안 북한 정세와 북한 문제를 처리하면서 북한의 재난관리 실태와 북한의 재난인식과 문화, 인프라에 대해 많은 관심을 가졌으며 구조화된 북한의 재난 문제를 해결하기 위해 북한의 재난관리 실태와 현황을 정확히 파악하고 효율적인 재난안전 대책을 강구해야 한다는 필요성에 늘 공감을 가지고 주의를 게을리 하지 않았다. 북한은 2014년 6월 「재해방지 및 구조, 복구법」을 제정하고 국가비상설재해방지대책위원회, 중앙재해방지사업지도기관, 부분별 재해방지대책위원회, 지방재해방지대책위원회 등 재난 총괄 및 담당 기관을 법적으로 명기하였다. 그러나 이에 대한 명확한 시행령이나 북한당국의 공표내용이 미비하여 아직까지 제대로 연구되지 못하고 있는 분야이다. 이러한 미진한 분야를 연구하면서 그동안 대북 연관성 있는 인사들과 어렵게 입수한 북한 자료를 기초로 하여 초심자의 자세로 기술하였다.

본서는 국내외에서 처음 출간되는 '북한의 재난관리 – 실태와 개선 –'에 관한 서적으로 제1장은 북한 재난관리의 의의, 제2장은 재난과 재난관리에 대한 기본적 이해, 제3장은 북한의 재난 및 재난관리, 제4장은 북한의 재난관리 법체계, 제5장은 국제사회와 대한민국의 대북 재난지원, 제6장은 북한주민들의 재난 안전인식 실태를 조사 · 분석하였다. 특히 제6장에서 국내 탈북민을 대리변수로 북한 주민의 재난안전 인식을 북한주민의 입장에서 예방, 대비, 대응, 복구의 재난관리 단계별로 각 측정항목의 중요도와 현재수준의 차이를 Borich 요구도 분석(Needs Analysis) 방법과 The Locus for Focus 그래프를 이용하여 실증적 인식조사를 통한 분석(최우선순위와 차선순위 도출)은 국내에서 최초로 시행한 것으로 향후 북한지역의 재난관리와 대응전략을 수립할 때 수요자 중심의 정책적 접근이 가능할 것이다. 제7장은 북한지역 재난관리 체계의 개선을 위한 남북한 협력사례와 여건, 남북한 협력 방향과 국제사회와의 협력 등으로 구성하였다. 따라서 본서는 북한 재난관리 업무와 긴밀한 관계가 있는 정보기관, 통일부, 행정안전부, 농림축산식품부, 환경부, 기상청, 소방방재청, 질병관리본부(KCDC) 등 정부 기관의 대북재난 관련 부서뿐만 아니라 입법부를 포함한 정치권과 지자체, 그리고 국내 및 국제사회의 대북 NGO, 북한의 재난관리를 연구하는 학계 등에 유용한 참고자료로 사용될 수 있을 것이다.

이 책을 엮으면서 희망찬 청운의 꿈을 가슴에 담고 고향을 떠난 지 짧지 않은 세월 동안 앞만보고 달려온 반평생 풍운의 삶이 오만과 편견의 여정이었음을 뒤늦게나마 깨닫게 하는 계기가 되었으며 삶과 학문의 경외함을 배우고 성찰의 기회를 가지게 됨을 감사히 여긴다.

본서를 출간하게 된 기초는 저자의 박사학위(건국대학교 안보재난관리학과) 논문인 "북한지역 재난관리체계의 개선에 관한 연구(A Study on the Improvement of Disaster Management System in North Korea) : 탈북민의 북한지역 재난관리에 관한 인식을 중심으로" 임을 밝혀둔다.

안보재난관리학은 융합적 사고를 필요로 하는 학문이다. 석재왕 지도교수님은 황무지나 다름없는 북한재난 연구의 분석틀을 안내하여 주셨으며, 권용수 교수님은 북한의 재난관리의 비교 연구, 통계적 분석 방법을 제시해 주셨다. 또한, 이혜진 교수님은 인도적 차원에서 북한의 재난관리에 대한 세세한 접근방법을 지도해 주셨다. 그리고 이 책이 나오기까지 담대함과 함께 학문적으로 용기를 불어넣어 주신 존경하는 라종일 교수님의 후의에 각별한 감사의 인사를 드린다. 보태어 묵묵히 나라의 안전과 번영을 위해 소리 없이 헌신하고 계시는 선후배 여러분들과 건국대 안보재난관리학과 원우님들에게도 한없는 동지애의 격려와 감사의 마음을 보낸다.

끝으로 해마다 내가 좋아하는 싱긋한 호박 잎을 번거로움을 마다하지 않고 가득가득 담아 보내어 주신 존경하는 김영모 님, 하나뿐인 나의 아우 재근, 인고의 세월을 참고 견디며 묵묵히 신앙의 힘으로 마음속의 응원을 마다하지 않은 사랑하는 허미숙 님, 그리고 덕수와 지현, 수현, 명현에게 마음으로부터의 고마운 뜻을 전한다.

경자년(2020년) 6월 12일

독구리 벚꽃길, 도곡로7길 청운재에서

차례

머리말

제1장 북한 재난관리의 의의 17

제2장 재난과 재난관리의 이해 23

1. 재난 23

재난의 개념 / 재난의 분류 / 재난의 특성

2. 재난관리 34

재난관리의 개념 / 재난관리의 단계 / 재난관리의 방식 / 재난관리의 주체 / 재난 안전 의식

3. 대형재난의 유형과 사례 57

1) 자연재난
(1) 지진과 쓰나미
(2) 화산폭발
(3) 풍수해
2) 사회재난
(1) 미세먼지
(2) 전염병과 가축전염병
(3) 방사능과 원전

제3장 북한의 재난 및 재난관리 113

1. 북한지역의 재난 발생현황 및 특징 113

1) 자연재난
2) 사회재난
3) 북한 재난발생의 특징

2. 북한의 재난관리 조직 128

1) 교시 · 현지지도 · 당결정서
2) 국가계획위원회
3) 국가비상설재해방지대책위원회
4) 부문별 및 지방 재해방지대책위원회
5) 지방인민위원회
6) 국무위원회 및 내각산하 행정조직
7) 군 조직
8) 조선적십자사
9) 큰물피해(대책)위원회

3. 북한의 시대별 재난관리 정책 변화 142

1) 김일성 시대 : 도입기
2) 김정일 시대 : 정비기
3) 김정은 시대 : 현대화 추진기

제4장 북한의 재난관리 법체계 153

1. 재난관련 기본법 153

1) 재해방지 및 구조, 복구법
2) 소방법
3) 적십자회법

2. 자연재난 관련법 165

1) 풍수해 관련법
토지법 / 산림법 / 하천법 / 물자원법
2) 지진, 화산 피해방지 및 구조법
3) 기상법
4) 기타 관련법

3. 사회재난 관련법 170

1) 전염병 또는 가축전염병 관련법
인민보건법 / 전염병예방법 / 국가위생검역법 / 수의방역법
2) 대기오염방지법
3) 방사성오염방지법
4) 기타 관련법

4. 소결 176

제5장 국제사회와 대한민국의 대북 재난지원 183

1. 국제사회의 대북 재난지원 183
2. 대한민국의 대북 재난지원 188
3. 북한의 대남 구호물자 지원 192

제6장 북한주민의 재난관리 개선 인식실태 195

1. 연구 및 분석 방법 195
연구대상 및 자료수집 / 측정도구 및 구성 / 분석방법
2. 표본대상의 인구사회학적 특성 208
3. 재난 유형별 전반적인 사항에 대한 인식차이 211
과거 피해규모별 재난 유형 / 향후 재난위협 유형 / 재난 발생 시 지원분야 우선순위 / 재난관리 단계 평가
4. 재난관리 단계별 인구학적 특성간 인식차이 216
성별 간 / 연령대 간 / 직업 간 / 출신지역 간 /학력 간 /북한 이탈 시기 간
5. 재난관리 단계별 · 항목별 인식의 우선순위 231

1) 예방단계
2) 대비단계
3) 대응단계
4) 복구단계

6. 분석결과의 종합 252

제7장 북한의 재난관리체계 개선 협력 263

1. 동서독의 재난관리 협력 사례 264

1) 재난관리 협정 및 합의서
재난공동대응협정 체결 / 접경지역 수로협정 체결 / 의료보건 합의서 체결
2) 재난관리 협정 이행 방식
구속력 있는 협정 방식 / 협정의 구체성 명시 / 협정이행 기관 설치

2. 남북한 재난부문 협력 여건 269

1) 정치적 부문
2) 산림 병해충 부문
3) 풍수해 부문
4) 백두산 화산 부문
5) 전염병 및 가축전염병 부문
6) 산불 등 기타 부문

3. 북한의 재난관리 개선 협력 방향 280

1) 구속력 있고 항구적인 재난공동대응협정 체결
2) 재난협력 상주대표부 설치
3) 재난관련 법제 및 용어 정비
4) 재난협력 시범사업 추진
5) 재난 안정화를 위한 긴급구조노선 확보
6) 북한 재난관리 전문인력 양성
7) 북한 재난관리 데이터베이스 구축
8) 대북 인도적 지원 확대

4. 국제사회와의 협력 강화 293

〈부록〉

1. 북한의 재난관련 주요 연표 297
2. 남북한 재난관련 주요협력 일지 300
3. 북한의「재해방지 및 구조, 복구법」303
4. 동서독 정부간 재난공동대응협정 및 접경수로협정 320
5. 북한지역 재난관리체계 개선 조사 설문지 326
6. 약어표 332

〈참고문헌〉 335

제1장

북한 재난관리의 의의

공정이란 억울함이 없도록 하고 부정함을 바로잡는 것이다.
복수하지 말자는 말과는 배치되는 것이다.

제1장 북한 재난관리의 의의

2019년 9월 우리나라 경기도 북부 일원에서 발생한 아프리카돼지열병(ASF)의 감염경로가 북한을 경유한 것으로 의심되고 있다. 2019년 5월경 중국에서 북한으로 넘어 온 ASF가 남북 공유하천과 멧돼지 등 야생조수류와 같은 매개체에 의해 접경 지역을 통하여 넘어 온 것으로 추정된다. 그리고 북한은 90년대 중반 이후 '고난의 행군' 시기에 연이은 가뭄, 홍수 등 자연재해로 인해 대기근이 발생하여 아사자 속출과 탈북민들[1] 을 양산시켰다. 이로 인해 90년대 초중반부터 2019년 말까지 북한 주민들이 탈북하여 중국, 러시아 등을 경유, 한국으로 입국한 인원이 총 33,277명에 달하고 있다(통일부, 2020: 282). 대한민국 정부와 국제사회는 이들에게 많은 국가의 행정력과 엄청난 국가 예산을 투입하고 있는 실정이다.

작금의 재난은 국경과 한계를 초월하여 나타나고 있는 것이 현실이다. 재난은 유형을 불문하고 국가 운영 시스템을 마비시키고 일상생활의 혼란을 초래하는 원인이 되고 있으며 지역사회의 기존 윤리와 성격을 바꾸고 있다. 현대사회에서 재난안보는 인간안보와 자연안보라는 측면에서 매우 중요한 정치적 테마로 대두되고 있다. 위험사회(risk society)라 불리는 현대사회에서 재난과 재해에 대한 국가의 책임은 무한하며 이는 통치의 흐름을 변화시키는 중요한 정치변수 가운데 하나로도 작용한다.

---

1)경찰학 사전(2012)에서 탈북민은 '북한을 탈출하여 한국으로 넘어온 사람'을 일컫는 용어로써, 현재 정부가 공식적으로 사용하고 있으며 1997년 '북한이탈주민의 보호 및 정착지원에 관한 법률'이 제정되면서 본격 사용되었다. 탈북난민, 망명자, 탈북자, 탈북주민, 월남자, 새터민 등으로도 불리고 있다.

역사적으로 보아도 재난이 발생했을 때 적시에 제대로 대응하지 못한 왕조는 멸망의 길을 면치 못했으며, 재난을 잘 관리한 왕조는 백성들의 신망을 얻어 왕권의 연속성을 보장받았다. 고대 로마 시대에 가장 아름다운 도시 중의 하나인 폼페이(Pompeii)는 서기 79년 베수비오(Vesuvio) 화산폭발로 완전히 붕괴되었고 이로 인해 티투스 황제가 집권 2년 만에 실각되었다. 반면 조선 시대 세종은 가뭄 등 재난이 발생하면 굶주리거나 병든 백성들의 현황을 관(官)에서 선제적으로 조사하게 하였다. 이때 반드시 고을 수령이 손수 찾아다니면서 확인하고 구제에 나서게 하였고 책임을 제대로 못 해 인명 구제에 실패할 경우 그 수령에게 곤장 90~100대의 엄한 처벌을 내릴 정도로 최선의 대책을 펼치도록 강제함으로써 재난으로 인한 피해를 줄이고자 노력하였다(김준태, 2019.5.20).

재난은 특정 국가, 특정 지역에서만 일어나는 것은 아니며 매년 전 세계적으로 최소한 10,000명 이상이 자연재난이나 사회재난으로 목숨을 잃는다. 현재 세계적으로 초대형 이슈가 되고 있는 코로나바이러스와 미세먼지 및 초미세먼지의 경우를 보더라도 재난 유형의 광범위화, 재난 발생지역의 초국경화 · 월경화 경향으로 재난에는 더 이상 국경의 한계가 없음을 보여주고 있다. 재난의 마지막 결과는 인류 문명의 파괴와 함께 그 지역 및 국가에서의 경제적 · 사회적 혼란을 초래하며 재난으로 인해 나타나는 혼란은 개별 지역 사회의 안정과 국가발전의 정상적인 흐름을 크게 바꾸어 놓는다(류충, 2014: 68).

남북 분단 이후 현재까지 폐쇄적인 북한지역에서 대규모의 자연재난뿐만 아니라 사회재난이 수시 발생하여 인적 · 물적 피해가 컸으며 앞으로도 북한은 재난관리의 후진성으로 인해 복합적 재난의 발생 가능성이 매우 높은 지역이다. 그럼에도 불구하고 북한의 재난과 관련하여 대한민국과 국제사회는 주로 재난이 발생한 이후 복구과정에만 관심과 지원을 집중하여 왔고 재난관리 단계별(예방-대비-대응-복구) 대책에 대해서는 적절한 지원정책을 시행하지 못하고 있는 것이 현실이다.

북한은 장기적인 경제상황의 하부구조적 취약성으로 인한 시설 노후화, 기아사태, 전염병 확산 등 새로운 형태의 복합적 재난 발생 가능성이 높은바, 이에 대응하기 위한 재난정보 수집활동과 현실적인 재난관리체계 개선의 필요성이 점증되고 있다. 특히 북한의 7차에 걸친 핵실험과 ICBM, SLBM 등 미사일 발사실험은 국가 안보적 현안과는 별도로 해당지역 주민의 방사능 피폭, 지진유발 가능성, 환경파괴 등 새로운 재난관리 문제로 대두되고 있는 상황이다.

또한, 북한지역은 전 세계에서 자연재난 발생으로 인한 피해가 가장 심각한 국가 중의 하나로 알려져 있다. 1991년 구소련 붕괴 후 북한의 국가독점계획경제 체제하에 공적부문의 역할 미숙으로 인하여 가뭄, 홍수 등 자연재난과 더불어 전염병, 붕괴, 철도 사고 등 사회재난이 지속해서 발생하고 있으나 재난관리에 대한 거버넌스 차원의 예방 및 대응정책은 극히 부실하여 외부의 지원이 절실히 요구되는 상황이다.

재난관리는 모든 재난의 발생과 원인을 통제할 수는 없더라도 사전에 준비하고 대응할 수 있다는 기본적인 신뢰를 가지고 착실히 대처해나가는 것이 가장 적절한 방도이며 해법이다. 북한 재난관리에 대한 연구와 대책수립은 국가적 차원에서 통일에 대비하여 지속 접근해야 함이 마땅하다. 지금까지 남북한 간 북한지역의 재난관리에 관한 접근은 임진강 수해방지사업, 백두산 화산공동연구, 전염성 질병의 유입 및 확산방지 협력 등 정부 차원에서 최소한으로 진행되었다. 그리고 학문적으로도 북한의 고도로 불완전한 정보제공, 북한지역 폐쇄성으로 인한 자료수집의 한계 등으로 학계의 관심을 집중하지 못한 미개척 영역이었다.

비근한 예로 북한지역에서는 금번 코로나바이러스-19 감염병의 확산과 사망자에 대해 공식적으로 알려진 것이 없다. 북한은 확진자와 사망자 없다고 한다. 그러나 데일리 NK, 일본 등 비공식 출처에 의하면 약 5만 명이 격리되었으며 확진자 중 약 260명이 사망했다는 보도가 있다(네이버, 위키백과, 2020.6.12). 북한은 중국과 접경하고 있어 압록강과 두만강을 건너 장사를 하는 많은 밀무역 꾼들이 있으며 2019년 12말까지 UN의 제재로 중국에서 거주하던 다수의 북한 노동자들이 귀북하였으며 의료체계가 취약한 점 등을 감안 시 금번 코로나바이러스-19 대유행에서 단언적으로 자유롭지 못하다. 한 가지 희망적인 예측은 북한 당국이 평소 주민들의 거주 이동을 제한하는 등 엄격한 통제를 유지하고 있다는 것으로 이는 자연적으로 사회적 거리두기와 같은 효과를 거둘 수 있다는 점이다.

따라서 지극히 폐쇄적인 북한지역의 선행적 재난관리는 남북관계 회복과정에서 투입되는 통일비용 절감효과뿐만 아니라 대한민국의 재난안보와도 직결되는 매우 중요한 정책적 과제로서의 의의가 크다고 하겠다.

제2장

재난과 재난관리의 이해

작은 약속이라도 반드시 지켜야
사람 사이에 신뢰가 생긴다.

제2장 재난과 재난관리의 이해

1. 재난

1) 재난의 개념

재난(Disaster)에 대한 개념은 역사적, 시대적 배경과 지역적, 사회적 환경에 따라 광의의 혹은 협의의 상대적인 의미로 다양하게 정의하고 있다.

재난은 인간공동체와 환경 그리고 생활기반시설에 대한 광범위한 손해와 손실을 불러일으키는 현상이다. 북한에서는 재난을 피해의 규모에 대한 논의 없이 "어떤 원인에 의해서 입은 재해나 겪는 고난(조선말대사전, 2004: 1089)"으로 상당히 광범위하게 정의하고 있다.

재난과 유사한 개념으로 사용되는 용어들로는 재앙, 재해, 비상사태, 사고, 위기, 위험 등이 있다. 먼저 재앙(災殃: catastrophe, calamity)은 주로 천재지변 등으로 예기치 않게 발생하는 사건을 의미한다. 다음으로 재난이란 용어와 자주 혼용되어 사용되는 재해(災害)는 재난 또는 재앙으로 인해 나타난 피해를 뜻한다. 그리고 비상사태는 영향력의 범위가 넓지 않은 소규모 사건을 의미한다는 점에서 재난과 구분된다(Willam, L. Waugh Jr. & Kathleen Tierney, 2007). 재난과는 별개로 사용되는 사고(事故, incident)는 교통이나 붕괴 등 비교적 소규모의 예기치 않게 발생하는 사건을 말한다. 이외 재난에 관해 설명할 때마다 등장하는 위험(危險, risk)과 위기(危機, crisis)가 있는데 위험은 "위태로운 상태 즉 손해나 손실이 발생할 가능성이 잠재된 상태"를 의미하며 위기는 사전적 의미로는 "위험한 시기 또는 고비"이지만 "재난의 범위에서 벗어난 정치, 경제, 사회, 문화 등의 분야에 사용되는 일반적인 용어"를 뜻한다. 자연과 인간에게 영향을 미치는 피해의 경중과 규모의 개념으로 볼 때 재난, 재앙, 재해, 비상사태, 사고, 위기, 위험 순으로 나열해 볼 수 있다.

재난에 대한 학문적 연구가 본격화된 미국에서 초창기 이론적 관심은 군사적인 접근에서 출발하였으며 초기 단계의 재난에 대한 연구는 기능주의, 혹은 사회체계론이 큰 이론적 영향을 미쳤다. 즉 재난연구는 주로 사회나 공동체가 필요한 사회적 기능을 수행하여야 하는데 자연재난이나 기술적 요인으로 인해 그 기능을 방해받게 된다는 가정하에서 출발하였다. 이 이론에서는 재난이 사회체계의 기능을 순간적으로 방해하지만, 시간이 지나게 되면 영향을 받는 사회적 단위나 체계가 조정과정을 거쳐 그 기능을 복구하게 된다는 것을 전제한다. 이러한 기능주의적 입장에서 Barton(1969)은 재난을 "사회체계의 구성원들이 체계로부터 기대하는 생활의 조건을 충족시키는 데 실패하는 경향"이라고 정의하며 일종의 집단적인 스트레스 상황으로 인식하였다(정지범 편저 · 이재열, 2009: 59).

현재까지 재난에 대한 개념은 학자, 사전과 법조문, 개별 국가, 국제기구 등에 따라 다양하게 정의되고 있다. 우리의 국립국어원표준국어대사전(2019)에는 재난(災難)을 "뜻밖에 일어난 재앙과 고난"이라고 명기되어 있다. 경찰학사전(2012)은 "국민의 생명 · 신체 및 재산과 국가에 피해를 주거나 줄 수 있는 것으로서 태풍 · 홍수 · 호우 · 폭풍 · 폭설 · 가뭄 · 지진 · 황사 등 자연현상으로 인하여 발생하는 재해, 화재 · 붕괴 · 폭발 · 교통사고 · 환경 오염사고 등 이와 유사한 사고로 대통령령이 정하는 규모 이상의 피해 등 국가기반체계의 마비와 전염병 확산 등으로 인한 피해"라고 기재되어 있다. Wikipedia 사전(2019)에는 "재난이란 비교적 단기간에 걸쳐 발생하고 영향을 받은 공동체나 사회가 자체의 자원을 사용하여 적시에 대처할 능력을 초과하는 광범위한 인적, 물리적, 경제적 또는 환경적 손실을 야기하는 심각한 붕괴"라고 정의하고 있다.

우리나라의 「재난 및 안전관리 기본법」(2019.3.26. 일부개정) 제3조 제1호에는 재난이란 “국민의 생명 · 신체 · 재산과 국가에 피해를 주거나 줄 수 있는 것”으로 정의하였다. 일본의 「재해대책기본법」(1961년) 제1장(총칙) 제2조 제1항에는 재난(재해)은 “태풍, 회오리바람, 호우, 폭설, 홍수, 절벽붕괴, 해일, 지진, 쓰나미, 화산폭발, 그 밖의 이상한 자연현상 또는 대규모 화재, 폭발, 기타 그 미치는 피해의 정도에 있어서 이와 비슷한 정령으로 정하는 원인에 의해 생기는 피해(세계법제정보센터, 2019)”라고 정의하고 있다.

유엔개발계획(UNDP)과 유엔재해구제기구(UNDRO : United Nations Disaster Relief Organization)[2]는 재난을 “사회의 기본조직 및 정상 기능을 와해시키는 갑작스러운 사건이나 큰 재해로서, 재해의 영향을 받는 사회가 외부의 도움 없이 극복할 수 없고, 정상적인 능력으로 처리할 수 있는 범위를 벗어나는 재산, 사회 간접시설, 생활수단의 피해를 일으키는 단일 또는 일련의 사건”이라고 규정하였다. UN의 국제법위원회(ILC)는 2007년부터 2008년 사이에 ‘재난 시 인간의 보호’라는 주제의 보고서를 작성했는데 이 보고서 3조에서 재난은 “하나의 비참한 사건 또는 연속적인 사건들에 의해 대량의 인명 손실, 다대한 인간의 고통 및 비탄 또는 대규모의 물적 · 환경적 손실을 초래하고 사회의 작동을 심각하게 훼손한다”라고 규정하고 있다(김성철, 2015: 59). 2007년 국제적십자사연맹(IFRC)의 가이드라인에 의하면 “재난은 무력충돌을 제외한 사고나 자연적 혹은 인간의 활동으로부터 발생하든지, 갑자기 또는 장기적인 과정의 결과로 발생하여 사회의 기능에 심각한 지장을 초래하는 것으로 인간의 생명, 건강, 재산 또는 환경에 중대하고 광범위하게

2) 제26회 유엔총회 결의에 따라 1972년 설치되었으며 대규모 재해가 발생시 효율적으로 원조할 조정기관으로 유엔기구 사무소를 통해 정보를 수집하고 피해상황을 각국 정부에 알려 원조협력을 받으며 방재관리 세미나 개최 등의 연구활동도 한다. 본부는 스위스 제네바에 있다.

위협을 가하는 것을 의미한다"라고 정의하고 있다.[3)]

최근에는 인류문명의 발전과 더불어 인적 요인에 의한 대형사고가 빈번하게 나타나면서 테러(사이버 테러 포함) 및 전쟁 · 전염병 · 미세먼지 등으로 인한 사회재난도 포함되는 개념으로 확대하여 정립되고 있다. 다시 말하면 근대사회에서 현대사회로 발전하면서 재난의 개념은 지속적으로 변화하고 있는 것이다(송창영, 2014: 14).

재난의 기준으로는 학자들과 정부 기관, UN 기관, 단체 등에 따라 다르지만 일반적으로 100명 이상의 사상자, 국민총생산(GNP)의 1% 이상의 경제적인 손실, 국민의 1% 이상이 피해를 입은 경우에 대하여 대형재난으로 정의하기도 하였다(정병도, 2015: 20). 그러나 이 기준은 너무 광범위한 기준이라 판단된다. 협의의 재난의 관점에서 볼 경우 각국의 경제력과 인구수에 따라 차별은 있겠지만 국민총생산의 0.01% 경제적 손실이나 국민들의 0.01% 이상이 피해를 입을 경우 이미 대형재난이라 볼 수 있다. 우리나라의 경우 「재난 및 안전관리 기본법」 제36조에 재난사태선포 기준에 대해 "행정안전부 장관은 대통령령으로 정하는 재난이 발생하거나 발생할 우려가 있는 경우 사람의 생명 · 신체 및 재산에 미치는 중대한 영향이나 피해를 줄이기 위하여 긴급한 조치가 필요하다고 인정하면 중앙위원회의 심의를 거쳐 재난사태를 선포할 수 있다"고 명기하고 있다. 그리고 같은 법 제61조에 특별재난지역 선포 기준에 대해 "중앙사고대책본부장의 건의와 중앙안전대책위원회의 심의를 거쳐 대통령이 선포한다"라고 규정하고 있다. 이 법에 따라 2020년 3월 15일 신종코로나바이러스-19로 인해 대구 및 경북 청도 · 경산 · 봉화지역을 특별재난지역으로 선포한 것은 헌정 역사상 처음 있는 일이다.

결론적으로 재난은 "자연적, 사회적으로 다양(복잡성, 불확실성)하고 누적

---

3) IFRC. IDRL Guidelines. Definition. p.14. (Disaster means a serious disruption of functing of society, which poses a significant, widespread threat to human life, health, property or the environment, whether arising from accident, nature or human activity, wether developing suddenly or as the result of long-term progressas, but excluding armed conflict).

된(누적성) 원인으로 인해 발생하며 생명체와 자연환경에 큰 규모의 피해(대형성)를 초래하는 사건" 이라고 필자는 정의하고자 한다. 기타 국내외 선행학자들이 정의한 재난의 개념은 다음의 〈표 2-1〉 과 같다.

〈표 2-1〉 선행학자들의 재난의 개념

성명	재난의 개념	비고 (년도)
Fritz, C. E.	한 사회, 혹은 비교적 자기충족적인 하위범주에서 특정시간과 공간에 집중된 사건으로 구성원의 인명이나 사회구조에 손실을 입혀 사회의 핵심적 기능을 수행하기 어렵게 만드는 현상	1961년
Turner, B.A.	사전의 경고를 방치하거나 무시하는 문화 속에서 누적된 위험요인들이 한 번에 동일한 시간과 공간에서 집중적으로 나타나 사회의 하위체계의 존속을 위협하는 사건	1978년
Kreps, G. A	사회 및 구성 조직이 물리적 피해나 손실을 보거나 일상적 기능의 장애를 받게 되는 시 · 공간상에서 관측 가능한 사건	1984년
정기성	인간의 생존과 재산의 보존이 불가능할 정도로 생활 질서를 위협받고 있는 상태를 초래한 사고 또는 상태	2001년
송창영	자연적 또는 인위적 원인으로 생활환경이 급격히 변화하거나 그 영향으로 인해 인간의 생명과 재산에 대해 단기간 큰 피해를 주는 현상	2014년
이찬수	재난은 재(災)의 난(難)으로 재(災)는 물(川)과 불(火)로 한마디로 자연의 힘이며, 그 자연의 힘을 인간이 감당할 수 없는 곤란한 상황	2015년

* 출처: 국내외 학자들의 재난 개념을 정리.

2) 재난의 분류

재난의 분류는 재난의 개념과 마찬가지로 발생원인, 발생장소, 피해규모 등 원인 및 시공간적 차이와 학자들에 따라 다양하게 정의되고 있지만, 오늘날 크게 자연재난과 사회재난으로 대별되고 있다. 재난의 분류에 대한 지금까지 학자들 간의 주장을 살펴보면 다음과 같다.

먼저 C. Gilbert[4](1995)는 재난에 대한 수많은 이론적 접근을 세 가지 패러다임으로 분류하였다. 첫째, 유사전쟁(duplication of war) 패러다임은 재난을 사회체계를 방해하는 외부로부터 공격이며 둘째, 사회취약성(social vulnerabilities) 패러다임은 재난이 사회의 내부과정에 내재한 사회적 취약성에 의해 발생하고 셋째, 불확실성(state of uncertainty) 패러다임으로 재난은 실제 또는 가상의 위험을 정의하는 데 실패하는 것에서 기인하며 현실을 이해하는데 적절한 프레임이 움직이지 않을 때 발생한다고 정의하였다.

D. K. C. Jones(1993)는 재난의 발생원인과 현상에 따라 자연재난, 준 자연재난, 인적재난으로 크게 분류하였다. 이를 다시 자연재난은 지진 · 화산 · 산사태 등 지구물리학적 재난과 세균 · 질병 등 생물학적 재난으로 나누고, 준 자연재난은 스모그 · 사막화 · 온난화 · 토양침식 등이 있으며 인적재난은 공해 · 폭동 · 폭발 · 전쟁 등을 포함시키고 있다.

B. Richardson(1994)은 조직과의 관련성에 주목하여 생태체계적(ecosystemic) 재난, 사회-기술적(socio-technical) 재난, 경제적(business-economic) 재난, 반사회적(sociopathic) 재난 등으로 구분하였다.

R. A. Posner(2004)는 재난을 위기와 재앙의 개념으로 ① 자연적인 재앙으로 유행병, 소행성 충돌 등 ② 실험사고나 그 밖의 과학 관련 사고로서 입

---

4) Gilbert, C. 1995. Studying Disaster: A Review of the Main Conceptual Tools. International journal of Mass Emergencies and Disasters. 13(3). 231. : The numerous theoretical approaches to disasters can be classified into three main paradigms. The first is disaster as a duplication of war. The second is disaster as an expression of social vulnerabilities. The third is disaster as an entrance into a state of uncertainly.

자가속기, 나노기술, 인공지능 등과 관련된 사고 ③ 인간이 만들어낸 재앙으로 천연자원의 고갈, 지구온난화, 생물다양성 실종 등 ④ 고의적인 대재앙으로 핵겨울, 생물무기류, 사이버테러 등 네 가지로 유형화 하였다.

T. M. Moles(1977)는 〈표 2-2〉와 같이 주요 재난을 자연재난(natural disasters)과 사회재난(man-made disasters)으로 이분화한 뒤 자연재난을 기후성(climatic) 재난과 지진성(seismic) 재난으로 분류하고 사회재난을 사고성(accidental) 재난과 계획성(premeditated) 재난으로 구분하고 있다.

〈표 2-2〉 주요 재난의 분류

구분	세분류	재난의 종류
자연재난 (natural)	기후성 재난 (climatic)	태풍, 홍수
	지진성 재난 (seismic)	지진, 화산폭발
사회재난 (man-made)	사고성 재난 (accidental)	교통사고(도로 · 철도 · 항공 및 해상) 산업사고(건물 붕괴) 폭발사고(광산 · 가스 · 화학 및 군수폭발) 화재사고(화상 및 연해(煙害)) 생물학적 사고(박테리아 · 바이러스 · 중독) 화학적사고(부식성 물질 · 유독성 물질) 원자력사고(방사선 및 오염)
	계획성 재난 (premeditated)	테러, 폭동 및 민간소요사태, 전쟁

* 출처 : Moles(1977)

우리나라의 「재난 및 안전관리 기본법」 제 3조에는 재난의 유형을 아래와 같이 자연재난과 사회재난으로 구분하고 있다.

① 자연재난 : 태풍, 홍수, 호우(豪雨), 강풍, 풍랑, 해일(海溢), 대설, 한파, 낙뢰, 가뭄, 폭염, 지진, 황사(黃砂), 조류(藻類) 대발생, 조수(潮水), 화산활동, 소행성·

유성체 등 자연우주물체의 추락·충돌, 그 밖에 이에 준하는 자연현상으로 인하여 발생하는 재해

② 사회재난 : 화재·붕괴·폭발·교통사고(항공사고 및 해상사고를 포함)·화생방사고·환경오염사고 등으로 인하여 발생하는 대통령령으로 정하는 규모 이상의 피해와 에너지·통신·교통·금융·의료·수도 등 국가기반체계(이하 "국가기반체계"라 함)의 마비, 「감염병의 예방 및 관리에 관한 법률」에 따른 감염병 또는 「가축전염병예방법」에 따른 가축전염병의 확산, 「미세먼지 저감 및 관리에 관한 특별법」에 따른 미세먼지[5] 등으로 인한 피해

유엔 재난감소를 위한 국제전략기구(UNISDR : UN International Strategy for Disaster Reduction)[6]는 "재난을 발생원인에 따라 자연재난과 인위재난으로 분류하고 자연재난은 지진, 화산, 산사태, 폭설, 태풍, 가뭄, 홍수 등이며 인위재난은 시설물 사고, 화재, 폭발, 오염, 원자력 사고, 전쟁, 소요사태 등 인간의 잘못된 기술이용 혹은 부주의로 발생한 재해"라고 규정하였다(임예준 외, 2017: 22).

이재열, 김동우(2004: 143~176)가 제시한 다음 〈표 2-3〉는 재난을 사건들 간의 상호작용과 사건들의 평균 소요시간을 기준으로 유형화하여 재난의 유형별 발생논리를 일목요연하게 나타낸 것으로 사건의 상호작용은 체계의 복잡성과 기술 복합성을 말해주며 사건의 소요시간은 재난을 구성하는 사건들이 어느 정도의 시간적 경과를 필요했는지를 말해주는 것으로서 사건들 간의 시간적 결합 정도를 말해준다.

5) 「재난 및 안전관리 기본법」 일부 개정 시(2019.3.26) '미세먼지 등으로 인한 피해'를 추가하였다.

6) 1989년 유엔총회에서 1990년대를 자연재해 경감을 위한 10년 계획기간(IDNDR)으로 지정, 이를 위해 1990년 사무국이 설립되었던 것을 1999년 UNISDR 로 개칭한 것이며 본부는 스위스 제네바에 있다.

〈표 2-3〉 재난유형의 분류

사건의 상호작용 \ 사건의 소요시간	길다	짧다
복잡	복합 · 증폭형 (환경오염 재난유형) 시화호 오염 유형1	복합 · 돌발형 (고도기술 재난유형) 대구지하철 화재 유형2
단순	유형3 단순 · 증폭형 (단순기술 · 부실유형) 삼풍백화점, 성수대교 붕괴	유형4 단순 · 돌발형 (단순사고 · 범죄유형) KAL기 폭파, 자동차 사고

* 출처: 이재열 · 김동우(2004)

우리나라는 자연재난을 「자연재해대책법」에도 명시하고 있다. 「자연재해대책법」 제 2조에 의하면 자연재해는 자연재난으로 인하여 발생하는 피해를 의미한다. 한편, 사회재난의 유형으로 화재, 폭발, 붕괴, 교통사고(항공 및 해상 포함), 화생방사고, 환경오염사고 등과 에너지, 교통, 의료, 금융, 수도 등 국가기반체제의 마비, 감염병 확산, 미세먼지로 인한 피해 등을 범주에 포함하고 있다. 더하여 부주의에 의한 우발적 사고재난과 고의적인 범죄성 재난 및 환경오염 등이 사회적 재난으로 분류될 수 있다고 주장한다(신소영, 2016: 13). 최근에는 테러도 국가적 안보와 국민의 생명 및 재산상에 직접적인 위협요인이 되고 있어 사회재난에 포함시켜야 된다는 논의가 진행 중이다.

이러한 자연재난과 사회재난은 국민의 생명과 재산에 막대한 피해를 준다는 점에서 본질적으로 공통점을 가지고 있지만, 예측 가능성, 피해의 가시성, 통제 가능성, 영향 범위 등의 차이가 존재한다. 아래 〈표 2-4〉는 자연재난과 사회재난의 차이점을 비교한 것이다.

〈표 2-4〉 자연재난 및 사회재난의 비교

구분	자연재난	사회재난
발생과정	돌발적	돌발적
충격정도	강력	강력
피해의 가시성	가시적인 환경 손상 초래	가시적인 피해가 나타나지 않은 경우도 존재
예측 가능성	어느 정도의 예측이 가능하며 사전 경고 징후가 나타남	어느 정도의 예측이 가능하며 사전 예방이 가능함
상황의 전환점	식별 가능한 전환점이 존재하며 시간이 지남에 따라 상황이 호전되는 경향이 있음	전환점이 존재할 수도 있으며 시간이 지나도 상황이 호전되지 않을 수 있음
통제 가능성	통제 불가능	통제 가능
영향범위	직접적인 희생자로 국한	직접적 피해를 받지 않은 사람에게도 영향
영향의 지속성	단기	단기 또는 장기

* 출처 : 김영규(1995), 박성수(2011), 신소영(2016)

3) 재난의 특성

재난은 그 자체가 지니고 있는 고유한 본질적인 특성이 있다. 재난의 특성은 재난을 관리하는 국가나 정부의 재난관리체계의 결정적 기능으로 작용하고 있으며 다양한 재난의 특성을 고려하여 재난관리 체계를 구축해야 한다. 경찰학 사전(2012)에는 현대사회의 재난의 특성으로 일상성, 타율성, 익명성, 불확실성, 안전불감증 등이라고 명시하고 있다. 대표적인 재난의 특성으로 크게 누적성, 불확실성, 그리고 복잡성으로 구분해 볼 수 있다.

첫째, 누적성(cumulativity)이다. 재난은 갑작스럽게 나타나는 뜻밖의 사고가 아니라 커다란 사고로 이어지기 전까지 오랜 시간 동안 경미한 현상들이 누적되어 온 위험요인들이 특정한 시점에 표출된 결과로 비가시적으로 누적되고 있는 위험 발발요인이 재난을 발생시키는 중요한 요인이다(채진, 2018: 26).

둘째, 복잡성(complexity)이다. 재난은 여러 가지 복합적인 요인들에 의해 상호작용되어 발생한다. 재난의 상호작용성이란 자연적 · 기술적 · 사회적으로 구분되는 재난들과 재난의 원인이 되는 위험요인들이 단독적으로 진행되는 것이 아니라 상호 간에 복잡하게 작용하면서 확대되거나 재발된다는 의미이다(정병도, 2012: 33). 예를 들면 지진이 발생할 경우 지진의 규모와 강도뿐만 아니라 지진 이후 나타나는 전염병의 창궐 같은 것을 생각해 볼 수 있다. 이러한 재난의 복잡성의 원인 중 하나는 재난이 상호작용성을 지니기 때문이다. 그리고 재난 발생 이후에도 재난은 피해 주민의 반응, 피해지역의 기반시설 등의 요인들과 계속된 상호작용을 동반하면서 진행된다(채진, 2018: 28).

셋째, 불확실성(uncertainty)이다. 재난은 수평적 · 수직적으로 모든 과정에 연속적으로 걸쳐 발생한다. 재난의 발생 원인이 되는 위험요소(hazard) 중에서 무슨 위험이 언제, 어디서, 어떻게, 얼마나 자주, 누구에게 올 것인지를 사전에 확실하고 정확하게 예측할 수 없으며 재난 발생 후에도 대응과정에서 정보의 부족으로 인해 다양한 불확실성에 의해 관리되어 진다는 특성이 있다(정병도, 2012: 32). 불확실성은 누적성이나 복잡성과는 다르게 재난의 모든 과정에 걸쳐 나타난다. 즉, 어떤 재난이 일어나기 전에 비가시적인 요인들이 누적되고 배양되면서 그 발생 가능성이 점점 커지는데 다양한 재난 발생 요인 간의 상호작용은 쉽게 예측할 수 없고 재난 자체가 어디서 발생할지도 정확하게 예측할 수도 없게 된다. 결국, 불확실성은 재난이 발생하기 전에는 누적성과 발생한 후에는 복잡성과 함께 작용하면서 재난상황을 특징짓게 된다(채진, 2018: 27).

2. 재난관리

1) 재난관리의 개념

관리적 차원에서 재난에 대한 연구는 1980년대 이전까지만 해도 거의 없었다. 우리나라에서는 1990년대 중반 이후 국가 재난관리 체제 확립의 필요성과 시급성이 절실하게 요구된 사건들이 집중적으로 발생함에 따라 본격적으로 연구되었다(채진, 2018: 96). 즉 1995년 이전에는 자연재해 위주의 재난관리로 「풍수해대책법」 체제였으나 1994년 10월 성수대교 붕괴사건, 1995년 6월 삼풍백화점 붕괴사고 이후 1995년 12월 6일 「재난관리법」 제정과 함께 위기 · 재난 · 안전과 관련된 학술연구 등을 통해 인적재난에 대한 체계적인 관리와 학문적 · 정책적 발전이 이루어졌다.

재난관리(Disaster Management)란 위험과 불확실성의 본질적 속성을 지니고 있는 재난의 발생을 예방하고 위험을 최소화하며 발생한 재난에 대하여 신속하고 효과적으로 대응하고 최대한 빠르게 정상상태로 복구하기 위한 모든 측면을 포함하는 총체적인 개념으로서 재난의 잠재적인 원인(위험)과 재난의 진행, 그리고 재난으로 인한 결과(피해)를 관리하는 모든 활동을 말한다(송창영, 2014: 25).

일반적 개념으로 재난관리의 단계는 재난의 발생 이전 또는 이후에 따라 시간적 차원에서 구분되며 재난 발생 이전의 단계인 예방과 대비, 재난발생 이후의 단계인 대응과 복구의 4단계로 구분한다. 〈표 2-5〉와 같이 광의의 재난관리란 재난관리의 전 기간을 대상으로 예방 · 예지 · 경보 · 긴급사태 대처 · 응급복구 · 개선이라는 각 단계를 포함하고 있지만, 협의의 재난관리는 재난 발생 후 과정에 집중하는 개념으로 볼 수 있다(이종렬 외, 2014: 24).

〈표2-5〉 광의와 협의의 재난관리

구분	내용
광의의 재난관리	① 광의의 접근방법을 의미하며 인간에게 피해를 주는 폭발적 사건의 위험을 통제 ② 사전에 재난을 예방하고 대비하며, 재난 발생 후 물적 · 인적 피해를 최소화하고 정상 상태로 회복하기 위한 모든 위협과 결과를 관리
협의의 재난관리	① 재난대응 단계의 재난관리를 지칭 ② 재난발생 시 위기 상황에서 질서를 부여하는 대응 및 복구 과정으로 대응기관들의 자원 관리, 조직 간의 의사소통, 체계적인 지휘체계를 운용함으로써 피해를 최소화하기 위한 제반 활동

* 출처 : 조석현 · 김태윤(2014), 문병현(2016)

2004년 3월 11일 제정된 우리나라의 「재난 및 안전관리 기본법」 제3조 제3항에는 "재난관리란 재난의 예방 · 대비 · 대응 및 복구를 위하여서 하는 모든 활동을 말한다."라고 정의하고 있다. 2004년 7월 대통령 훈령 제124호로 발표된 「국가위기관리지침」은 국가위기관리 및 업무에 대한 개념과 기본방향을 제시하는 기반이며 제도적으로 대통령 훈령에 의한 지침이나 실질적으로는 법률적 성격을 보유하여 각 부처의 매뉴얼 수립에 크게 기여하였다(이종렬 · 김근영 · 박홍식 · 백윤정, 2007: 63).

오늘날 재난대응은 긴급구호의 단순한 개념이 아닌 재난발생 전 예방과 대비 그리고 재난 발생 이후 대응과 복구까지 포함하는 '관리'의 성격이다. 재난관리란 재난 발생 이후의 대응단계와 복구단계까지 포함하여 위기상황에 대한 인도적 측면의 모든 문제를 다루는 자원과 책임의 조직 및 관리라고 정의할 수 있다(임예준, 2017: 26).

2) 재난관리의 단계(Disaster Management Phases)

재난관리의 단계구분은 전통적 재난관리 단계와 현대적 재난관리 단계로 구분하고 있다. 전통적 재난관리 단계는 1970년대 말 미국에서 전문적 재난관리 모델 개발의 필요성을 인식하고 전국 주지사협회 주도로 재난관리 정책과 프로그램 분류를 규정한 재난관리 4단계 모델을 개발하였다(정병도, 2015: 258). 이와 관련 Petak(1985)[7]은 재난관리의 단계를 완화(Mitigation)와 대비(Preparedness), 대응(Response)과 복구(Recovery)의 단계로 다음과 같이 4가지 정책단계로 분류하였다.

- 완화는 사회의 보건, 안전, 복지에 대한 위험이 존재하는 곳에 무엇을 수행할 것인지를 결정하는 것과 위험감소 프로그램을 시행.
- 대비는 생명을 구하고 재난피해를 감축하기 위해 대응계획을 발전시키고 일차적 대응요원을 훈련시키며, 핵심적인 자원을 파악하고 관할구역 내 대응기관 간 필수적인 동의를 포함.
- 대응은 긴급 원조 및 지원을 제공하며 이차적 피해 가능성을 줄이고 복구활동을 위한 문제점을 최소화.
- 복구는 초기 회복 기간 최소한의 활동수준을 위해 생계유지 시스템을 복구하는데 필요한 즉각적인 지원을 제공하고 공동체가 정상으로 돌아올 때까지 계속 지원.

7) Petak(1985), "Emergency Management : A challenge for Public Administration". Public Administration Review. 45. p3. 미국 남캘리포니아대학 시스템관리학과 교수. Mitigation : Deciding what to do where a risk to the health, safety, and welfare of society has been determined to exist; and implementing a risk reduction program, Preparedness : Developing a response plan and training first responders to save livers and reduce disaster damage, including the identification of critical resources and the development of necessary agreements among responding agencies, both within the jurisdiction and with other jurisdictions, Response : Providing emergency aid and assistance, reducing the probability of secondary damage, and minimizing problems for recovery operations, Recovery : Providing immediate support during the early recovery period necessary to return vital life support systems to minimum operation levels, and continuing to provide support until the community returns to normal.

우리나라의 「재난 및 안전관리 기본법」에서는 재난관리의 단계를 예방-대비-대응-복구의 4단계로 구분하고 있으며 마찬가지로 북한도 「재해방지 및 구조, 복구법」 내 각 조문에 예방-대비-대응-복구의 4단계로 구분하여 규정하고 있다.

전통적인 재난관리는 두 가지 단계로 구분된다. 사고 이전 위험을 감소시키는 단계와 사고 이후 재난의 대응 및 복구과정으로 사고 이전의 단계는 예방(완화), 대비와 같은 활동들로 구성되고 사고 이후 단계에는 대응, 복구 등의 활동들이다. 하지만 현대적 재난관리 단계는 더욱더 효과적이고 효율적인 재난관리를 위하여 포괄적(Comprehensive), 진보적(Progressive), 위험에 근거한(Risk-driven), 통합적(Integrated), 협력적(Collaborative), 조정적(Coordinative), 유연적(Flexible), 전문적(Professional)인 8가지 재난관리 원칙을 주장하며 특히 포괄적, 통합적, 위험에 근거한 재난관리의 중요성으로 인하여 기술적, 사회적 재난의 특징인 예방 가능하다는 개념에서 예방의 단계를 완화와 더불어 같이 쓰고 있다(정병도, 2015: 175~176).

오늘날 학자와 국가기관에 따라 약간의 차이는 있지만, 보편적으로 재난발생의 시점을 기준으로 재난발생 이전의 단계인 예방 및 대비 단계와 재난발생 이후의 대응 및 복구의 4단계 과정으로 크게 구분되고 있다.

(1) 예방단계(Prevention / Mitigation)

예방단계는 재난이 실제로 발생하기 전에 위기요인을 제거함으로써 재난을 사전에 예방하고 재난발생 가능성을 감소시키며 미래의 재난의 피해를 최소화하기 위한 활동단계이다. 예방단계에서는 재난관리를 위한 장기계획의 수립, 화재 방지 및 기타 재난 피해 축소를 위한 안전법규의 제정, 위험요인과 지역을 조사하여 위험지도의 작성, 수해 상습지구의 설정과 수해방지시설의 공사, 안전기준 설정, 재해 영향의 예측과 평가, 강제적인 규제 방안의 마련 등이 있다(채진, 2018: 196~197).

이러한 재난위험의 발생 가능성과 결과를 감소시키기 위한 위험예방 조치들은 구조적 조치와 비구조적 조치의 두 가지 주요 범주로 구분할 수 있다. 구조적(Structural) 조치들은 내구성 있는 건설, 건축법규와 규제조치, 이주, 구조적 변경, 지역 대피소의 건설, 감지 시스템, 물리적 변경, 처리시스템, 생활안전 인프라 시설 등이 포함되며 비구조적(Nonstructural) 조치들에는 인간시스템의 취약성을 줄여나가는 법령과 규정, 토지이용, 교육훈련, 예·경보, 보험, 위험지도 제작 등과 같이 재난을 사전적으로 줄이기 위한 활동들로 구조적 예방조치에 해당하지 않는 대부분이 여기에 해당한다(정병도, 2012: 72~73).

또한, 예방단계는 재난이 실제로 발생하기 전에 재난 촉진요인을 미리 제거하거나 재난요인이 가급적 표출되지 않도록 억제 또는 예방하기 위해 위험감소계획을 집행하고 장기적인 위험의 정도를 감소시키는 활동단계이며 이 단계는 계획·규제·조세제도·재난관리 정보체계 등의 도구를 활용할 수 있다(장시성, 2009: 15).

미국 연방재난관리청(FEMA: Federal Emergency Management Agency)은 예방(완화)이란 재난의 영향을 줄이기 위해 ①위험분석활동으로 홍수위험 Mapping, 국가 댐 안전프로그램, 다수위험완화계획이 있고 ②위험경감활동으로는 위험완화지원, 기금프로그램, 홍수지역관리, 국가지진위험경감프로그램, 건물과학이 있으며 ③홍수보험활동으로 국가홍수보험프로그램을 운영하고 있다(정병도, 2012: 74).

여기에서 주의해야 할 점은 예방단계의 기능은 재난관리 과정에서 사전(pre-disaster) 단계로서 사후(post-disaster) 단계인 대응 및 복구 단계와 다르다는 점이며 같은 사전 단계로서 대비단계가 재해에 대한 즉각적인 반응이나 재해 발생으로 인한 피해의 단기적 복구준비에 초점을 두는 반면, 예방단계는 위험 저감을 위한 장기적 관점에서 해결책을 모색하는 데 중점을 둔다는 측면에서 차이가 있다(이종렬 외, 2014: 89). 즉 예방 및 완화전략은 각종 재난으로부터 단편적이고 단기적인 인간의 생명과 재산에 대한 위기피해의 정도를 감소시키려는 보다 일반적이고 장기적인 전략으로 지역사회가 직면하게 될 재난을 극복할 수 있는 능력을 배양시키는 데 초점을 두어야 한다(송창영, 2014: 32).

이외에 예방활동 단계에서는 국가기관인 정부와 더불어 개인, 기업, 지자체 등이 공감대를 가지고 상시 위험정보 신고, 대안모색 공유 등 자기 분야에서 최선을 다해야만 소기의 성과를 달성할 수 있으며 특히 북한 등 재난관리 후진국은 국제사회의 지원이 절실히 요구된다. 이상의 예방단계는 과거 비상상황이 발생했는지 여부와 관계없이 어떤 위험성에 노출되었는지를 전제로 한다. 세부적인 재난관리 예방단계의 활동수단은 다음 〈표 2-6〉과 같다.

〈표 2-6〉 예방단계 활동 수단 (체크리스트)

구분	주요 활동수단
예 방 (mitigation or prevention)	– 당국의 재난위험성 인식 및 예방활동 – 각종시설 및 재난유형과 취약요인 분석 – 재난기준 검토 및 정비 – 재난안전법규, 관련법령 및 조례 개선 – 전문인력 확충 및 예방안전교육 – 토지사용 규제 및 관리 – 감시감독 및 조사 – 위험지도 제작 – 재난재해 보험제도 구비 – 과학적 연구 – 구조적 통제 – 세금경감 및 세금인상정책(재정적인 인센티브) – 환경적 조정 – 민관협조 및 국제사회의 지원

* 출처: 송창영(2014), 채진(2018), 이종렬 외(2014), 정병도(2015) 참조하여 재구성

(2) 대비단계(Preparedness)

재난대비는 재난 이전에 극한의 사건에 대응하기 위한 준비상태를 구축하

는 활동으로 정의할 수 있으며 대비활동은 개인의 보건과 안전을 능동적 대응수단에서부터 물리적 구조의 기능을 통합함으로써 재난으로부터 피해를 줄이기 위한 조직적 준비를 구축하는 것까지 포함한다(정병도, 2015: 279). 대비활동 단계는 재난 발생 시에 대비하여 필요한 구체적인 비상안전대책계획 수립과 인명 및 재산 피해를 최소화하기 위한 비상발령 경보체계를 구축하고 재난대응 조직의 일사불란한 대응을 위한 훈련활동을 하는 단계이다(채진, 2018: 201). 즉 대비단계는 위기 상황 발생 시 수행해야 할 제반 사항을 미리 계획 · 교육 · 훈련함으로써 위기대응 능력을 높이고 위기 발생 시 신속하게 대응하기 위한 사전 준비활동을 하는 단계를 말한다.

재난의 대비는 일반적으로 위험과 취약성을 줄이기 위해 반드시 정부 수준과 개인 수준에서 이루어져야 하며 정부는 재난관리의 주체이고 정부의 준비는 계획, 연습, 훈련, 장비, 법률적 권위로 이루어지고 있으며 대부분의 계획은 지역이나 국가의 비상대응계획(EOP: Emergency Operation Plan)으로 만들어진다(정병도, 2012: 75). 또한 재난 대비는 주로 재난 대응을 위한 조직 구성, 재난 발생에 대비한 대피시설 등의 마련과 필요물자의 비축, 재난대응에 필요한 매뉴얼 작성, 경보체계와 수단 준비, 재난관리를 위한 조직 및 일반인에 대한 교육훈련 등이 포함되며, 화재의 경우 「화재예방, 소방시설 설치 · 유지 및 안전관리에 관한 법률(2017. 7. 26 개정)」에서 소방시설물에 소방시설을 설치하도록 소방 대상물 관계인에게 의무를 부여하고 이를 관리하는 법률 규정도 화재 재난의 대비활동에 포함된다(이종열 외, 2014: 107). 이외 중요 자원들을 관리하고 지역 내외에 있는 대응 기관들의 사전 동의를 구하며 위기의 손실을 줄이고 생명을 보호할 전문인력을 확충하여 교육훈련을 시키고 대응수단을 발굴하는 것도 포함된다.

우리나라의 재난 대비에 대한 법적 근거는 「재난 및 안전관리 기본법」 제5장(재난의 대비)으로 재난관리자원의 비축 · 관리(제34조), 재난현장 긴급통신수단의 마련(제34조의2), 국가재난관리기준의 제정 · 운용(제34조의3), 기능별 재난대응 활동계획의 작성 · 활용(제34조의4), 재난분야 위기관리 매뉴얼 작성 · 운용(제34조의5), 다중이용시설 등의 위기상황 매뉴얼 작성 · 관리 및 훈련(제34조의6), 안전기준의 등록 및 심의(제34조의7), 재난안전통신망의 구축 · 운용(제34조의8), 재난대비훈련 기본계획 수립(제34조의9), 재난대비 훈련 실시(제35조) 등에 관한 내용이 상세히 법조문에 규정되어 있다. 이 법 제34조(재난관리자원의 비축 · 관리)에 의하면 재난관리책임기관의 장은 재난의 수습활동에 필요한 장비, 물자 및 자재를 비축 · 관리하여야 하고 행정안전부 장관, 시 · 도지사 또는 시장 · 군수 · 구청장은 재난발생에 대비하여 민간기관 · 단체 또는 소유자와 협의하여 응급조치에 사용할 장비와 인력을 지정하고 관리할 수 있다.

북한의 경우 대비에 대한 법적 근거는 「재해방지 및 구조, 복구법」 제3장(제17조~제25조)과 제4장(제27조, 제28조, 제30조)으로 재해성 자연현상에 대한 관측과 경보, 재해장비물자의 조성과 공급 등을 규정하고 있다. 구체적으로 국가계획기관 및 관련기관, 기업소, 단체는 재해방지물자의 생산, 조성, 공급 관련 계획과 사업을 책임지고 수행(제28조)해야 하고 재해방지물자를 관리하는 기관, 기업소, 단체는 이를 유실 또는 부패 변질하지 않도록 잘 관리하여야 하며 동 물자는 국가비상설재해방지대책위원회나 중앙재해방지사업지도기관 또는 해당 재해방지대책위원회의 지시가 없이는 공급 및 이용할 수 없고 재해방지사업이 아닌 사업에 전용할 수 없다고 규정(제39조)되어 있다. 북한의 재난법 관련내용은 본서 제4장에서 자세히 기술하였다.

재난의 대비활동들은 재난대응의 성공과 실패를 결정하는 요인으로 대비는 재난발생 이전 사전적 조치로 재난으로 인한 부정적 영향, 즉 재난의 피해를 줄이는 데 목적이 있으며 지역이나 국가가 재난에 잘 대응하기 위해 재난 이전단계에서 할 수 있는 대부분의 조치다(정병도, 2012: 75).

이상의 대비단계는 비상시 효과적인 대처를 용이하게 하고 대응능력을 제고시키기 위해 취해지는 사전 준비활동을 의미하며 재난관리 단계에서 대응단계와 긴밀한 관련성을 가지는 조치에 해당한다. 세부적인 재난관리 대비단계의 활동수단은 다음 〈표 2-7〉과 같다.

〈표 2-7〉 대비단계 활동 수단 (체크리스트)

구분	주요 활동수단
대 비 (preparedness)	- 당국의 주민안전 교육 및 훈련 - 긴급구조 대응계획의 수립 및 연습 - 조기경보체제 구축 - 긴급 통신 및 비상방송시스템 구축 - 재난위기관리 매뉴얼 작성 및 운용 - 대응조직(기구) 및 인력 관리 - 재난위험성 분석 - 재해보험 가입 - 중요자원의 관리 - 지역 간 상호원조협정 체결 - 재난관련 데이터베이스 구축 - 재난관리 네트워크 구축 - 국제사회의 지원 체계 형성

* 출처: 송창영(2014), 이종렬 외(2014), 정병도(2015), 채 진(2018) 참조하여 재구성

(3) 대응단계(Response)

대응단계는 재난이 발생한 이후 실질적으로 재난에 대응하는 것이며 국가의 자원과 역량을 효율적으로 활용하고 신속하게 대처함으로써 피해를 최소화하고 2차 위기 발생 가능성을 감소시키는 활동단계이다(국가위기관리기본지침 대통령 훈령 124호). 재난 대응의 주된 목적은 국민의 생명과 재산에 대한 보호 및 피해의 최소화이며 대규모 재난일수록 조직적이고 체계적인 대응활동이 진행되어야 하므로 대비단계에서 구축된 여러 조직, 수립된 계획과 매뉴얼에 따라 재난 현장에서 최적화된 조치를 수행할 것이 요구된다(이종렬 외, 2014: 31, 144).

재난대응은 위험요소(Hazard)의 감지에서부터 재난상황이 안정화될 때까지 수행되는 활동으로 장비와 물자를 동원하여 배치하고 예상되는 희생자를 대피시키며 생필품, 생수, 대피소, 응급의료와 같은 긴급한 요구에 대한 서비스를 제공하고 주요 공공서비스를 복원하여 생명과 재산을 보호하기 위해

수행되는 긴급활동들이다(정병도, 2015: 318). 다양한 재난의 종류별로 현장 대응활동 단계에는 1) 조기경보 시스템 2) 현장구조 활동 3) 의사결정 시스템 4) 자원조달 시스템 5) 복구지원 시스템 6) 응급구호 시스템 7) 정보통신 시스템 등과 같은 다양한 시스템들의 조합으로 현장 대응활동들이 완성된다고 볼 수 있다(정병도, 2012: 78). 대응단계의 주요 업무를 요약하면 다음 〈표 2-8〉과 같다.

〈표 2-8〉 재난대응 단계의 업무

업무명	업무개요
예보 · 경보	■ 태풍, 호우, (초)미세먼지, 방사능 등의 경보 및 특보 발령 ■ 비상연락체계의 가동 및 대피명령의 통보
정보입수 및 전파	■ 재난발생 정보의 입수 ■ 상황실 및 재난안전 관련 부처에 전파
상황 파악	■ 재난의 유형 및 성격파악 ■ 현장정보의 입수체계 구축, 상세정보 수집 ■ 지휘 통제 상황 관련기관 제공 ■ 인명 및 재산 등 피해상황의 수시 집계 ■ 대응체계 구축 및 운영 ■ 지휘본부, 현장지휘소 설치 및 가동 ■ 유관기관 협조체계 구축
대응조직의 상황처리	■ 재난업무 처리 조직 간 업무조정 및 의사결정을 통한 총괄적인 지휘 · 조정 통제 ■ 필요자원 및 인력의 동원 ■ 구조대, 실무대책반 등 대응조직의 활동
현장 수습 및 관리	■ 응급 복구 활동 ■ 사망 및 부상자 처리, 교통통제 및 주변 환경 정비 ■ 위험시설물 점검 등 2차 재난예방 활동 ■ 이재민 현황 파악 ■ 대피, 수용시설의 확보 및 긴급구호

* 출처: 송창영(2013) 참조하여 재구성

재난의 대응활동은 크게 두 가지 범주로 나눌 수 있는데 하나는 미리 정해진 재난대응계획(EOP)에 따라 움직이는 계획된 대응활동이고 다른 하나는 재난의 특성상 미리 정하거나 계획할 수 없어 현장지휘자(팀)가 수시로 변하는 현장상황에 따른 대응활동이다(정병도, 2015: 321). 재난 대응활동 단계에서 적시성, 적절성, 효과성이 확보되어야 한다. 적시성은 재난 초기에 재난피해가 확대되지 않도록 적시에 신속히 대응하여야 하며, 적절성은 재난 규모에 따라 적절한 대응 규모를 결정하여야 하고, 효과성은 투입 대비 산출이 높은 단순한 산술적 효율성보다 인명과 재산 보호라는 대응활동의 질을 강조하는 개념이다(채진, 2018: 203).

우리나라의 「재난 및 안전관리 기본법」 제6장(재난의 대응)에 재난 대응단계에서 필요한 사항을 크게 응급조치 등과 긴급구조로 구분해 규정하고 있으며 세부적으로 재난사태 선포, 응급조치, 위기경보 발령, 동원명령, 대피명령, 수색과 구조 활동, 비상대피소 설치, 위험구역 설정, 강제대피 조치, 통행제한 등에 대해 상세히 규정되어 있다. 북한의 경우 「재해방지 및 구조, 복구법」 제5장(재해구조 및 복구)에 재해긴급구조대책안의 작성과 심의 · 비준, 긴급구조대책안에 반영할 내용, 재해발생 시 구조, 재해지역의 출입금지 또는 제한과 장애물 · 위험대상 제거, 긴급구조 활동조건의 최우선보장, 구조 활동에 필요한 건물 · 설비 · 토지의 이용 등이 명기되어 있다.

대응단계의 활동은 예방이나 대비와 별도로 독립된 것이 아니라 상호 밀접한 연관성이 있으며 재난발생 전후와 재난이 진행되는 동안에 행해지는 모든 활동을 총칭하는 것이다. 따라서 재난대응 과정에서 필요한 일반적인 긴급 대응 활동들에는 조기경보, 대피와 이주, 탐색과 구조, 사고 이후 평가, 대응과 구호, 조달과 보급, 정보통신 관리, 생존자 대응과 대처, 안전, 긴급활동 관리, 재건 활동과 같은 기능들이 포함된다(정병도, 2015: 320). 세부적인 재난관리 대응단계의 주요 활동수단은 다음 〈표 2-9〉와 같다.

〈표 2-9〉 대응단계 활동 수단 (체크리스트)

구분	주요 활동수단
대 응 (response)	– 총괄지시, 통제 · 조정체계 – 사고대책본부 가동 – 비상방송 경보 시스템 가동 – 대책본부 및 긴급 구조 통제단 구성 – 긴급 의료지원 및 응급 의료소 운영 – 구호물품 보급(식량 · 의류 · 물 등) – 인명수색과 구조 활동 – 장비 및 설비 투입 – 긴급대피 및 은신 – 대응자원 동원 – 재난 상황 정보 수집 및 분석 – 현장대응 및 지도요원들의 전문성 – 의료장비 및 치료수준 – 응급복구와 피해조사 – 국제사회의 지원

* 출처: 송창영(2014), 이종렬 외(2014), 정병도(2015), 채 진(2018) 참조하여 재구성

(4) 복구단계(Recovery)

복구단계는 재난으로 인해 발생한 피해를 재난 이전의 상태로 회복시키는 활동단계이다. 구체적인 복구 활동에는 중장기 복구계획 수립과 복구의 우선순위 결정, 복구 장비 및 복구 예산확보 방안 마련, 복구 지원을 위한 관계기관들과의 협조, 피해 상황의 집계, 재난발생 원인 및 문제점 조사, 개선안의 마련 및 유사 재난 재발 방지책 마련 등이 있다(채진, 2018: 204).

복구단계는 정상으로 돌아가기 위한 활동들로 단기적인 복구활동과 중장기적인 복구활동으로 구분하여 관리하는데 단기복구는 최소한의 필수 불가결한 생활지원 활동을 말하며 중장기 복구는 정상적인 생활 상태로의 복구 및 더욱 향상된 상태로의 복귀를 위해 취해지는 활동을 말한다(송창영, 2013: 29). 이들 복구활동에는 재정관리, 임시주거, 경제 영향분석, 건물조

사, 피해조사, 쓰레기 제거, 유틸리티 복구 등 인프라 복구와 더불어 지역사회 전반적인 환경들을 재난 이전으로 돌리려는 재건 활동들이 포함된다(정병도, 2012: 81). 복구단계의 주요 활동수단은 다음 〈표 2-10〉과 같다.

〈표 2-10〉 복구단계 활동 수단 (체크리스트)

구분	주요 활동수단
복 구 (recovery)	- 이재민 임시 거주지 마련 - 핵심도로 · 철도 등 교통시설 복구 - 잔해물 및 장애물 제거 - 국가보조금 지원 및 보상 - 보험금 지급 - 피해규모 평가 - 재발방지 대책 수립 - 장기적 원상 복구 - 복구 예산 확보 - 재난으로 인한 실직자 지원 - 재난심리 상담(외상후 스트레스 관리) - 대응계획 · 결과 평가 및 수정 - 국제사회의 지원

* 출처: 송창영(2014), 정병도(2015), 채 진(2018) 참조하여 재구성

과거에는 재난이 발생할 경우 재난피해를 복구하는 '복구' 위주의 재난관리가 2004년 재난안전법이 제정되면서 점차 예방과 대비 단계를 중요시하는 기조로 변하고 있다. 미국의 경우에도 1990년대 들어 재해 대응과 복구에 의존하던 것에서 벗어나 위험과 재해로 인한 피해 규모를 줄이기 위한 예방 및 대비 중심으로 재난정책의 방향을 바꾸고 있다. 우리나라도 대응이나 복구 중심의 재난관리 체계에서 탈피하여 예방 및 대비를 위한 국가 차원의 다양한 프로그램이 시행되고 있고 재난 예방을 위한 연구 · 개발(R&D) 투자도 점차적으로 증가(채진, 2018: 150)하고 있으며, 특히 신종코로나바이러스-19 감염병 재난사태 이후 우리나라의 재난관리 패러다임도 상당한 혁신과 변화를 진행할 것으로 예상된다.

3) 재난관리의 방식

보편적으로 재난을 관리하는 방식은 두 가지로 대별되고 있다. 첫째, 재난의 종류에 따라 해당 기관별로 관리하는 분산관리방식이며 둘째, 모든 재난을 하나의 기관에서 통합 관리하는 방식이다.

(1) 분산관리방식

전통적 재난관리 제도로 유형별 재난의 특성을 강조하는 것에서부터 시작되었으며, 1930년대 전통적인 조직이론 등장과 같이 합리성을 목표로 하는 조직이 전문화의 원리를 택하도록 하는 행정 이론적 환경과 일치하는 시기에 대두된 것으로 지진, 수해, 유독물, 설해, 화재 등 재난의 종류에 상응하여 대응방식에 차이가 있음을 강조하고 재난 종류별로 계획이 마련되어 대응 책임기관도 각각 다르게 배정되어 관리하는 방식이다(채진, 2018: 112). 다시 말하면 재난유형별로 재난을 관리하는 방식이다.

그러나 분산관리방식은 재난의 유형별로 예방책과 대응책이 각각의 기관별로 수립 · 계획되어 있음으로 그에 대한 책임도 따로따로 분산되어 있다. 따라서 재난이 발생할 경우 유사한 기관 간의 상호 역할중복과 과잉대응으로 인한 혼선과 재난유형별 행정기관 간의 불필요한 업무의 증가, 재난대응 수립계획의 비현실성, 기관 간의 재난대응 의견 및 책임소재의 상이, 재난 컨트롤 타워 미비 등의 많은 단점들이 제기되고 있다(김진원, 2012).

또한 분산관리방식을 기반으로 재난관리체계를 운영하는 국가에서는 재난계획의 수립, 실행을 위한 전략, 세부규정 등이 대부분 중앙정부의 주도로 결정되며 이처럼 중앙정부가 재난관리계획의 수립에 있어 주도적인 역할과 권한을 행사하는 경우 각 지역의 비상대응기관 및 민방위 조직, 민간구호단체 등 관련된 이해관계자들과의 의견수렴을 통해 만들어진 결과물은 대체로 위계적이고 군사 지향적인 경향이 농후하다(변우택, 2018: 26).

(2) 통합관리방식

통합관리방식은 위에서 기술한 분산관리방식의 단점과 부족한 점을 극복하기 위해 논의되었다. 1978년 미국 연방재난관리청(FEMA: Federal Emergency Management Agency)[8] 설립의 이론적 근거로 제시된 통합관리방식은 재난관리의 전체과정이라 할 수 있는 예방-대비-대응-복구활동을 종합 관리한다는 의미이며 모든 재난을 피해범위, 대응지원, 대응 방식에서 유사하다는 것을 그 이론적 근거로 삼고 있으며 제도론적 관점에서 모든 자원을 통합 관리한다는 의미가 아니라 재난 대응에 필요한 대응 기능별 책임기관을 지정하여 유사시 참가 기관들을 조정하고 통제한다는 조정적 의미이다(채진, 2018: 112).

재난관리의 종합성은 재난대응이나 긴급 대응 시 다양한 차원의 결정과 각 부서의 판단이 교차하면서 통일적이고 총체적인 재난관리 활동을 의미한다(변우택, 2018: 28). 통합관리방식은 복잡하고 불확실한 재난의 특성으로 볼 때 효율적인 재난 대응을 위해 총체적인 대응, 조정 통제, 의사결정의 신속성 등 여러 가지 장점을 보유하고 있다. 분산관리방식과 통합관리방식 간의 장단점은 다음 〈표 2-11〉과 같다.

〈표 2-11〉 재난관리 방식별 장단점 비교

구분	분산관리 방식	통합관리 방식
관리방식	분산적 관리방식	통합적 관리방식
관련부처	다수 부처 및 기관의 단순병렬	단일 부처 조정통제하의 병렬적 다수 부처 및 기관
책임범위	소관 재난관리 책임, 부담분산	모든 재난 관리책임, 부담과중

8) FEMA는 미국 국토안보부 산하기관으로 대규모 재난발생시 연방차원의 재난관리를 전담하는 기관으로 예방국, 대비국, 대응국, 복구국과 10개 지역사무국, 국제협력실 등으로 구성되어 있으며 재난구조 작전을 지휘할 수 있는 강력한 지휘통제 시스템과 전문인력을 갖추고 있다.

구분	분산관리 방식	통합관리 방식
활동범위	특정 재난 관리활동	모든 재난 종합적 관리활동 및 독립적 활동의 병행
정보전달	다원화	일원화
대응방식	공식 대응조직은 없음 / 소방조직이 담당	통합 대응/ 지휘통제 용이
재난인지 능력	미약하고 단편적임	강력하고 종합적임
장점	경험축적, 전문성 제고 용이, 업무과다 방지	총괄적인 자원동원, 신속 대응성 확보, 가용자원 효과적 활용
단점	복잡한 재난 대처능력 한계, 부처 간 업무 중복, 재원 마련 및 배분의 복잡성	종합관리체계 구축 난망, 부처 이기주의 상존, 책임과 권한이 과도하게 집중
대표국가	일본	미국

* 출처: 송창영(2013), 신소영(2016), 채 진(2018) 참조하여 재구성

4) 재난관리의 주체

(1) 국가와 지자체

동서고금을 막론하고 재난을 관리하는 핵심 주체는 당연히 국가이며 정부이다. 오늘날 국가의 역할은 매우 광범위하다. 우리나라 「헌법」 제34조(모든 국민은 인간다운 생활을 할 권리) 제6항에서는 "국가는 재해를 예방하고 그 위험으로부터 국민을 보호하기 위하여 노력하여야 한다."라고 명기하고 있으며 법률로는 「재난 및 안전관리 기본법」 제2조에서 "재난을 예방하고 재난이 발생한 경우 그 피해를 최소화하는 것이 국가와 지방자치단체의 기본적 의무임을 확인하고 모든 국민과 국가 · 지방자치단체가 국민의 생명 및 신체의 안전과 재산보호에 관련된 행위를 할 때는 안전을 먼저 고려함으로써 국민이 재난으로부터 안전한 사회에서 생활할 수 있도록 함을 기본이념으로 한다."

고 규정하고 있다. 또한「재난 및 안전관리 기본법」제4조 제1항에서는 "국가와 지방자치단체는 재난이나 그 밖의 각종 사고로부터 국민의 생명 · 신체 및 재산을 보호할 책무를 지고 재난이나 그 밖의 각종 사고를 예방하고 피해를 줄이기 위하여 노력하여야 하며 발생한 피해를 신속히 대응 · 복구하기 위한 계획을 수립 · 시행하여야 한다."라고 규정하고 있다.

국가는 재난이 발생하기 전에 그 발생 가능성을 예측하고 이에 대비하여 그 정도를 완화하기 위한 예방과 대비 활동에 전방위적 조치를 취해야 하며 재난이 발생한 이후에도 신속하고 즉각적으로 그 피해를 최소화하기 위한 대응 조치를 다 해야 할 것이다. 또한, 재난의 긴급 상황이 종료된 후에도 국민들이 정상적인 일상생활을 할 수 있도록 최단 시일 내에 복구노력을 경주해야만 한다. 이러한 의미에서 재난관리의 공적 주체는 정부이며 정부가 일차적인 책임을 지고 있다고 할 수 있다(장시성, 2009: 13). 즉 재난관리의 주체인 국가는 분명하게 정부기관(중앙정부와 시, 도)을 의미하는 것이다.

우리나라는 2003년 2월 18일 대구 중앙로역에서 발생한 대형 지하철 참사[9] 이후 국가재난관리체계 개편을 위해 2003년 3월 총 14개 중앙부처, 7개 연구기관에 소속된 60명의 인원이 행정자치부에 파견되어 국가재난관리시스템 기획단을 구성하고 재난관리를 전담할 조직과 기본법을 연구하였으며, 이러한 기획단의 결과물로서 2003년 5월 화재 · 재난 · 재해대처와 구조 · 구급활동을 지원하기 위한「소방기본법」이 제정되었고 2004년 3월「재난 및 안전관리 기본법」이 제정되어 재난과 관련되는 모든 법의 기초가 되었다(이종렬 외, 2007: 68~69).

재난관리는 21세기 국가경영의 중대한 도전 중의 하나이며 자연적 · 기술적 · 사회적 재난으로 인한 손실의 증가는 국가재난관리시스템의 보강을 지속해서 요구하고 있다(정병도, 2012: 1). 또한 재난관리는 절대적인 권한과 조직, 인원을 가진 국가의 책무이며 정부(중앙정부 및 지방정부)의 본질적 역할

9) 350명의 사상자와 615억 원의 재산피해를 내 세계 2위의 대형 지하철 참사로 확대된 방화사건이다.

중의 하나로 볼 수 있다.

현대사회에서 재난관리는 보통 개인 차원보다 정부 차원에서 논의되고 있으며 그 중요성이 급격히 높아지고 있는 추세이다. 재난이 점차 다양화되면서 규모가 매우 크고 형태가 복잡하게 나타남으로써 그 복잡성과 포괄성이 높을수록 난제의 가능성이 커진다. 이러한 예측 불가능한 재난과 위험까지 정부가 정책 난제로 대처할 수 있어야 한다는 사회적 요구가 증대되고 있다.

(2) 국제기구

재난관리와 협력에 대한 국제원칙은 1965년 제20차 국제적십자 · 적신월 운동[10] 회의에서 만장일치로 채택된 공평(impartiality), 중립(neutrality), 독립(independence), 보편(universality), 자발적 봉사(voluntary service), 단일(unity) 등 7가지 국제적십자운동 기본원칙이 있다. 이 기본원칙은 국제적십자사위원회(ICRC: International Red Cross and Red Crescent Movement) 및 국제적십자사연맹(IFRC: International Federation of Red Cross and Red Crescent Societies)과 각국의 적십자사를 통합하고 이끄는 공동의 가치로 국제적십자운동 구성기구가 취하는 모든 인도적 활동에서 반드시 지켜야 하는 의무이며 행동원칙이다(임예준 외, 2017: 71).

이후 국제적십자 운동의 기본원칙은 1991년과 2003년 UN 총회 결의에서 인도적 차원의 지원이 정치 · 군사 · 경제적 상황과 상관없이 진행되어야 함을 강조하고 인도주의 지원의 4대 원칙을 다음과 같이 제시하였다.

첫째, 인류애(humanity)는 생명 및 존엄성 보호로 인간의 존엄성을 존중하고 보장하며 고통받고 있는 사람들에게 차별 없이 제공되어야 한다. 둘째, 중립(neutrality)은 일방적인 호의를 배제하는 것으로 적대적 행위가 존재할

10) 국제적십자 · 적신월 운동(International Red Cross and Red Crescent Movement)은 전쟁, 자연재해 등의 희생자들과 기아선상의 난민들을 돌보기 위해 1858년 '앙리 뒤낭'에 의해 창시되었다. 본부는 스위스 제네바에 있으며 178개 국가에 사무소 설치되어 있다.

때 어느 일방의 편에 가담하지 않고 여하한 상황에서도 정치적 · 종교적 · 이념적 성격을 띤 논쟁에는 개입하지 않는다. 셋째, 공평(impartiality)은 인종과 종교의 차별이 없는 지원으로 오직 필요(needs)에 따라 이루어진다. 넷째, 독립(independence)은 정치 · 경제 · 군사적 상황과 독립된 지원으로 자율적이고 독립적으로 이루어진다.

인도주의 지원(Humanitarian assistance)이란 재난 발생 시 재해를 입은 사람들에게 생명을 구하는 것뿐만 아니라 재난 발생 전 철저한 대비를 통하여 피해를 최소화하고 재난 후 주민들이 최대한 빠른 시일 내에 일상생활에 복귀할 수 있도록 최소한의 삶의 조건을 만들어 주는 총체적 활동을 의미한다. 그동안 인도주의적 지원이라는 용어를 긴급구호라는 협의의 의미로만 사용해 왔으나 오늘날에 와서 인도적 지원은 재난 예방과 대비, 대응과 복구와 함께 장기 개발로의 연결까지 모든 과정을 포함한 광의의 개념을 의미한다.

국제재난을 총괄하는 보편적 국제기구가 마땅히 없는 상황에서 UN은 인도주의적 재난구호 활동의 국제적 재난관리의 주체로서 그 중심에 있다. 1991년에 설립된 UN 인도지원조정국(OCHA: Office for the Coordination of Humanitarian Affairs)의 목적은 유엔 산하기구들과 민간단체들 간의 중복 방지 조정 등 효율적 지원을 하기 위함이다.

UN 산하 인도지원 및 재난협력과 관련된 기구로는 유엔아동기금(UNICEF: United Nations International Children's Emergency Fund), 세계식량계획(WFP: World Food Programme), 세계보건기구(WHO: World Health Organization), 국제식량기구(FAO: Food and Agriculture Organization), 유엔개발계획(UNDP: United Nations Development Programme), 유엔난민기구(UNHCR: United Nations High Commissioner for Refugees), 유엔인구기금[11](UNFP: United Nations Population Fund),

11) 1969년 국제연합인구활동기금(UNFPA: United Nations Fund for Population Activities)에서 1987년 유엔인구기금(United Nations Population Fund)으로 명칭이 변경되었으나 UNFPA라는 약어는 그대로 사용하고 있다.

유엔인간정주계획(UN-HABITAT: United Nations Human Settlements Programme) 등이 있다. 상기 기구는 재난 발생 시 보호소(shelter) 제공과 식량 · 보건 · 영양 · 교육 생계의 부분뿐만 아니라 물류지원 · 통신 등 공공 기반시설 지원 등 전반적인 조정활동을 한다. 이외 국제적십자사연맹(IFRC)은 국적과 종교 · 인종 · 신념이나 정치적 차별 없이 인도적 차원에서 재난에 대비한 대응 · 복구 등 개발업무를 수행하고 있다.

(3) 비정부기구(NGO)

재난이 점점 다양화되고 대형화되면서 자원봉사자 등을 포함한 비정부기구(NGO: Non-Governmental Organization)의 역할이 더욱 증가하고 있다. 2007년 충남 태안군 앞바다에 발생한 허베이 스피리트호 기름 유출 사고[12] 당시에는 전국 각지에서 100만 명이 넘는 자원봉사자들이 모여 재난 복구에 큰 도움을 주었다. 미국 허리케인 카트리나[13]의 경우에도 미국 전역에서 200만 명이 넘은 자원봉사자들과 NGO가 모여서 지역의 복구를 도왔다(이종렬 외, 2014: 36).

NGO의 적극적인 참여와 활동은 국가 간의 관계, 민족 간의 관계, 종교 간의 관계를 뛰어넘어 숭고한 역할을 하고 있다. 특히 국내의 대북지원 NGO의 활동은 비정치적인 분야에 있어서 남북 간의 신뢰를 쌓아가는데 가교역할을 할 수 있을 것이다.

세계적으로 대표적 비정부기구인 독일의 세계기아원조(Welthungerhilfe), 아일랜드에 본부를 두고 있는 컨선월드와이드(Concern Worldwide), 영국의 아동구호 단체인 세이브더칠더런(Save the Children), 프랑스의 구호 단체인 프리미에위장스(Premiere Urgence) 등 수많은 NGO가 UN 기구와

12) 2007년 12월 7일 충남 태안군 앞바다에서 유조선 허베이 스피리트호가 크레인선과 충돌하여 발생한 1만 2,000kl의 기름유출 사고이다.
13) 2005년 8월 말 미국 남동부를 강타한 초대형 허리케인으로 뉴올리언스 지역주민 2만 명 이상이 실종되었다.

개별국가 간 협력체계를 구축하면서 재난관리와 관련된 활동을 활발히 진행하고 있다. 따라서 인도적 차원에서 이들 NGO의 헌신적이고 적극적인 대북 지원활동은 재난관리 주체로서 식량 · 보건 · 의료 등 다양한 분야에서의 역할이 더욱 강조되고 있는 실정이다.

이외 벨기에 루뱅대학교 재난역학연구센터(CRED: Center for Research on the Epidemiology of Disaster) 및 동 센터 부설 비상사태-데이터베이스(EM-DAT: Emergency Events Database) 등 국제 재난관련 연구소도 세계 각지에서 발생한 재난데이터의 종합 · 분석 · 보관에 있어서 커다란 역할을 하고 있다.

따라서 재난관리 단계별로 민간 부분의 유기적인 협조와 관련 기관 간 파트너쉽 및 신뢰 구축에 따른 문제 해결이 중요하며 이를 위해 정부는 민간 부분에 정보제공과 정책홍보 등의 노력을 통해 국민의 의식 전환과 참여를 독려할 필요가 있다. 또한 민간협력과 자원봉사자의 경우 대응 · 복구 등 재난수습 과정에만 치우쳐 있어 예방과 대비단계의 차원에서 체계적 관리와 전문성 있는 민간(협회, 학회 등)의 참여와 활동이 확대되어야 한다. 특히 재난관리 행정력이 상대적으로 부족한 지자체는 민간전문가의 참여 활성화를 통해 재난관리의 효과를 극대화할 수 있을 것이다.

5) 재난안전 인식

재난안전의 의미에서 안전은 위험하지 않은 상태를 뜻하지만, 위험은 의도적이든 비의도적이든 생명과 재산에 피해를 줄 가능성 또는 확률로 정의될 수 있다(Quarantelli, 1988). 즉, 안전은 위험과 반대되는 개념이며 지속해서 위험하지 않은 상태를 의미한다. 재난은 위험과 마찬가지로 어떻게 인식하느냐에 따라 재난안전에 지대한 영향을 미친다.

인류의 역사 속에서 재난에 대한 인식은 변화하여 왔다. 인간은 과학이 발달하기 이전에는 재난(태풍, 홍수, 지진, 화산폭발, 전염병 등)을 신의 영역이며 신의 행동으로 여겼으나 과학기술이 발달하면서 재난을 자연의 현상으로 인식하였다. 현대에 와서는 자연현상뿐만 아니라 인간의 사회적 행위의 결과물로서 발생하는 재난에 더 큰 비중을 두고 사회적 행위의 결과로 재난을 인식하는 경향이 많다(정병도, 2015: 30).

Luhmann(1992)은 현대사회에서 모든 의미 형성이 사회 구조적으로 우연성과 연결되어 있다면 확실성과 불확실성, 안전과 위험의 구별이 어떻게 이루어지는지 알기란 쉽지 않다고 정의하였다. 안전(safety) 개념이 법질서와 개인의 권리보장을 통해 국가가 국민의 생명과 재산을 보호한다는 자유주의적 공공안전의 의미에서 벗어나 중앙집권적인 발전국가의 존속에 기여하는 허구로 변형될 수도 있기 때문이다. 또한, 정치와 여론이 위험(risk)과 위해(danger)를 구별하지 않은 채 인재(人災)와 안전불감증의 혐의를 덧씌워 손실의 원인을 재해를 당한 사람에게 귀속시킬 수도 있기 때문이다. 노진철(2010)은 현대사회에서는 모든 것이 다 위협적이고 위태롭기 때문에 안전 혹은 확실성은 불확실성에 의해, 특히 위험에 의해 경계가 지워지지는 않는다고 하였다.

재난안전은 재난의 위험에서 벗어난 상태로 개인 차원의 안전이 전체적 수준으로 확대된 개념이고, 재난위험은 생명과 재산에 피해를 불러오는 상황으로서 일반적인 위험에 대한 이해를 전제로 개인수준의 위험이 사회 전체로 확대된 것으로 본다. 사회안전에 대한 객관적인 인식은 위험을 해로운 결과가 일어날 확률과 그 결과에 대한 심각성의 결합으로 이해하는 방식이며, 사회안전에 대한 주관적인 인식은 위험의 판단 준거가 객관적인 위험원에 대한 개인의 주관적인 인식 정도로 측정된다(임동진, 2016: 89~114).

재난안전에 대한 인식은 재난 발생 시 효과적으로 대처하고 그 피해를 최소화하는 여러 가지 정보에 대한 접근을 용이하게 하고 실질적인 행동력을 강화하기 때문에 현대사회에서 중요하게 다루어야 할 부분이다. 결과적으로 사회 및 국가의 재난에 대한 정책에 영향을 미침으로써 재난을 예방하고 그 피해를 최소화 할 수 있다는 측면에서 재난예방에 있어 중요하게 고려되어야 할 요소라 할 수 있다(박재휘, 2019: 24). 또한, 기존의 안전의식과 안전행동의 변화를 통한 생활전반에 안전태도와 관행, 의식이 체질화되어 재난에 대비한 안전문화가 가치관으로 정착되도록 해야 한다.

북한은 과거 강성대국을 주창하던 체제하에서 자연재난 하나 막아내지 못하면 그것이 곧 체제의 취약성을 나타내는 것이기 때문에 숨기는 것이 관례였지만, 김정은 시대에 와서 체제 이미지에 부정적인 피해 상황을 은폐하거나 축소하던 구태에서 벗어나 적극적으로 알리고 수습하는 쪽으로 그 태도나 방향이 서서히 바뀌고 있다(안찬일, 2019).

이러한 변화의 흐름에서 나타나는 개인과 국가의 재난 안전에 대한 능동적 인식은 재난에 대한 사전예방 활동을 강화하고 재난 대응 및 복구에 대한 유용한 정보 접근을 촉발시켜 재난에 효율적으로 대처하는 행동력을 높이므로 재난인식이 높을수록 높은 수준의 재난대비 역량을 가지게 된다. 따라서 북한지역의 재난관리체계와 재난 안전인식을 살펴보는 일은 북한의 재난관리에 대한 국제사회와 우리 사회의 관심과 주의를 증대시킬 것이며 종국적으로 북한지역 재난관리체계의 개선에 긍정적인 영향을 미칠 수 있을 것이다.

3. 대형재난의 유형과 사례

1) 자연재난

(1) 지진과 쓰나미

편견은 미움을 불러일으키고
오만은 실수를 불러일으킨다.

– 가공할 만한 위력, 문명의 파괴자 –

세계 각국은 지진(Eearthquake)을 심각한 재난 유형의 한 범주로 포함하고 재난 예방차원에서 엄중하게 관리하고 있다. 미국 지질조사국(USGS: United States Geological Survey)의 자료에 의하면 전 세계에서 1978~2016년까지 규모 5.0 이상의 지진이 연간 평균적으로 약 1,638회 발생하였다(구원회, 2019: 1). 최근인 2017년에는 1,448회, 2018년 1,671회, 2019년 1,485회 발생하였다(네이버 위키백과, 2020). 인류 역사상 지진은 인간에게 가장 큰 인명피해와 재앙을 불러일으키는 대형 자연재난 중의 하나로 분류되고 있다.

역대 지진 중 피해액이 가장 큰 지진은 2011년 3월 11일에 발생한 동일본 대지진으로 약 3,090억 달러로 추정되며 이는 지진으로 인해 쓰나미가 일어나고 쓰나미로 인해 후쿠시마 원전사고를 연속적으로 발생시킨 복합재난이며 일본의 경제에 미증유의 피해를 끼쳤다(1995년 고베 지진 피해액 1,000억 달러). 사망자별 순위로 중국 산시성(陝西省) 지진(1556년) 830,000명, 쓰나미를 유발한 인도네시아 수마트라(Sumatra) 해저지진(2004년) 283,000명, 중국 하북성 당산(堂山) 지진(1976년) 242,000명 순이며 대부분 아시아 국가에서 발생하였다(구원회, 2019: 1). 그리고 지진으로 인한 인명 피해는 화산폭발에 비교되지 않을 정도로 훨씬 더 위협적이라 할 수 있다.

특히, 아래 〈그림 2-1〉에서 보듯이 환태평양 지각판인 불의 고리(Ring of Fire)에서 1995년 고베 대지진(규모 7.2), 2004년 수마트라 대지진(규모 8.9), 2006년 파푸아뉴기니 지진(규모 6.2), 2006년 통가 지진(규모 8.1), 2010년 칠레 대지진(규모 8.8) 등 대규모의 지진과 화산폭발이 빈번하게 발생하였다.

〈그림 2 - 1〉 환태평양 지각판 : 불의 고리(Ring of Fire)

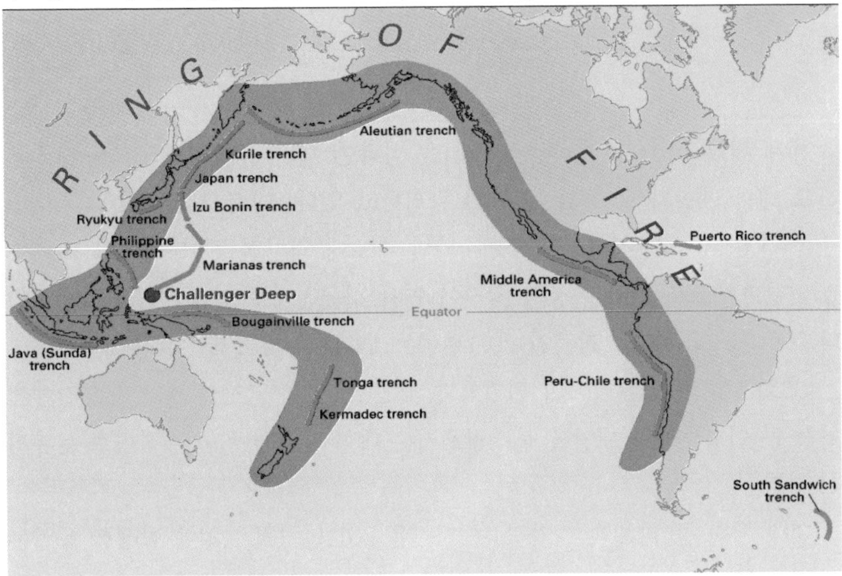

* 출처 : wikipedia(USGS:미국지질조사국)

지진의 나라, 일본에서 발생한 동일본대지진은 규모 9.0의 해저 지진으로 1900년 이후 110년 동안에 세계 관측 기록상 4번째로 기록되는 대규모 해저 지진이었다. 이로 인해 거대한 쓰나미(Tsunami)[14]와 원전 사고가 연이어 발생하여 약 2만 명이 목숨을 잃었으며 태평양 연안의 광범위한 지역에 막대한

14) 쓰나미는 지진, 산사태, 화산폭발, 소행성 충돌과 같은 원인으로 바다 속의 교란이 일어나서 발생하는 일련의 거대한 파도로 전체 스나미의 71%가 지진대에서 발생한다.

경제적 피해를 유발하였다. 일본 당국은 지진 발생 수년 전부터 지진과 쓰나미의 피해를 예측하였으나 규모 9.0은 예측과는 다르게 매우 큰 규모의 지진이었다. 2011년 3월 11일 일본 시간 14시 46분 도호쿠(東北)[15] 지방 태평양 앞바다(오사카반도의 동남동 약 130km 부근) 북위 38.1도, 동경 142.9도, 깊이 24km를 진원으로 하는 규모 9.0의 거대한 지진이 발생했다(다케나카 헤이조 · 후나바시 요이치, 김영근 옮김, 2012: 33). 이 지진은 태평양 판(plate)과 대륙 판(plate)의 경계지점에서 일어난 해구형 지진으로 단층의 파괴에 의해 해저가 24m 수평방향으로 이동하고 3m 수직방향으로 융기하면서 큰 규모의 쓰나미를 유발시켰다. 이 지진은 일본의 지진관측 이래 최대 규모이며 근대과학에 의해 지진의 관측이 이루어진 1900년대 이후 세계에서 4번째로 강한 에너지를 방출하였다(다케나카 헤이조 · 후나바시 요이치, 김영근 옮김, 2012: 33~34). 일본 기상청은 지진 발생 8.6초 후에 긴급 지진발생 속보와 쓰나미 경보를 발령하였다. 그러나 지진 발생 3분 후인 14시 49분 기상청은 지역과 단계를 상향 조정하여 수정 발표하였다. 당시 후쿠시마현의 경우 3m 정도의 쓰나미로 예측하였다. 그 후 15시 14분에 다시 지역확대와 후쿠시마현의 경우 6m 쓰나미로 상향 조정하여 발령하였다. 최종적으로 일본 기상청에 의해 기록된 후쿠시마현 소마(相馬)시의 쓰나미의 높이는 3월 11일 15시 51분 기준 9.3m 였으며 이와테현 오후나토시는 16.8m, 이와테현 미야코시는 40m 이상으로 보고되었다. 동일본대지진은 14개 도와 현의 넓은 지역에서 진도Ⅴ 이상으로 관측되었으며 6개 현이 침수피해를 입었다. 이는 1923년 105,000명의 사상자를 낸 규모 7.9의 관동(關東) 대지진(진도Ⅴ 이상 7개 도와 현)과도 비교된다(다케나카 헤이조 · 후나바시 요이치, 김영근 옮김, 2012: 36~37).

이외 동일본대지진은 지진에 따른 쓰나미로 인해 후쿠시마 원전의 동시다발적인 붕괴사고가 발생한 복합재난이다. 당시 후쿠시마 제1원전은 1호기,

15) 도호쿠 지방은 일본 동북부의 아오모리현, 이와테현, 미야기현, 야마가타현, 후쿠시마현, 아키타현의 6개 현을 지칭한다.

2호기, 3호기의 멜트다운(meltdown)[16]으로 원자로 압력용기와 격납용기가 모두 파괴[17]되었고 4호기의 핵연료 저장수조가 3호기에서 유입된 방사능을 다량 포함한 수소가스의 폭발로 인해 대파되었다(다케나카 헤이조 · 후나바시 요이치, 김영근 옮김, 2012: 204~205). 이 사고로 다량의 방사능이 대기 중에 퍼지고 오염수가 외부로 방출되었다. 이는 1986년 4월 26일 구소련 우크라이나 체르노빌 원전 4호기 사고와 나란히 국제원자력 사고등급 기준 레벨 7의 원자로 사고로 세계 최대급 원전사고이며 대재난이었다. 후쿠시마 원전 사고는 반경 20~30km 지역 내의 대기, 물, 토양을 방사능으로 오염시켜 수십만 명의 이재민을 발생시켰다.

우리나라의 경우 국내 지진관측 이래 최대 규모의 지진으로 2016년 9월 12일 경주에서 규모 5.1~5.8의 지진이 발생하여 부상자 23명, 이재민 111명, 시설피해 9,368개소 등 110억 원의 재산피해를 끼쳤고 2017년 11월 15일 포항에서 규모 5.4의 지진이 발생하여 부상자 92명, 이재민 1,797명, 시설피해 27,317개소 등 약 551억 원의 재산피해를 끼쳤다. 이로 볼 때 더 이상 우리나라도 지진의 안전지대라고 할 수 없다.

<지진의 개념>

지진(地震)이란 땅이 갑자기 흔들리고 갈라지는 현상이다. 지진은 지구의 힘, 즉 지구 내부에 축적된 힘(에너지)에 의해 나타나는 땅의 흔들림이나 갈라짐, 움직임 등의 현상을 말한다. 지구 내부인 지각에서 장기간 응축된 에너지가 순간적으로 방출되거나 핵실험 등 인위적인 힘에 의해서 지진파의 형태로 전파되는 자연현상이다. 학문적으로는 탄성 에너지원으로부터 지진파

16) 원자로의 냉각장치가 정지되어 내부의 열이 상승함으로써 연료인 우라늄을 용해하여 원자로의 노심에 있는 핵연료가 녹아버리는 것으로 노심용해라고도 불린다.

17) 일반적으로 원자로의 전력은 원자로 자체에서 생산되고 있으나 이것이 정지될 경우 발전소 외부의 송전선의 전력공급에 의존하며 그것도 불가할 경우 비상용 디젤발전기를 가동시키지만 후쿠시마 경우 지진 발생 1시간후 쓰나미가 덮쳐 제1원전(1기-4기)이 침수되어 모든 전력이 끊겼다.

가 전파되면서 일으키는 지구의 진동을 말한다(한국방재학회, 2017). 이 에너지는 갑작스러운 지각의 변위나 화산폭발과 같은 형태로 발산되며 대부분 파괴적 지진은 지각의 변위 때문에 발생한다(정병도, 2015: 444). 지진의 요소로 진원시, 진원, 규모가 있는데 진원시(origin time)는 지진파가 처음 발생한 시각을 뜻하고 진원(focus)은 최초로 지진파가 발생한 점을 말하며 규모(magnitude)는 지진 에너지의 크기를 나타내는 척도이다.

<지구의 내부 구조 >

문명의 파괴자, 위험의 대명사인 지진의 발생원인을 이해하려면 먼저 우리가 살고 있는 아름다운 지구가 어떻게 형성되었는지 그 내부구조(그림 2-2 참조)를 이해하여야 한다. 지구의 반지름은 적도 지역에서는 6,378km이고 극 지역에서는 6,357km로 적도 지역이 극(남극, 북극) 지역보다 21km가 더 길다. 반지름이 6,357~6,378km 되는 타원형의 지구의 내부구조는 크게 지각(crust), 맨틀(mantle), 핵(core)으로 구성되어 있다. 지각은 지구의 가장 바깥 표면(0~100km)이고 맨틀(mantle)은 지각의 바로 아래에서부터 지구 중심의 핵(100~2,900Km)까지의 구간으로 지구 전체 부피의 80% 이상을 차지하고 있으며 핵(core)은 맨틀 아래에 있는 지구의 중심(2,900~6,378km)으로 외핵(액체상태)과 내핵(고체상태)으로 구성되어 있다(정병도, 2015: 445~446).

〈 그림 2-2 〉 지구의 내부 구조

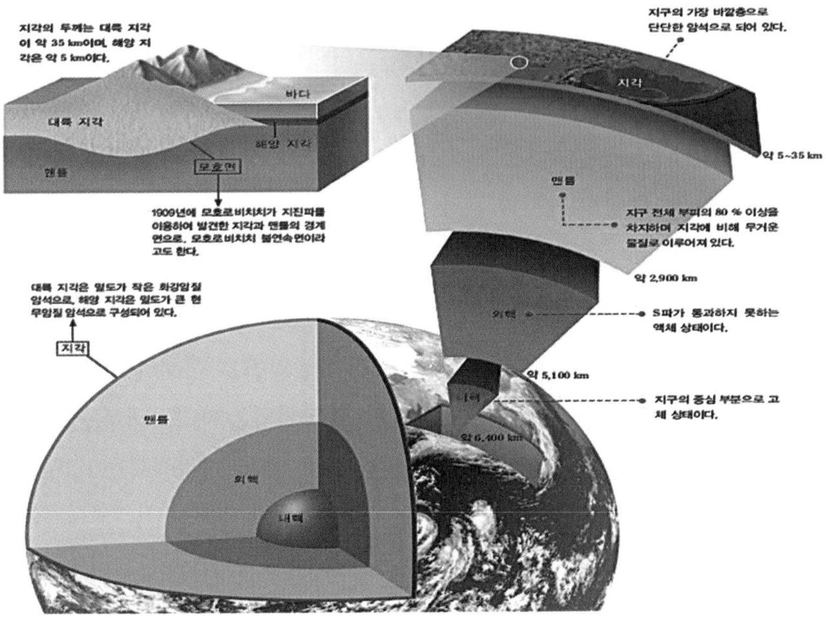

* 출처 : 행정안전부(국민안전처, 2016)

<지진의 발생원인>

지진의 발생 원인은 크게 판구조론과 탄성반발론이 있다. 판구조론(Plate Tectonics Theory)은 지구표면을 구성하는 판들이 수평으로 이동할 때 판 경계에서 에너지가 방출되어 지진이 발생한다는 이론이고 탄성반발론(Elastic Rebound Theory)은 지각에 의해 변형이 발생하면 탄성에너지를 축적하다 순간적으로 파괴되어 에너지 방출이 일어나면서 지진이 발생한다는 이론이다(국립재난안전연구원, 2018).

판구조론은 1912년 독일의 지질학자인 알프레드 베게너((Alfred Wegener : 1880~1930)가 현재 지구의 지각은 약 2억 년 전에 하나의 초대륙에서부터 갈라졌다는 가설을 제시하였다. 여기에서 나온 이론이 대륙이동설이며 이를 기본으로 1960년대 후반에 등장한 판구조론은 현재까지 가장 성공적인 지구물리학 이론 중의 하나로 인정받고 있다(지진연구센터, 2019). 판구조론에 의하면 지구표면의 지질구조는 수십 Km의 두께를 가진 유라시아판, 북미판, 호주판, 아프리카판, 태평양판 등 약 23개의 주요 판들로 구성되어 있다는 이론이다(정병도, 2015: 446~450). 즉 이 판(Plate)들의 움직임으로 인하여 지진이 발생하고 전 세계의 대부분의 지진 활동은 판 경계에서 일어나며 판 내부에서도 소규모의 지진이 발생한다(변우택, 2018: 59).

반면, 탄성반발론은 지면에 기존의 단층이 존재한다고 가정하고 이 단층에 가해지고 있는 힘(탄성력) 때문에 어느 부분이 견딜 수 없게 되는 순간 급격한 파괴를 일으켜 지진이 발생한다는 이론이다(지진연구센터, 2019). 하지만 단층을 움직이는 힘의 근원을 설명하는 데에는 매우 미흡한 측면이 있으며 이를 설명하는 이론이 판구조론이다.

<지진의 규모(magnitude)와 진도(intensity)>

지진에 대하여 지진에너지를 표현하는 규모는 여러 지역에서 동일한 수치이지만 진도는 지질구조, 구조물의 형태 및 진앙으로부터 거리에 따라 차이가 발생할 수 있다(국립재난안전연구원, 2019). 지진의 규모(magnitude)는 진원의 에너지의 크기로 방출된 에너지를 지진계로 측정한 크기를 말한다. 즉 지진계(seismograph)에 기록된 지진파의 진폭을 이용하여 발생한 지진에너지의 양을 수치로 환산한 것으로서 특정한 장소와 상관없는 절대적인 개념의 크기이다. 지진의 크기를 표시하는 절대적인 개념의 척도는 1935년 미국의 지진학자 찰스 리히터(Charles Richter)가 개발한 리히터 규모이며 규모가 한 단계씩 오를 때마다 지진에너지는 약 32배 증가한다(변우택, 2018: 61). 규모는 아라비아 숫자로 소수점 첫째 자리까지 표기(예 : 규모 5.8, M 5.8)한다.

이에 비해 진도(intensity)는 지표면의 진동 크기로 어떤 한 지점에서의 인체 감각, 구조물에 미친 피해 등 흔들리고 파괴되는 정도의 세기를 표시한 것이며 관측자의 위치에 따라 달라지는 상대적인 개념의 척도이다(NAVER 지식백과, 2019). 대체로 진원과 진앙의 거리가 가까울수록 진도는 크다. 따라서 규모와 진도는 일치하지 않으며 동일한 지진에 대해 각각의 지역에서 규모는 같으나 진도는 다르게 나타난다. 우리나라는 2001년부터 12등급의 수정 메르칼리(Modified Mercalli) 진도(MMI)를 사용하고 있으며, 로마숫자로 표기하고 있다(표 2-12 참조).

〈표 2-12〉 지진규모 및 진도 등급별 현상

규모	진도	등급별 현상
1.0-2.9	I	대부분 사람들은 느낄 수 없으나, 지진계에는 기록된다.
3.0-3.9	II	조용한 상태나 건물 위층에 있는 소수의 사람만 느낀다.
	III	실내, 특히 건물 위층에 있는 사람이 현저하게 느끼며, 정지하고 있는 차가 약간 흔들린다.
4.0-4.9	IV	실내에서 많은 사람이 느끼고, 밤에는 잠에서 깨기도 하며, 그릇과 창문 등이 흔들린다.
	V	거의 모든 사람이 진동을 느끼고, 그릇, 창문 등이 깨지기도 하며, 불안정한 물체는 넘어진다
5.0-5.9	VI	모든 사람이 느끼고, 일부 무거운 가구가 움직이며, 벽의 석회가 떨어지기도 한다.
	VII	일반 건물에 약간의 피해가 발생하며, 부실한 건물에는 상당한 피해가 발생한다.
6.0-6.9	VIII	일반 건물에 부분적 붕괴 등 상당한 피해가 발생하며, 부실한 건물에는 심각한 피해가 발생한다.
	IX	잘 설계된 건물에도 상당한 피해가 발생하며, 일반 건축물에는 붕괴 등 큰 피해가 발생한다.
7.0 이상	X	대부분의 석조 및 골조 건물이 파괴되고, 기차선로가 휘어진다.
	XI	남아있는 구조물이 거의 없으며, 다리가 무너지고, 기차선로가 심각하게 휘어진다.
	XII	모든 것이 피해를 입고, 지표면이 심각하게 뒤틀리며, 물체가 공중으로 튀어 오른다.

* 출처 : 기상청

<진원(focus)과 진앙(epicenter)>

진원(focus)은 지구의 내부에서 지진이 발생한 특정 지점을 말한다. 지진의 진원지는 지표면과 지하 700km 깊이 사이이다. 진앙(epicenter)은 지진이 지구 표면과 만나는 지점이다. 진앙은 진원의 직선으로 바로 위의 지구표면으로 위도와 경도로 표시하며 인근 지명을 사용하여 명명한다.

<지진으로 인한 피해 유형>

지진은 지반 진동을 1차적 피해로 시작하여 해일 · 산사태 · 화재, 가스 및 전기 등 공공인프라 마비와 시설파괴, 인명피해 · 국가경제 타격 등 2~3차적 복합적 피해로 영향을 미친다. 따라서 사전에 철저한 대비를 통한 피해예방과 재난발생 시 대응과 복구를 위한 역량을 집중할 필요가 있다(국립재난안전연구원, 2020).

물리적 피해로는 건물 붕괴, 시설물의 파괴 및 낙하물에 의한 인명 및 재산 피해, 지진해일(쓰나미), 화재 및 유해물질 누출 등 2차 피해, 사회기반시설의 기능 상실로 인한 지역 및 산업 전반에 걸친 중장기 피해 등이 있다. 그리고 이에 따른 사회적 현상으로 지진충격에 의한 사회기능 마비 및 혼란 발생, 교통마비 및 통신두절로 인한 불안감 증가, 정전 및 단수로 인한 생활 불편 확대, 재난 스트레스 등이 있다(국립재난안전연구원, 2020).

<우리나라의 지진발생 사례 >

우리나라에서는 처음 지진계를 설치한 1905년을 기준으로 하여 역사지진과 계기지진으로 분류하고 있다.

계기지진은 1905년 인천관측소에서 시작되었고 한일합방 이후 조선총독부산하 측후소에서 1944년까지 관측되다가 광복과 6·25 동란으로 중단된 후 1963년 미국지질연구소의 세계지진관측망 사업의 일환으로 국립중앙관

상대(기상청)에 지진계 1대가 설치됨으로써 재개되었다. 현재 계기지진은 국내 지진관측 망에 의한 지진관측과 분석기술을 통해 정밀한 감지가 이루어지고 있다. 특히, 2016년 9월 12일 경주지진은 아날로그 방식(1978~1998년)과 디지털 방식(1999년 이후)으로 지진관측 망 확충이 이루어진 이후 발생한 최대 규모 및 진도의 지진으로서 우리나라가 더 이상 지진 안전지대가 아니며, 지진 대비를 통한 피해예방의 경각심을 일깨우는 계기가 되었다(국립재난안전연구원, 2019).

역사지진 기록은 「삼국사기」, 「고려사」, 「조선왕조실록」, 「승정원일기」, 「증보문헌비고」 등의 사료에 지진발생 및 피해 사실이 기록되어 있다. 삼국사기에 '백제 온조왕(서기27년) 때 지진이 일어나 집이 기울어지고 무너졌다'는 기록이 있고 통일신라 혜공왕 15년(서기779년)에 '경주에서 지진이 발생하여 민가가 무너지고 100여 명이 사망하였다'는 기록이 있으며 조선시대에 들어서는 15C~18C까지 지진활동이 매우 활발하여 1643년 7월 '경상도 울산부근에서 땅이 갈라지고 물이 솟았다'는 기록이 있다(조영순, 2000: 79~97).

<지진에 대비한 대응 방법>

지진은 다른 자연재난과 달리 연구와 실험을 통해 검증된 체계적인 과학적 방법으로 충분히 규명하고 연구할 수 있는 자연현상이다(오주, 2016: 11). 즉 여타의 재난과 마찬가지로 지진을 통제할 수는 없더라도 지진발생 시점과 장소, 규모 등을 사전에 예측 · 경보하고 대비함으로써 그 피해를 현저하게 최소화 시킬 수 있는 자연재난이다.

지진의 발생에 대비한 가족 차원의 최소한 대응요령은 다음과 같다. △ 지진의 발생을 감지했을 때 바로 조치해야 할 일은 가스를 잠그고 전기 차단기를 내리며 문을 열어두고 출구를 확보한다. △ 가족과 함께 대피로와 대피처의 위치를 사전에 확인한다. (각 가정은 가족회의를 통해 비상시 행동요령 및 방재지도를 작성하고 평소 충분히 숙지한다). △ 구급세트, 헬멧, 손전등 등 비상시 필요한 비품들을 미리 챙겨놓는다, △ 지진이 일시적으로 멈추더라도 여진에 철저히 대비한다. △ 해안에 거주할 경우 지진해일의 발생 가능성이 높으므로 신속히 안전한 곳(고지대)으로 대피한다.

지진과 쓰나미를 소재로 한 대표적 영화로는 브래드 페이튼(Brad Peyton) 감독, 드웨인 존슨(Dwayn Johnson) 주연의 '샌 안드레아스(San Andreas)'가 있다. 미국 서부의 해안을 따라 이루어진 샌 안드레아스 단청(멕시코 캘리포니아 만에서 LA를 지난 샌프란시스코 북쪽까지)이 끊어져 규모 9.6의 지진이 발생하여 나타나는 지진과 쓰나미의 피해를 다루는 영화이다. 샌 안드레아스 단청에서는 실제로 1906년 샌프란시스코 대지진이 발생하여 476명 사망하였다. 지진해일은 결코 영화 속의 이야기만은 아니다. 이외 2006년 개봉한 존 라피아(John Lafia) 감독의 '대지진 10.5(10.5 Apocalyse)' 등이 있다. '대지진 10.5'는 핵폭탄을 사용하여 지진의 단층을 녹여 지진을 멈추게 한다는 영화이다. 이러한 영화는 지진해일의 위험성에 대한 이해도를 높이기에 좋은 교육 자료이다.

참고로 서울의 랜드마크인 롯데월드타워 건물(123층, 555m)은 이러한 지진과 강풍에 대비하기 위해 규모 9.0의 강진과 초속 80m의 강풍에 견디도록 내진 설계를 한 건물이라고 한다.

(2) 화산폭발

화산폭발은 불가항력적 자연재난이다.
인간은 토마토의 껍질과 같은
얇은 지구표면 위에서 살아가고 있다.

– 폼페이의 비극 –

폼페이의 비극은 지금(2020년)으로부터 1941년 전의 이야기이다. 서기 79년 8월 24일 정오가 조금 지나자마자 지중해 연안 이탈리아 폼페이(Pompeii) 지역의 북쪽에 위치하고 있는 높이 1,277m의 베수비오(Vesuvio) 화산(Volcano)이 폭발하였다.

고대 로마 제국시절 나폴리만 동쪽 연안에 있는 아름다운 해안도시이자 지중해의 국제무역 도시인 폼페이는 화산이 폭발한 지 약 20시간 만인 다음날 아침 지하 4~7m의 화산 잿더미에 묻혀서 지상에서 완전히 사라져 버렸다. 폼페이 화산폭발은 화산의 중심에서 30km 높이의 성층권까지 화산재(Tephra)가 공중으로 기둥모양으로 쏟아 올라갔으며 첫 폭발이 일어난 다음 얼마되지 않아 수백만 톤의 작은 알갱이의 바위조각, 자갈, 돌이 하늘에서 비 오듯 쏟아져 내렸다. 이후 화산의 중심에서 폭발되어 나온 시속 160km의 엄청 뜨거운 화산쇄설물(Pyroclastic flows) 폭풍이 12km나 떨어져 있는 도시를 뒤덮었다. 베수비오 화산폭발로 인해 폼페이 인구 2~30,000명 중 약 2,000명과 헤르쿨라네움(Herculaneum), 스타비아이 등 주변지역의 주민을 포함하여 총 3,400여 명의 인명 피해를 보았다.

이후 1,500여 년이 지난 어느 날 한 시골 농부의 발견으로 '죽은 자들의 도시' 폼페이의 소재가 밝혀지게 되었으나 체계적인 발굴 작업은 어려웠다. 그 후 1748년 당시 이탈리아를 지배하였던 프랑스 부르봉 왕조가 폼페이에 대한 본격 발굴을 착수했으나 상업적 성격의 도굴식 발굴로 인해 많은 문화재들이 마구잡이로 약탈당하고 파괴되었다. 그러나 1861년 이탈리아 나폴리 출신의 고고학자이자 로마대학 교수인 주세페 피오렐리(Giuseppe Fiorelli, 1823~1896)에 의해 본격적으로 제대로 된 발굴작업이 시작되었다. 폼페이는 계획 도시이며 도시 전체의 도로는 포장되어 있었다. 포룸(forum)이라 불리는 대광장 주위로 북쪽에 카피톨린 신전, 서쪽에 로마 시대 법정, 남쪽에는 시 평의회 등 행정기관이 위치해 있었으며 시장, 공공수도, 공중목욕탕, 원형경기장, 체육관, 극장, 병원, 음식점 등이 소재한 격자형 도시이다.

피오렐리는 발굴 초기에 인간의 사체의 흔적을 찾을 수 없어 의문을 가지고 골똘하게 접근하다가 땅속에 빈 공간이 있는 것을 발견하고 석고를 부어 당시 화산재 속에서 죽어간 폼페이 사람들과 동물들의 석고 케스트를 복원하였다. 화산재 속에서 숨진 뒤 사체가 서서히 썩게 되어 사라지고 공간이 생긴 것이었다. 출산이 임박해 아기를 보호하기 위해 엎드린 임산부, 기둥에 묶여 고통의 모습으로 죽어간 개, 최후의 순간까지 두 손을 꼭 잡고 함께 한 연인, 수술용 칼을 쥐고 있는 의사 등 지금까지 발견된 유골 1,100여 구와 동물 등 약 3,000개의 석고상을 복원하였으며 아직도 계속하여 복원하고 있다. 바야

〈그림 2-3〉 폼페이 및 베수비오 화산

* 출처 : 위키피디아(wikipedia)

흐로 발굴이 시작된 지 300년이 지난 세월이다. 폼페이는 로마의 콜로세움과 판테온, 이집트의 피라미드와 스핑크스 등과 함께 유네스코 세계 문화유산으로 1997년 등재되어 있으며 현재 도시의 절반 정도만 복원된 상태로 계속해서 발굴작업을 진행하고 있다.

이탈리아 폼페이의 베수비오 화산은 약 17,000년 전부터 화산활동이 시작되어 79번이나 분출했다고 한다. 이 화산은 서기 79년 대참사에 앞서서 서기 63년 2월에도 대지진이 발생하여 피해를 보았으며 서기 72년 등 약 12번의 정도 소규모 분출이 있었다고 한다. 현대 고고학자들은 최종 재난이 일어나기 며칠 전 혹은 몇 달 동안 진동과 소규모 지진이 분명히 나타났을 것으로 추정하는데 그런 현상은 도시를 떠나게 할 만한 경고였다(메리 비어드(Mary Beard) 지음, 강혜정 옮김, 2016: 39~42). 이를 비추어 볼 때 당시 로마의 집권층과 시민들이 재난에 대한 위험성을 심각하게 인식하지 못했으며 특히 재난관리적 측면에서 볼 때 화산폭발에 대한 예방이나 대비 활동에 극히 소홀하였다는 증거이다. 대폭발 가능성과 수십 번에 걸친 전조현상이 있었음에도 로마당국(티투스 황제)은 주민들을 미리 강제적으로 대피시키지 않았고 주민들도 수차례 경고에도 불구하고 재난을 대수롭지 않게 여겼기 때문에 한 순간에 대규모의 인명 피해를 보게 된 것이다. 이는 당시의 재난관리 및 대응에 대한 인식의 한 단면이라고 볼 수 있다. 화산이 언제 분출할 것인지 정확하게 알 수는 없으나 화산이 폭발할 경우 최악의 상황에 대처할 재난대응 계획과 효율적인 대피계획을 세우는 것이 매우 중요하다(니콜라스 발칙 · 폴 트레이시 지음, 김태웅 외 옮김, 2017: 157~158).

베수비오 화산은 서기 79년 대폭발 이후 최근까지 1631년, 1944년, 1973년, 1979년에 분출이 있었다. 현재 베수비오 화산 인근에는 나폴리, 쏘렌토, 헤르쿨라네움, 오플론티스 등 지역에 인구 3백 만 명 이상이 살고 있어 세계에서 가장 위험한 활화산 중의 하나로 간주되고 있다.

이외 역사상 인류에게 큰 영향을 미친 화산은 26,500년 전에 폭발한 뉴질랜드 북섬의 타우포 화산(Taupo Volcano),[18] 1815년 폭발한 인도네시아 크라카타우(Krakatau) 화산, 1980년에 폭발한 미국의 세인트헬렌스(Mount St. Helens) 화산, 1991년에 폭발한 필리핀의 피나투보(Pinatubo) 화산 등이 있다. 화산활동은 지구의 생성과 함께 이어져 왔으며 약 1만 년 전부터 지금까지 폭발(eruption)한 이력이 있는 활화산은 약 1,520개로 알려져 있다(윤성효 외, 2019: 39~52).

'불의 신(Vulcan)', '신의 분노'라고 불리는 화산은 과거에는 활화산(Active: 규칙적으로 분출하거나 폭발하는 화산), 휴화산(Dormant: 역사적으로 폭발한 적은 있으나 지금까지 미폭발한 상태의 화산), 사화산(Extinct: 역사적으로 폭발한 사실이 없는 화산)으로 분류하였으나 현재는 휴화산을 활화산의 범주에 포함시켜 활화산(지금 활동하고 있거나 역사시대에 분화한 이력을 가지고 있는 화산)과 사화산으로 대별하고 있다. 현재 지구상에는 730개의 사화산과 520여 개의 활화산이 있으며 매년 50~60개의 화산이 실제로 폭발(정병도, 2015: 462)하고 있다. 화산이 폭발할 때 그 크기, 유형과 무관하게 나타나는 일반적인 특징은 화산이 용암과 분출에 의해 이루어지며 마그마(Magma), 용암(Lava), 테프라(Tephra), 가스 등이 생성된다. 마그마는 섭씨 500~1,000도의 액체상태로 이산화탄소, 불소 등 가스를 포함하고 있어 폭발성이 매우 강하다. 용암은 분화구에서 분출된 마그마를 말한다. 테프라는 화구에서 방출된 마그마가 공중으로 분출할 때 나오는 돌덩이, 돌가루, 자갈, 작은 흙과 같은 화산재이다.

일반적으로 화산폭발에 따른 재난의 규모는 가스의 분출량과 마그마의 점도에 달려 있으며 주요 위험요인으로는 용암류, 화산쇄설물, 독성가스, 화산재 등이 있다(정병도, 2015: 468). 용암류는 시속 64km의 속도로 이동하기 때문에 사람들이 대피할 수 있는 여유가 어느 정도 있다. 반면 화산쇄설물

18) 오루아뉘 대분화(Oruanui Eruption)로 뉴질랜드에서 가장 큰 칼데라 호수인 타우포 호수에서 따온 이름으로 화산폭발 지수 8에 속하는 초거대 폭발하였으며 마지막 대규모 분화는 기원후 180년에 발생하였다.

(Pyroclastic flows)은 뜨거운 화산재로 시속 100km 이상의 속도로 이동하기 때문에 대피 시간이 부족하여 가장 위험한 요소로 전체 사망자의 70% 이상이 이로 인해 피해를 입는다. 독성가스는 수증기, 이산화탄소, 수소, 일산화탄소, 염소, 이산화황, 불소 등 화산분출과 용암이 흐를 때 발생한다. 염소, 황 같은 가스들을 직접 흡입 시 사망에 이를 수 있다. 테프라는 공중에서 떨어지는 화산재이다. 역사적으로 BC 1480년경 발생한 지중해 그리스의 산토리니(Santorini Island) 화산은 30～50m의 화산재를 발생시켜 주변의 크레타 문명을 멸망시켰다고 전해진다. 기타 화산이류(火山泥流, volcanic mudflow)라 불리는 라하르(Lahar)가 있다. 라하르는 1919년 인도네시아 자바섬 동부 켈루트(Kelud) 화산(높이 1,731m)의 분화에서 처음 조사된 현상으로 라하르로 피해를 입은(5,110명 사망) 마을 이름에서 유래된 말이다(Naver 지식백과 시사상식 사전, 2019). 라하르는 화산쇄설물이 경사지를 흘러내리면서 물과 뒤섞인 합성물이다. 라하르는 진흙류의 밀도 때문에 매우 파괴적이며 시속 50km로 속도로 이동하며 주변지역과 산림, 지표수 등을 황폐화시키며 심각한 경제적, 환경적 재해를 유발한다(정병도, 2015: 469).

화산폭발의 종류는 크게 4가지가 있다. 첫째, 하와이언 폭발(Hawaiian Eruption)이다. 이의 특징은 불꽃이나 분수처럼 분출한다. 둘째, 스트롬볼리언 폭발(Strombolian Eruption)이다. 즉 액체용암의 분출 형태로 짧은 기간 동안 온화한 형태의 폭발을 한다. 셋째, 벌카니언 폭발(Vulcanian Eruption)이다. 작지만 격렬한 폭발이다. 넷째, 플리니언 폭발(Plinian Eruption)이다. 극도로 파괴적이며 가장 격렬한 형태의 분출이다(정병도, 2015: 471～473).

화산폭발로 인한 1차적 위험요소들은 대체로 반경 10km 폭으로 형성되지만 초미세(PM2.5) 화산재, 가스, 쓰나미는 10,000km 이상까지도 영향을 미친다. 그리고 규모 6.5 이상의 지진이 발생한 이후에 화산활동이 빈번히 발생한다. 이외 화산폭발에 따른 2차적 위험요소로 산사태, 화산재 이류(Lahar, 화산재 및 화산쇄설물이 빗물이나 주변의 물과 혼합), 쓰나미, 지진, 홍수유발, 대기오염, 쓰레기(Debris), 이상저온(화산재가 태양광선을 차단), 지표수의 산성화, 화산구름 등이 있다.

화산의 분화규모는 화산폭발지수(VEI : Vocanic Explosivity Index)로 구분하며 그 규모는 화산분출물의 부피, 분화유형 등에 따라 VEI 0~8까지 등급으로 나누고 있으며 보통 VEI 4는 분화강도가 강한 것을 뜻한다.

우리나라의 경우 백두산(북위 41.98도, 동경 128.08도, 높이 2,744m)은 한반도에서 가장 큰 규모의 폭발을 일으킨 화산이다. 백두산은 고려 정종(945~949) 시대인 946~947년에 대규모 폭발(플리니언 폭발: Plinian Eruption)가 있었던 것으로 추정되며 화산 폭발물은 83~117㎦에 달하는 것으로 추정된다(기상청, 2019). 백두산은 서기 900년 이후 총 31회의 분화가 있었으며 화산활동에 대한 역사적 기록으로는 1702년 6월 3일(조선 숙종 28년) “함경도 부령 및 경성 지역에서 하늘과 땅이 갑자기 캄캄해졌는데 연기와 불꽃같은 것이 일어나는 듯하였고, 비릿한 냄새가 방에 꽉 찬 것 같기도 하였다. 큰 화로에 들어앉은 듯 몹시 무덥고 흩날리는 재는 마치 눈과 같이 산지사방에 떨어졌는데 그 높이가 한 치 가량 되었다”라고 기록되어 있다(기상청, 2019). 가장 가까운 시기의 백두산 폭발은 1903년, 1925년에 있었다. 학자들은 최근 백두산 부근의 지진 및 화산가스 발생, 온천수의 수온 상승 등 전조현상으로 볼 때 백두산 화산의 재분화 시점을 마지막 분화로부터 약 100년이 지난 2025년으로 추론하고 있다. 백두산 화산이 폭발될 시 가장 위험요소 중의 하나는 천지에 고인 약 20억 톤의 물이다. 섭씨 1,000도의 마그마가 영상 6도의 천지의 물과 만나게 되면 냉각수축에 의해 막대한 양의 부석(浮石, 화산의 마그마가 갑자기 식어서 생긴 가벼운 돌)을 만들면서 폭발력을 키우게 된다. 우리나라는 아래 〈표 2-13〉과 같이 백두산 이외 활화산으로 제주도(한라산)와 울릉도가 화산이 분화하여 형성된 화산섬이며 사화산으로 추가령이 있다.

〈표 2-13〉 한국의 활화산 및 사화산

명칭	높이(m)	위치	최종 분화(년도)
백두산	2744	41.98N 128.08E	1903
한라산	1950	33.37N 126.53E	1007
울릉도	984	37.50N 130.87E	BC 7350
추가령(철원, 평강)	752	38.22N 127.33E	홀로세(충적세)

* 출처 : 위키피디아(wikipedia)

또한 인접국인 일본에 108개의 활화산이 있으며 이 중에 분화 시 우리나라에 영향을 미치는 위험화산은 아소(阿蘇) 화산, 사쿠라지마(櫻島) 화산 등 약 30개 정도이다. 이런 점에서 볼 때 우리나라도 화산폭발의 피해 가능성으로부터 영구히 100% 안전한 지역이라고 볼 수는 없다. 아래 〈표 2-14〉는 세계의 주요 활화산 리스트이다.

〈표 2-14〉 세계의 주요 화산

분화 시기	국가	화산	비고(인명피해)
AD79	이탈리아	베수비오(Vesuvius)	화쇄류, 폼페이 매몰, 3,360명 사망
1586	인도네시아	켈루트(Kelut)	화산이류 10,000명 사망
1631	이탈리아	베수비오(Vesuvius)	용암류 18,000명 사망
1669	이탈리아	에트나(Etna)	용암류 10,000명 사망
1672	인도네시아	메라피(Merapi)	화쇄류, 화산이류 3,000명 사망
1711	인도네시아	아우(Awu)	화쇄류 3,200명 사망
1741	일본	오시마오시마	쓰나미 1,475명 사망
1760	인도네시아	마키안(Makian)	화산이류 2,000명 사망

1782	일본	운젠(Unzendake)	암설류, 쓰나미 14,500명 사망
1783	아이슬란드	라키(Laki)	용암류 9,350명 사망
1783	일본	아사마(Asamayama)	화쇄류 500명, 화산이류 1,400명 사망
1815	인도네시아	탐보라(Tambora)	화쇄류 12,000명 사망
1822	인도네시아	갈룽궁(Galunggung)	화쇄류, 화산 이류 4,011 명 사망
1856	인도네시아	아우(Awu)	화쇄류, 화산 이류 2,806 명 사망
1883	인도네시아	크라카토아(Krakatau)	쓰나미 36,417명 사망
1892	인도네시아	아우(Awu)	화쇄류 1,532명 사망
1902	마르티니크	플레(Paluweh)	화쇄류 29,000명 사망, 생피에르시 매몰
1902	과테말라	산타마리아(SantaMaria)	화쇄류 6,000명 사망
1912	미국(알래스카)	노바룹타(Novarupta)	20세기 최대 분화
1919	인도네시아	켈루트(Kelut)	화산이류 5,110명 사망 104개 마을 매몰
1951	인도네시아	메라피(Merapi)	화쇄류 1,396명 사망
1951	파푸아뉴기니	래밍턴(Lamington)	화쇄류 2,942명 사망
1963	인도네시아	아궁(Agung)	화쇄류 1,900명 사망
1980	미국(워싱턴)	세인트헬렌스 (St. Helens)	산체 붕괴, 화쇄류 63명 사망
1982	멕시코	엘 치천(Chichon, El)	화쇄류 1,877명 사망
1985	콜롬비아	네바도델루이스 (Ruiz, Nevado del)	화산이류 23,080명 사망
1986	카메룬	오쿠(Oku)	CO2구름 1,746명 사망

1991	일본	운젠(Unzendake)	화쇄류 43명 사망
1991	필리핀	피나투보(Pinatubo)	화쇄류, 화산이류 722명 사망
1993	필리핀	메욘(Mayon)	화산이류 70명 사망
2010	아이슬란드	에아야프얄라요쿨 (Eyjafjallajokull)	화산구름, 항공기 결항

* 기상청(2019) 자료 참조하고 일부 보충함

폼페이 화산폭발을 소재로 한 영화는 2014년 개봉된 '폼페이 : 최후의 날(Paul Anderson 감독)'이 있고 1834년에 영국의 작가 에드워드 리턴(Lytton, E. G. E.)이 쓴 '폼페이 최후의 날' 소설이 있으며 러시아의 화가 카를 브률로프(karl Bryullov; 1799~1852)의 유화 '폼페이 최후의 날(1833, 러시아미술관 소장)' 등 많은 예술 작품들이 있다.

(3) 풍수해

신(神)은 만인에게 공평하다.
욕심이 인간의 눈을 가린다.

– 바람과 비의 질투 –

풍수해(風水害, storm and flood)는 태풍(Typhoon), 허리케인(Hurricane), 사이클론(Cyclone), 윌리윌리(Willy-willy) 등 강한 바람과 홍수, 호우 등 강한 강수에 의한 자연재해의 총칭이다.

먼저 해마다 어김없이 6월과 10월 사이에 우리나라와 동남아, 중국, 일본, 러시아 연해주 등에 막대한 피해를 주는 태풍(어원은 그리스 신화 typhon : 폭풍우를 일으키는 신)에 대해서 알아보자. 세계기상기구(WMO: World Meteorological Organization)[19]에 의하면 태풍은 적도 부근에서 따듯한 바닷물이 해수면에서 수증기로 공중으로 상승하면서 난기류에 의해 단시간에 강한 세력으로 발생하며 중심부의 최대풍속이 17m/sec 이상(시간당 120km 이상)의 강한 바람을 동반하여 열대성 저기압으로 나타나는 폭풍우를 말한다. 열대성 저기압은 발생 지역에 따라 다른 이름으로 불리는데 ▷ 북태평양 서부에서 발생하는 것은 태풍(Typhoon) ▷카리브해, 멕시코만, 북대서양, 북중미에서 발생하는 것은 허리케인(Hurricane) ▷인도양, 아라비아해, 벵골만에서 발생하는 것은 사이클론(Cyclone) ▷호주 부근의 남태평양에서 발생하는 것은 윌리윌리(Willy-Willy)라고 한다(네이버 지식백과, 시사상식사전, 2020).

태풍은 적도로부터 조금 떨어진 위도(latitude) 8도에서 20도 사이에서 발생한다. 태풍의 강도는 최대풍속(초속)에 따라 약한 태풍(17~24m), 중간 태

19) 1873년 설립된 국제기상기구의 후속기구로서 1950년 설립되었고 191개의 회원국이 있으며 사무국은 제네바에 소재한다.

풍(25~32m), 강한 태풍(33~43m), 매우 강한 태풍(44m 이상)으로 나누어 지고 태풍의 크기는 반경에 따라 소형 태풍(300km 미만), 중형 태풍(300~499km), 대형 태풍(500~799km), 초대형 태풍(800km이상)으로 구분된다. 태풍의 등급은 바람의 속도와 중심기압에 의해 결정된다. 태풍이 동반하는 강한 태풍우의 범위는 중심에서 200~500km 정도이며 중심에서 가까울수록 기압은 하강하고 풍속은 증가하나 중심 부근에는 바람과 구름이 없는 '태풍의 눈'이 존재한다. 태풍의 중심기압은 960hpa(헥토파스칼)로 수소폭탄 10개 정도의 위력을 가지고 있다. 태풍의 바람은 시계 반대방향으로 돌면서 북쪽으로 이동하며 태풍의 진행방향 오른쪽의 바람이 가장 강하다. 태풍의 일생은 보통 1주일에서, 최대 1개월 정도이며 최대 13,000km를 이동하기도 한다. 태풍의 이름은 2000년부터 아시아태풍위원회에서 결정하며 각국의 관심증가 차원에서 아시아 국가 14개국에서 10개씩 제시한 140개를 28개씩 5조로 나누어 1조에서 5조까지 순환하며 그 이름을 사용하고 있다. 태풍은 강한 바람에 의해 발생되는 비정상적인 수면상승을 일으켜 해일을 불러일으키기도 한다.

과거 우리나라에 막대한 재산피해를 입힌 태풍으로는 아래 〈표 2-15〉 및 〈표 2-16〉과 같이 재니스(1995년), 올가(1999년), 루사(2002년), 매미(2003년), 에위나(2006년) 등이 있다. 우리나라에 피해를 주는 태풍(Typhoon)은 계절적으로 7월~10월 중 북위 5°~25°, 동경 130°~145°에서 가장 많이 발생되며 연평균 약 27개 발생하지만 그중 2~4개만 우리나라에 영향을 미친다. 태풍은 강풍과 강수를 동반하여 이동함으로써 해수 상승으로 인한 저지대 침수, 강우로 인한 홍수, 하천 범람 등 우리나라에 크게 피해를 입힌다. 태풍의 주요 피해 형태로는 인명피해와 재산피해로 나누어 볼 수 있는데 인명피해의 주된 원인은 산사태가 가장 많고 급류, 침수, 하천범람, 낡은 시설 붕괴, 강풍(비산물) 등에 의한 사망이다. 한편 태풍은 대량의 바람과 강수를 동반함으로써 물 부족 현상을 해소해 지구상의 온도조절과 해수를 순환시켜 적조 현상을 제거하는 등 긍정적인 측면도 있다.

〈표 2-15〉 우리나라 태풍으로 인한 인명피해 순위 (통계기간 : 1904~2018)

순위	발생일	태풍명	사망 · 실종(명)
1위	1936.8.26~28	3693호	1,232
2위	1923.8.11~14	2353호	1,157
3위	1959.9.15~18	사라(SARAH)	849
4위	1972.8.18~20	베티(BETTY)	550
5위	1925.7.15~18	2560호	516
6위	1914.9.11~13	1428호	432
7위	1933.8.3~5	3383호	415
8위	1987.7.15~16	셀마(THELMA)	345
9위	1934.7.20~24	3486호	265
10위	2002.8.30~9.1	루사(RUSA)	246

* 출처 : 기상청(2020), 행정안전부의 통계자료 이용.

〈표 2-16〉 우리나라 태풍으로 인한 재산피해 순위 (통계기간 : 1904~2018)

순위	발생일	태풍명	재산 피해액(억원)
1위	2002.8.30~9.1	루사(RUSA)	51,479
2위	2003.9.12~9.13	매미(MAEMI)	42,225
3위	2006.7.9~7.29	에위니아(EWINIAR)	18,344
4위	1999.7.23~8.4	올가(OLGA)	10,490
5위	2012.8.25~8.30	볼라벤(BOLAVEN) 덴빈(TEMBIN)	6,365
6위	1995.8.19~8.30	재니스(JANIS)	4,563
7위	1987.7.15~7.16	셀마(THELMA)	3,913
8위	2012.9.15~9.17	산바(SANBA)	3,657
9위	1989.9.29~10.1	예니(YANNI)	2,749
10위	2000.8.23~9.1	쁘라삐룬(PPAPIROON)	2,520

* 출처 : 기상청(2020), 행정안전부의 통계자료 이용, 재산피해액은 당해 연도 기준임.

홍수(洪水, 북한에서는 '큰물'이라고 표기)는 장기 또는 단기간에 과다한 강수, 눈, 해빙 또는 댐의 붕괴로 인하여 하천이나 강의 물이 범람하여 물에 의한 피해를 입는 자연재난을 말한다. 홍수는 단기간, 특정지역(국지성)에 집중 호우로 인한 홍수, 봄에 기온이 상승하여 겨울철에 쌓여있던 눈이 일시에 녹아 흘러내려 발생하는 홍수, 지진해일, 태풍 등에 의한 해변의 홍수 등으로 구분된다. 홍수로 인한 사망원인으로 익사가 가장 많다.

우리나라에서는 7월에서 9월 사이의 강수량이 약 720mm로 연 강수량의 60% 이상을 차지한다. 이는 여름철에 장마전선이 정체할 때와 온대성 저기압이 이동하여 한반도로 올 때 그리고 태풍이 발생하여 강타할 때이다. 우리나라의 기상청 분석에 의하면 최근 10년(1997년~2016년)간 여름철의 평균기온이 24.2℃로 지난 30년(1981년~2010년) 평균기온 23.6℃보다 상승했으며 장마기간이 끝난 후에 강수량이 증가하는 등 기상 패턴의 변화로 풍수해의 위험이 지속적으로 증가하고 있는 추세이다. 홍수로 인해 1차적인 피해는 산사태, 건축물의 침수나 붕괴, 지반의 침하, 농작물 침수 등으로 인한 자연적 피해와 인적 피해가 있지만, 이로 인해 이질 · 대장균 등과 같은 수인성 질병, 말라리아 · 바이러스 등 감염성 질병 등이 발생하는 2차적인 피해를 유발하기도 한다.

우리나라의 홍수 피해 사례로는 1959년 태풍 '사라'와 동반하여 발생한 호우로 제주도와 남부지방에 막대한 피해를 주었다. 다음으로 1998년 전국적인 게릴라성 집중호우로 인해 커다란 홍수 피해를 보았다. 또한 2002년 태풍 '루사'가 몰고 온 강수량은 1일 870mm로 한반도 기상관측 이래 가장 많은 강수량을 기록하였으며 사망/실종자가 246명이었고 약 5조 원의 재산피해를 입었다.

강풍을 소재로 한 재난영화는 2014년 스티븐 퀘일(Steven Quale) 감독의 '인투 더 스톰(Into the storm)', 2000년 울프강 피터슨(Wolfgang Peter-son) 감독의 '퍼펙트스톰(Perpect storm)', 1996년 장 드봉(Jan Debont) 감독의 '트위스트(Twister)' 등이 있다. '인투 더 스톰'은 기상이변으로 인해 최대풍속이 초속 300m에 육박하는 초대형 토네이도가 발생하여 모든 것을 집어 삼키고 파괴해 버린다는 영화이다.

2) 사회재난

(1) 미세먼지

소리도 냄새도 없는 침묵의 살인자.

– 보이지 않은 죽음의 먼지 –

몇 년 전부터 미세먼지(PM: Particulate Matter)와 초미세먼지(fine PM)에 의한 대기 중 오염농도가 과거에 비해 현저히 높아지고 있는 추세에 있으며 이로 인해 우리의 인체에 심각한 영향을 미치는 재난의 한 종류로 분류되고 있다. 미세먼지와 초미세먼지는 소리도 냄새도 없는 보이지 않은 적이며 침묵의 살인자이다. 황사보다는 몇십 배 아니 몇백 배 두려운 존재이다. 산업화의 부작용에서 나온 환경의 역설이다. 미세먼지와 초미세먼지가 우리 사회에 재난의 이슈로 대두되기 시작한 시기는 우리 정부가 미세먼지 농도에 대한 정보제공과 예보제(수도권 중심)를 시작한 2013년 이후이며 이전에는 중국, 몽골에서 날아온 황사로 인해 발생하는 대기환경 오염이 주로 문제가 되었다. 한편, 북한은 미세먼지나 초미세먼지에 대한 정보를 공개하지 않아 구체적인 미세먼지 농도나 피해는 확인할 수 없지만 인접한 중국에서 이동하는 대기오염물질의 영향, 노후 경유차 운행, 석탄 · 갈탄 사용 등으로 인해 평양 등 인구 밀집 지역에서는 미세먼지 농도가 심각한 수준일 것으로 추정[20]할 뿐이다.

1952년 12월 4일 영국의 수도 런던에서 도버해협을 건너 넘어온 차가운 기단(氣團)으로 인하여 기온이 급강하 하였으며 공기의 흐름이 멎었다. 하늘은 구름으로 가려져 짙은 안개로 지면을 덮었으며 구름과 안개로 태양 빛이

20) 조선중앙방송은 2019년 1월 14일 "서해안 지역의 미세먼지 농도가 높을 것으로 보인다"며 주민들에게 외출시 마스크를 착용할 것을 당부하였다(https://www.bbc.com/korean/news-46861186).

차단되어 대낮임에도 앞을 분간할 수 없을 정도로 어두웠다. 이 당시 영국은 산업체나 가정에서 석탄을 겨울철 주 연료로 사용하였다. 날이 저물어 냉기가 심해지자 수십만의 가정에서 석탄을 화로에 넣었다. 이렇게 가정과 공장에서 석탄연소에 따른 매연이 정화되지 않은 채 대기 중으로 배출되었고, 무풍(無風)현상과 기온역전 현상(고도가 상승하면서 기온도 상승하는 경우)으로 인해 연기는 대기 중으로 확산되지 못하고 지표면에 정체하게 되었다. 시간이 지나자 배출된 매연과 짙은 안개가 합쳐져서 일종의 스모그를 형성하였고 특히 매연 성분에 있던 아황산가스가 황산 안개로 변질(미세먼지 또는 초미세먼지로 추정) 되었다. 이러한 스모그 현상은 12월 8일까지 계속되어 런던 시민들은 호흡 장애와 질식 등으로 첫 3주 동안에 4,000여 명이 사망하였고 이후 만성 폐 질환으로 8,000여 명의 사망자가 늘어나 총 12,000여 명이 목숨을 잃었다(Naver 지식백과, 2019). 그러나 다행히도 12월 8일 한밤중에 남서풍이 불어 스모그도 깨끗이 날아갔다. 더 이상의 피해는 발생하지 않았다.

미세먼지는 우리 눈에 거의 보이지 않은 아주 미세한 물질로 공기 중에 오랫동안 부유하거나 흩날려 다니다가 지표면으로 하강하는 직경 10㎛(마이크로미터) 이하의 미립자 물질을 의미한다. 크기가 너무 작아서 전자현미경으로만 식별이 가능하다. 미세먼지는 다시 지름이 2.5㎛보다 작은 초미세먼지로 나누어지며 미세먼지가 인간의 머리카락 지름(50~70㎛)의 1/5~1/7 정도 크기라면 초미세먼지는 사람의 머리카락 지름의 1/20~1/30로 매우 작은 크기의 물질이다(아래 그림 2-4 참조).

미세먼지의 생성 원인으로 ① 모래, 흙먼지, 화분(花粉) 등 자연적 발생, ② 자동차 매연, 공장 배기가스, 가정용 연료 연소, 건설현장, 비포장도로, 산불, 화재 등 인위적 발생 ③ 자연적 요인과 인위적 요인(화학물질)이 결합으로 나타나는 복합적 발생으로 구분하여 볼 수 있다. 대부분의 입자들은 자동차의 배출 연소 가스, 석탄 화력발전소나 공장의 매연에서 배출되는 연소

〈그림 2-4〉 미세먼지와 초미세먼지 비교

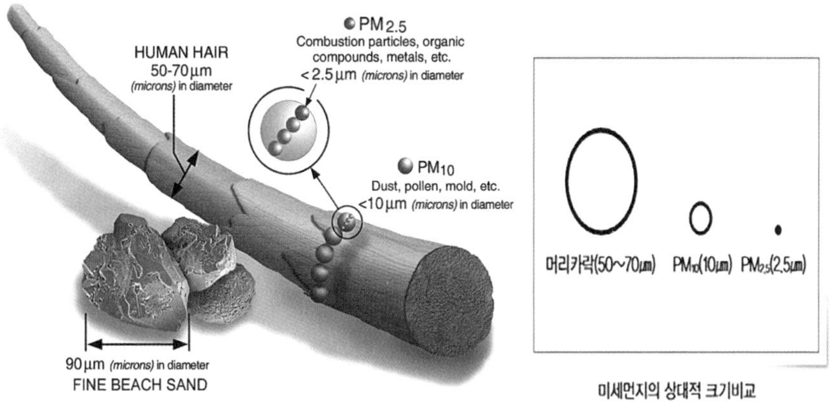

* 출처 : 소방방재청(2019)

가스, 산업폐기물, 요리과정, 난방 연료 등에서 발생한다. 초미세먼지는 암모늄(NH4+), 질산염(NO3-), 황산염(SO42-) 등의 이온 성분과 탄소 화합물(carbon compounds), 금속(elements) 화합물 등으로 구성되어 있는데 WHO 산하 국제암연구소(IARC: International Agency for Research on Cancer)는 2013년 초미세먼지를 1군 발암물질로 지정하였으며 2014년 전 세계에서 미세먼지로 조기 사망한 사람이 700만 명을 넘었다고 한다.

〈 대기에서의 반응에 의해 생기는 초미세먼지의 주요성분과 반응물질 〉

- 황산화물(SO^2) + 산화제 = 황산염(SO^4)
- 이산화질소(NO^2) + 산화제 = 질산염(NO^3)
- 질소산화물 + 휘발성 유기화합물 + 산화제 = 2차 유기에어로졸(SOA :secondary organic aerosol)
- 암모니아(NH^3) + 산성먼지(황산염, 질산염 먼지 등) = 암모늄(NH^4)

의학의 발달과는 반대급부이겠지만 앞으로 인류의 기대 수명은 미세먼지와 초미세먼지로 인해 단축될 가능성이 높다. 초미세먼지에 장시간 노출될 경우 환자, 어린이나 노인 같이 체력이 약한 사람은 면역성이 저하되어 기관지염 등 호흡기 질환은 물론 피부질환(아토피 등), 안구질환(각막염, 결막염), 심혈관질환(협심증, 심근경색증), 코 질환(비염, 후두염) 등 각종 질병에 쉽게 걸리게 된다. 특히 직경 2.5㎛ 이하의 초미세먼지는 인체 내 기관지 및 폐 깊숙이 침투하기 쉬우며 기관지나 폐에 달라붙어 각종 합병증을 유발하므로 인체에 치명적이다.

미세먼지와 황사의 차이점(표 2-17 참조)과 관련하여 황사와 스모그는 미세먼지의 농도에 영향을 미치며, 황사와 스모그가 고농도로 발생할 경우 가시성을 악화시켜 대기가 흐리게 보이고, 호흡기에 나쁜 영향을 미친다. 황사는 중국, 몽골의 사막 지역과 건조지대에서 강한 바람에 의해 대기로 날아올라간 모래, 흙먼지가 강한 편서풍을 타고 빠르게(24시간 이내) 이동하여 지상으로 하강하는 자연현상이다. 하지만 미세먼지와 초미세먼지는 공장, 자동차, 가정 등에서 화석연료 사용으로 인하여 배출되는 인위적 환경오염 물질이며 이는 사회재난의 범주에 포함되고 있다. 황사와 미세먼지는 똑같은 공기의 청정상태를 악화시키는 물질이지만 우리 정부의 소관 부처는 상이하다. 황사는 중국과 몽골의 사막 지역에서 발생하는 자연현상이기 때문에 기상재해를 담당하는 부서인 기상청이 소관 부처이다. 반면에 미세먼지는 자동차의 배기가스나 공장 매연 등 인위적인 원인에 따라 발생하기 때문에 환경문제를 담당하는 부처인 환경부가 소관 부처이다.

〈표 2-17 〉 황사와 미세먼지 비교

구분	황사	미세먼지
정의	- 중국, 몽골의 사막지대 등에서 불어오는 흙먼지 - 입자크기에 대한 기준은 없으나 우리나라에 영향을 미치는 황사의 경우 통상 1~10㎛	- 직경이 10㎛ 이하인 먼지로서 10㎛ 이하인 PM10과 2.5㎛ 이하인 PM2.5로 구분
성분	- 주로 토양성분	- 일부 광물성분도 있으나 주로 탄소 또는 이온성분
영향	- 농작물 등의 생육방해, 반도체 공장 조업방해 등의 부정적 영향과 토양의 산성화 예방이라는 긍정적 영향 병존	- 코 점막을 통해 걸러지지 않고, 흡입시 폐포까지 직접 침투하여 천식이나 폐질환 유병률, 조기사망률 등을 증가 * 긍정적 영향은 거의 언급되지 않음
예보제	- 황사특보(주의보, 경보) 등 실시 - 옅은, 짙은, 매우 짙은 황사 등 3가지 황사강도 적용	- PM10에 대한 좋음, 보통, 나쁨, 매우나쁨 예보 단계 적용 - 미세먼지특보 (주의보, 경보) 등 실시
소관부처	- 기상청	- 환경부

* 출처 : 기상청(2019)

우리나라는 2019년 3월 26일「미세먼지 저감 및 관리에 관한 특별법」을 제정하여 미세먼지 생성물질의 배출 저감과 지속적 관리를 통해 미세먼지가 국민건강을 해치는 것을 예방하고 대기환경을 적정하게 관리 · 보전하여 쾌적한 생활환경을 조성(제1조)하도록 하였다. 이외 미세먼지 관련법으로는「재난 및 안전관리 기본법」,「대기환경보전법」,「학교보건법」,「수도권 대기환경개선에 관한 특별법」,「실내공기 질 관리법」 등이 있다. 그동안 법에 규정되지 않았던 입자의 지름이 PM10㎛ 이하인 먼지와 입자의 지름이 PM2.5㎛ 이하인 먼지에 대한 명칭을 '미세먼지'와 '초미세먼지'로 정의하였다(제2조).

「미세먼지 저감 및 관리에 관한 특별법」의 주요 내용으로 국가와 지방자치단체는 미세먼지가 국민에게 미치는 영향을 파악하고 미세먼지로부터 국민의 건강과 생명을 보호하기 위하여 필요한 시책을 수립 · 시행하여야 하며(제3조 국가와 지방자치단체의 의무), 정부는 대기환경 개선 종합계획을 고려하여 5년마다 미세먼지 저감 및 관리를 위한 종합계획을 수립 · 시행하여야 한다(법 제7조 미세먼지 관리 종합 계획의 수립 등)고 명시하였다. 전국 시 · 도지사는 미세먼지 농도가 비상저감조치 요건에 해당할 경우 관련 조례 등에 따라 자동차 운행을 제한하거나, 대기오염물질 배출시설의 가동 시간을 조정할 수 있다. 또 비상저감조치를 시행할 때 관련 기관이나 사업자에게 휴업이나 탄력적 근무제도 등을 권고하도록 했다. 아울러 시 · 도지사, 시장, 군수, 구청장이 어린이나 노인 등이 이용하는 시설이 많은 지역을 '미세먼지 집중관리 구역'으로 지정해 미세먼지 저감사업을 확대할 수 있도록 했다. 집중관리구역 내에서는 대기오염 상시 측정망의 설치, 통학 차량의 친환경 차 전환, 학교 공기정화 시설 설치, 수목 식재, 공원 조성 등을 위한 우선 지원이 이루어지게 된다.

또한 미세먼지 저감 및 관리 정책의 컨트롤타워로서 국무총리 산하에 '미세먼지 특별대책위원회 설치(제10조)'와 이를 지원할 '미세먼지 개선기획단의 설치(제11조)'를 규정하였으며, 미세먼지특별대책위원장(제11조)은 국무총리와 대통령이 지명하는 사람이 공동으로 맡도록 했다. 아울러 환경부 장관은 미세먼지 배출량의 정확한 산정과 관련 정보의 효율적 관리를 위해 '국가미세먼지정보센터'를 설치하도록 규정했다. 고농도 미세먼지가 장기간 지속되는 경우 단기간에 미세먼지를 줄여 대기 질을 개선하고 국민건강을 보호하기 위해 차량 2부제, 사업장 조업 단축 등을 실시하는 것을 말한다. 이는 미세먼지 농도가 높을 때 국내의 내부 발생요인을 최대한 줄여 중국 등으로부터의 고농도 미세먼지 유입 시 급격히 상승하는 미세먼지 농도를 완화시키기 위한 조치로 시행되고 있다.

이러한 해당 조치가 발령되면 ▷자동차 운행 제한(차량등급제에 따른 운행제한 및 노후건설 장비 사용 제한) ▷사업장 및 공사장에서는 가동률 하향 조정 또는 미세먼지 발생 공정 단축 운행 ▷행정, 공공기관의 직원 등은 차량 2부제를 시행해야 한다. 「미세먼지 저감 및 관리에 관한 특별법」에 따라 고농도 미세먼지 발생으로 비상저감조치가 발령되면 미세먼지를 많이 배출하는 5등급 차량은 운행이 제한되며, 이를 위반 시 10만 원 이하의 과태료가 부과된다. 자동차 배출가스 등급은 환경부 고시인 「자동차 배출가스 등급 산정 방법에 관한 규정」을 적용받는데, 이 규정에 따르면 ▷전기차와 수소차는 1등급 ▷휘발유와 가스차는 1~5등급 ▷경유차는 최근 연식이라도 3등급 ▷노후 경유차는 5등급에 해당된다. 과거에는 비상저감조치가 발령되면 수도권의 행정 · 공공기관을 중심으로 차량 2부제를 실시했고 민간은 자율적으로 참여해 왔으나 2019년 3월부터는 민간 참여도 의무화되어 서울, 인천, 경기 등 수도권 지역부터 운행 규제가 확대되었다(Naver 지식백과, 시사상식사전, 2019).

미세먼지에 대한 2017년 환경부의 성과목표는 '대기질 개선으로 국민 삶의 질을 향상시킨다' 이다. 주요 내용으로는 첫째, 미세먼지 종합대책 추진 관련하여 미세먼지 예보 정확도 개선 및 대기질 정보제공 확대, 고농도 미세먼지 발생 시 비상저감조치 시행, 중국 등 주변국과의 대기분야 정책공유 및 연구 등 협력 강화이다. 둘째, 자동차 등 이동오염원 관리와 관련하여 자동차 인증 체계 전면 개편, 비도로 이동오염원(선박, 기차 등)의 관리방안 마련, 경유차 배출가스 규제강화 등 체계적 관리체계 구축, 노후 경유차의 조기 폐차를 활성화하고 친환경 차의 보급을 확대하는 등 대기질의 직접 오염원 발생 최소화이다. 셋째, 대기오염물질 배출관리 선진화 관련하여 대기배출시설 인허가 체계개선 및 위해성 높은 대기오염물질의 배출요건 기준 강화, 사업장 상시 감시체계 강화 등 선제적 대응이다(환경부, 2018).

환경부는 〈표 2-18〉과 같이 신속하고 정확한 미세먼지 발생 정보를 국민들에게 제공하기 위해 미세먼지 예보제를 2013년 8월 수도권 지역부터 시범적으로 시행하였다. 시범 예보제 기간 동안 예보의 정확도를 높이고 전달 및 홍보 시스템을 구축하여 2014년 2월부터 전국적으로 예보하였다.

〈표 2-18〉 미세먼지 예보등급 및 예보내용

예보 내용		등급 (㎍/㎥)			
		좋음	보통	나쁨	매우나쁨
예보 물질	미세먼지 (PM10)	0~30	31~80	81~150	151 이상
	초미세먼지 (PM2.5)	0~15	16~50	51~100	101 이상
행동 요령	민감군 (어린이, 노인, 폐질환, 심장질환 환자)		실외활동시 특별히 행동에 제약을 받을 필요는 없지만 몸 상태에 따라 유의하여 활동	장시간 또는 무리한 실외활동 제한, 특히 천식을 앓고 있는 사람이 실외에 있는 경우 흡입기를 더 자주 사용할 필요가 있음	가급적 실내 활동, 실외활동 시 의사와 상의
	일반인			장시간 또는 무리한 실외활동 제한, 특히 눈이 아픈 증상이 있거나 기침이나 목의 통증으로 불편한 사람은 실외활동을 피해야 함	장시간 또는 무리한 실외 활동제한, 목의 통증과 기침 등의 증상이 있는 사람은 실외활동을 피해야 함

* 출처 : 환경부(2019)

2015년 1월 1일부터 「대기환경보전법」에 따라 시·도지사는 실제의 미세먼지(PM10, PM2.5) 농도가 일정 기준을 초과하는 경우 대기오염경보를 발령할 수 있도록 하고 있다. 대기오염 경보가 발령된 경우 해당 지역의 지자체장은 경보단계(주의보, 경보)에 따라 주민건강 보호와 대기오염 개선을 위한 조치를 취할 수 있다.

고농도 미세먼지 발생 시 대응요령은 상당 부분 유사하다. 환경부와 소방방재청 재난상황실이 제시한 국민행동 요령[21]은 다음과 같다.

· 실외 활동 시 보건마스크(식약청 인증), 보호안경, 모자 등 착용
· 창문을 닫고 실내 물청소는 하되 대청소 등은 자제
· 외출 후 온몸을 구석구석 씻고 필수적으로 손, 발, 코를 흐르는 물에 씻고 양치질하기
· 물과 비타민 C가 풍부한 과일, 채소 등은 여러 번 흐르는 물에 씻어 먹기
· 등산, 낚시, 싸이클링, 축구 등 오랜 실외 활동을 자제하고, 필요하면 수영, 요가 등 실내운동으로 대체
· 학교 등 교육기관에서는 유치원과 초등학교의 실외활동 자제
· 차량, 항공기 및 선박 운행 시 가시거리, 안전장치 등을 점검하고 운항관계자 및 가족과 연락망 확인
· 산업부문의 반도체, 자동차 등 기계설비 작업장의 경우는 실내 공기정화 필터를 점검하여 교체하고, 집진시설을 설치하거나 에어커튼을 설치
· 음식점, 단체급식소 등 식품 취급 업소에서는 식품 제조 · 가공 · 조리 시 올바른 손 씻기와 기구류 세척 등 철저한 위생관리를 통해 2차 오염을 방지
· 환자, 노약자 등은 안전지대로 이동
· 기능성 마스크, 산소 마스크, 보호안경, 공기청정기 구비 등

우리나라 미세먼지의 오염수준을 OECD 국가들과 비교해 볼 때 비교적 높은 수준이다. 2014년 서울의 미세먼지농도는 미국의 로스앤젤레스보다 1.5배, 프랑스의 파리보다 2.1배, 영국의 런던보다 2.3배가 높았다. 우리나라는 해방 이후 단기간에 걸친 도시화 및 산업화와 함께 수도권 집중의 인구밀도가 매우 높고, 특히 대기오염을 가중시키는 제조업체가 많은 중국 동부 해안지역과 가까워 편서풍이 불 경우 많은 영향을 받는다. 최근 이슈화되고 있는 중국발 오염물질은 한 · 중 · 일 장거리이동오염물질조사연구사업(2000년~

21) 재난상황관리 정보 제 3호(황사와 미세먼지), 소방방재청 재난상황실

2018년) 결과에 의하면 국내 기여율이 약 30~50% 정도인 것으로 분석되었다. 또한 겨울철에는 대륙성 고기압으로 대기 정체 현상으로 인해 고농도 미세먼지가 자주 발생한다.

OECD 국가들의 미세먼지 저감 활동을 보면 독일은 미세먼지 환경기준을 24시간 평균 50㎍/㎥, 연간평균 40㎍/㎥으로 규정하였으며 베를린은 디젤차 택시를 하이브리드차로 전환하고 전기차 보급, 시속 30km 저감운행 확대, 디젤차 시내주행 금지 행정심판(일부), 자전거도로 확대 등 미세먼지 저감 관리정책을 시행 중이다. 영국은 지역별로 대기질 관리지역을 설정하여 관리계획 수립, 노후차량 환경부담금 부과 (2017년부터), 조경 사업 등(대기질 관리펀드 2,000만 파운드 조성)을 추진 중이다. 일본은 개개인의 자동차 배출가스 규제, 연료 품질규제 시행, 배출가스 허용 기준초과 디젤차량 운행금지(치바현 등)를 시행하고 있다. OECD는 2010년 보고서를 통해 일본이 환경문제에 상당한 진전을 거두고 있다고 평가하였다. 프랑스는 디젤차량 비중이 높은 국가(전체 자가용의 62%)이나 파리 시는 2020년까지 디젤차량을 퇴출시키기 위해 노력하고 있으며 대기오염 경보 발령 시 버스, 전철 등 대중교통을 무료로 이용하게 하고 있다. 미국은 1990년부터 청정대기 유지를 위한 청정대기법(Clean Air Act)을 시행 중이다.

국가간 대기오염 문제해결을 위한 모범사례로 꼽히는 1979년 31개국이 서명한 '월경성 장거리이동 대기오염물질에 관한 협약'(이하 CLRTAP : Convention on Long-Range Transboundary Air Pollution)[22]은 대기 오염물질의 축소를 원칙으로 삼고 가능한 경제적 실행 가능성을 고려한다는 전제하에 오염물질의 이동, 국가별 대기오염 관리전략 및 배출축소 기술 등에 대한

22) 1950년대부터 북유럽 스칸디나비아 반도의 숲이 사라지기 시작했으며 호수의 물고기가 급속히 감소하였다. 1967년 스웨덴의 과학자인 스반테 오덴은 산림황폐화와 호수 내 산성도 상승의 원인이 외부로부터 유입된 아황산가스로 인한 것임을 밝혀냈다. 이후 이의 해결을 위해 서독을 포함한 11개국이 대기오염물질 장거리 이동 측정에 관한 협동 기술 프로그램이 시작되고 1979년에 UN 유럽경제위원회 차원에서 34개국이 동 협약을 서명하였다.

정보의 수집과 교환체제에 초점을 두었다.

이와 관련 동북아시아 지역에서도 다수의 환경협력 프로그램이 진행 중이며 이 가운데 월경성 대기오염물질과 밀접한 관련을 맺고 있는 협력 프로그램 중의 하나가 한 · 중 · 일 3국 환경장관회의이다. 2016년 제18차 회의에서 미세먼지 분야 협력을 위한 3국 대기정책대화 실무그룹의 작업계획을 채택하고 주요 현안별 국장급 정례 협의체를 신설하여 연 2회 개최하는데 합의하였다. 월경성 대기오염 문제는 단기간에 해결할 수는 없지만 CLRTAP의 사례와 같이 관련국이 협의할 수 있는 과학적 근거를 마련하고 이에 기초한 단계적 행동의 실천만이 문제를 해결할 수 있다. 1993년 우리나라의 제의로 만들어진 환경 분야 연례 지역협의체인 동북아환경협력(NEASPEC : North-East Subregional Programme for Environment Cooperation)[23] 고위급회의와 동북아장거리이동 대기오염물질공동연구(LPT : Long-Range Trans-boudary)를 중심으로 동북아지역의 월경성 대기오염 문제에 대한 다자간협력의 중요성이 더해지고 있다.

우리 정부는 2019년 미세먼지 대응 등 국민 안전을 위해 2조 2천억 원 규모의 추경예산을 편성, 국회에 제출하였다. 향후 미세먼지 저감을 위해 충분한 예산과 인력을 배정, 효율적인 대응체제를 구축하여 미래에 예측되는 피해를 경감하기 위해 정부는 더욱 과감하고 적시성 있는 예산 투입과 정책 시행을 해야 할 것이다. 또한 국내에 유입되는 황사의 80%가 몽골 남부 고비사막 및 중국 북부 내몽골 고원에서 발원하고 있다는 점을 감안, 장기적으로 황사문제 해결을 위해서도 발원 국가인 중국 및 몽골과 국제협력 강화 등 더욱 적극적인 대책 수립도 필요하다. 아울러 동북아의 대기오염 총량제를 도입하여 각국의 배출량 검증체계의 구축 등 현재의 다자협력체계를 활용하여 협력방안을 모색해야 하며 조만간 가시화 될 동북아 청정대기 파트너십에도 적극 참여해 나가야 할 것이다.

---

23) 1993년 설립된 한 · 중 · 일 · 러 · 몽 · 북한 등 6개국 동북아환경협력체

더하여, 우리나라의 온실가스 배출량은 전 세계 온실가스 배출국 순위에서 7위로 2013년 기준으로 6억 9,400만 톤의 온실가스 배출하고 있다. 이는 OECD 회원국 가운데 두 번째로 높은 수치이다(국회입법조사처, 2015). 환경부(2019)에 의하면 공장 굴뚝이나 자동차 배출가스에 나온 유해 물질이 공기 중에 화학반응을 일으켜 생성된 2차 생성 미세먼지가 우리나라의 초미세먼지의 70% 이상을 차지하는 것으로 밝혀졌다. 즉 우리나라는 자연적 원인보다는 연료 연소에 의한 인위적 발생이 대부분이다. 이의 해결을 위해 정부, 언론, 학계 등은 미세먼지와 초미세먼지에 대한 재난적 위험정보와 메시지를 국민들에게 자세히 전달 · 홍보 · 발표하고 미세먼지 저감 활동과 예방 활동을 지속해서 전개해 나가야 한다.

미세먼지의 위험성을 경고하는 재난 영화로는 2018년 다니엘 로비(Daniel Roby) 감독이 제작한 '인 더 더스트(In the dust)'가 있다. 프랑스 파리 시내에서 지진이 발생한 이후 죽음의 미세먼지가 뒤덮는 거대한 재난이 발생하여 파리 인구의 60% 이상이 사망한다는 상황을 가정한 영화이다. 이외 모래폭풍, 미세먼지 등을 주제로 한 영화로는 2014년 크리스토퍼 놀란(Cristopher Nolan) 감독의 '인터스텔라(Interstellar)', 1999년 스티븐 소머즈(Steven Sommers) 감독이 제작한 '미이라(The Mummy)' 등이 있다.

(2) 전염병과 가축전염병

아무것도 만지지 마라
누구도 만나지 마라

– 악마의 화신 –

전염병 또는 가축전염병에 대한 재난형태의 분류와 관련하여 다수설은 사회재난으로 분류하고 있다. 반면 소수설로 Jones(1993)는 재난의 발생원인과 현상에 따라 자연재난, 준 자연재난, 인적재난으로 분류하면서 자연재난을 다시 지진, 화산 등 지구물리학적 자연재난과 세균, 질병 등 생물학적 자연재난으로 분류하기도 한다.

바야흐로 세계는 지금 신종코로나바이러스-19로 몸살을 앓고 있다. 이 글을 쓰고 있는 시점이 2020년 2월 26일이다. 중국 호북성(湖北省, 후베이성) 무한에서 2019년 12월 신종 코로나바이러스-19가 발생한 지 2개월이 지나가고 있는 지금 이 시점에서 중국은 확진자 77,150명, 사망자 2,592명이다. 우리나라에서도 질병관리본부의 공식발표에 의하면 1,261명의 확진자가 발생하였으며 이로 인해 12명이 사망하였다. 전 세계적으로는 확진자 81,242명, 사망자 2,766명, 치사율 3.40%, 발생 국가 44개국이다. 앞으로 얼마나 더 많은 감염 확진자가 발생할지, 얼마나 더 많은 인명이 희생당할지, 팬데믹(pandemic)[24]으로 확대될지, 지금으로서는 단정하기 어려운 상황이다. 이번에 발생한 신종코로나바이러스가 어떻게 종식되는지를 관찰해보는 것은 향후 전 세계적으로 감염병에 대한 백신 개발 등 예방과 재난관리의 방향을 제시해 줄 것이다. 미래에 어떤 파국적인 결과를 초래할지 지켜볼 일이다.[25]

24) 세계보건기구는 2020년 3월 11일 마침내 펜데믹을 선언했다.
25) 2020년 7월 2일 기준으로 중간 점검 결과, 전 세계 신종코로나-19 확진자는 10,792,606명, 사망자 518,000명, 치사율 4.80%, 발생국 214개국(대한민국은 확진자 12,850명, 사망자 282명, 치사율 2.19%)이다(https://coronaboard.kr).

감염병(感染病, infectious disease)[26]은 인류 문명의 발달에 따른 지구의 생활환경 변화로 나타난 산물이다. 감염병은 우리 주변 어디든 도사리고 있으며 생태계라는 정교한 생물리학적 시스템 속에서 개체와 생물종 사이를 이어주는 자연적 모르타르(mortar)이다(데이비드 콰먼 · 강병철 역, 2020: 26). 현대사회는 인간의 욕망과 이기심으로 인해 새로운 형태의 대유행병이 나타나고 있다. 과거 거대 문명이나 국가가 몰락한 원인 중의 하나가 세균, 바이러스 등 전염병에 의한 재난 사례는 흔히 찾아볼 수 있다. 로마는 말라리아(학질)의 창궐로 인해 수백만의 로마시민들이 죽게 되고 심지어 로마 황제인 안토니우스까지 사망하게 됨으로써 안토니우스 역병이라고도 불린다. 중세 유럽은 몽골군과의 전쟁을 치루면서 확산된 인수공통전염병인 페스트(흑사병)로 인해 유럽 인구의 1/3(약 7,500만 명)이 사망하였다. 16C 남미의 아즈텍과 잉카 문명도 천연두(두창, Variola virus)로 인해 멸망의 길로 갔다. 근세에 와서는 1918년 시카고에 있는 미군병영에서 발생한 스페인 독감은 1920년 사이에 이르는 짧은 기간 동안 프랑스, 스페인 등 전 유럽으로 전파되었으며 인류의 절반가량 감염되었다. 인플루엔자의 일종인 스페인 독감으로 인해 최대 5,000만 명의 인류가 사망하였다. 이 질병은 일본을 거쳐 당시 우리나라에도 전파되어 "무오년 독감"으로 불렸으며 약 100만 명의 환자가 발생하여 약 14만 명이 희생되었다고 한다(장항석, 2018: 320~322). 그리고 에이즈(AIDS, 후천성면역결핍증)는 약 2,900만 명의 사망자와 약 3,000만 명의 환자를 내었다. 지금까지 인류역사상 나타난 최악의 재난성 전염병으로는 말라리아, 독감, 흑사병, 결핵, 천연두, 콜레라, 에이즈 등으로 분류되고 있다.

검역을 뜻하는 프랑스어 'quarante'는 숫자 40을 의미하는데 이는 중세시대 페스트의 전염을 방지하기 위해 항구에 들어온 배는 40일 동안 대기한 후 페스트가 발생하지 않을 경우 승객과 화물을 내렸다는 것에서 유래한다.

---

26) 2010년 보건복지부는 전염병이라는 용어가 불필요한 공포심을 일으킬 수 있다는 이유로 '감염병'이라는 명칭으로 바꾸었다.

인류 탄생 이후 최고의 문명의 혜택을 누리고 있는 21C 현재 전 세계 국민들을 공포로 몰아넣고 있는 일명 '우한 폐렴' 즉, 신종 코로나바이러스-19(Novel Coronavirus-19, WHO 명칭 2019-nCoV)[27] 감염증은 2019년 12월 중국 후베이성 우한(武漢)시의 화남수산물 시장에서 발병하였다. 이는 인간 대 인간, 동물과 인간으로 전염되는 인수(人獸) 공통 전염병(傳染病)으로 박쥐가 숙주인 것으로 알려져 있다. 인수공통전염병은 사람에게 전염되는, 사람을 공격하는 동물의 병이다.

세계보건기구(WHO) '게브레예수스(T. A. Ghebreyesus)' 사무총장은 2020년 1월 30일 신종 코로나바이러스 감염증인 "우한(武漢) 폐렴"에 대해 국제적 공중보건 비상사태를 선포하였다. WHO는 이미 2019년 12월과 2020년 1월 초 신종 코로나바이러스 원인으로 사망자 발생과 그 위험성을 확인하였으나 국제기구(WHO 등)에 막대한 지원금을 제공하고 있는 중국 정부의 눈치를 보다가 뒤늦게 사망자가 200명이 넘게 되자 비상사태를 선포하고 국가간 이동을 자제하라고 권고하였다. 이번 신종 코로나바이러스는 2009년 신종 인플루엔자 A, 2014년 소아마비 바이러스, 2014년 서아프리카의 에볼라 바이러스, 2016년 지카 바이러스, 2019년 콩고의 에볼라에 이어 WHO가 선포한 '국제적 공중보건 비상사태' 선포 사례 6번째 전염병이다.

코로나바이러스의 어원은 Corona가 일식이나 월식 때 달 둘레에 생기는 광환(코로나) 또는 라틴어로 왕관을 뜻하는 데 코로나바이러스를 전자현미경으로 본 구조의 형태가 코로나처럼 둥근 모양의 밝은 색을 띠며 왕관 모양을 나타내고 있기 때문에 붙혀진 이름이다(그림 2-5 참조).

---

27) WHO recommendations for surveillance of the novel coronavirus (nCoV) recently identified in Wuhan, China (2019-nCoV). (https://www.who, 검색일 : 2020.1.31)

〈그림 2-5〉 코로나바이러스 구조

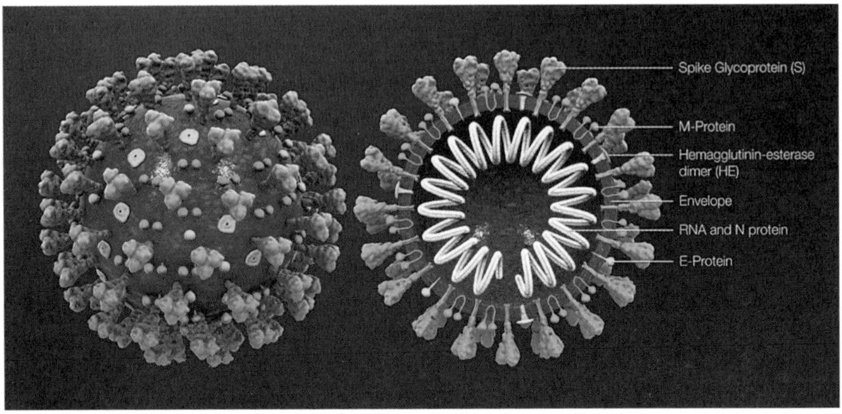

* 출처 : 위키피디아(wikipedia)

신종 코로나바이러스와 같은 코로나바이러스 계열의 감염병으로 사스(매개체 박쥐와 사향고양이)와 메르스(매개체 박쥐와 낙타)가 있다. 사스(중증급성호흡기증후군, Severe Acute Respiratory Syndrome, SARS)는 2003년 4월 25일~2003년 7월 7일간 국내에서 감염자 총 4명, 격리자 2,200명 있었으나 사망자는 없었다. 그러나 메르스(중동호흡기증후군, Middle East Respiratory Syndrome, MERS)의 경우 2015년 5월 20일~2015년 11월 25일간 국내에 감염자 189명, 격리자 16,693명, 사망자 36명이었다. 이 당시 우리나라는 WHO로부터 사스 감염자 4명과 사망자(전 세계 774명 사망)가 없는 데 대해 사스 모범국으로 평가받았으나 메르스의 경우 동향파악 미흡, 늑장 대응으로 많은 비난을 받은 바 있다. 이때 우리나라(질병관리본부)는 2003년 10월에 사스를, 2015년 7월에 메르스를 '감염병' 지정 목록에 추가하였다. 코로나바이러스는 1930년대 닭에서 처음 발병된 이후 돼지, 개, 조류 등에서 발견되었고 1960년대에 인간에게서도 발견되었다. 즉 코로나바이러스는 유전자 변이를 통해 사람에게 전염되는 전염 바이러스이다. 코로나바이러스는 아데노바이러스(Adenovirus, 소아호흡기 질환 유발), 리노바이러스(Rhinovirus, 포유동물 호흡기 질환 유발)와 함께 감기를 일으키는 3대 바이러스로 알려져 있다. 이외 신종 감염병으로 지카바이러스(2016년 2월), 서아프리카 라싸열(2016년 2월), 크리미안콩고열(2016년 8월), 에볼라바이러스(2017년 5월) 등이 있다.

감염병[28]이란 세균이나 바이러스, 곰팡이, 기생충 등과 같은 병원체에 의해 감염되어 전파되는 병을 의미한다. 감염병은 인간이나 동물에 침투한 미생물의 병원체가 생물체의 장기 등에 옮아 증식하여 일으키는 병을 말한다. 병원체에 의한 감염은 호흡, 침, 혈액, 음식물의 섭취, 동물 접촉 등 다양한 경로를 통하여 발생한다. 전염병 발생의 6대 요소는 병원체(미생물, 기생충) – 병원소(사람, 동물, 식물, 토양) – 병원소로부터 탈출(기침, 배설물, 침 등) – 전파 – 새로운 숙주로의 침입 – 숙주의 감수성(숙주가 침입한 병원체에 반응하는 성질) 이다(예병일. 2015: 19). 20세기 이후 동물이나 곤충 등을 숙주로 하여 발생한 신종 감염병이 70% 이상이다. 감염병은 동시다발적으로 불특정 다수에게 큰 피해를 줌으로써 사회적 혼란과 경제적 손실을 동반하여 국가전체에 위기상황을 초래하게 된다. 확산 속도가 매우 빠르며 확산 범위와 규모도 매우 넓어서 여타의 재난보다도 더 재난적 차원에서 관리가 필요하다.

세균(bacteria)은 생물에 속하고 스스로 증식하며 몸에 좋은 세균도 있고 나쁜 세균도 있다. 세균의 크기는 0.5~20㎛ 정도로 알, 막대, 나선 모양 등 다양한 형태를 취한다.[29] 현재까지 지구상에서 13,000종 이상의 세균이 발견되었다. 세균으로 인해 발생한 병들은 항생제를 통해 치료가 가능하다. 대표적 세균으로 대장균, 유산균, 포도상구균, 결핵균, 나병균, 탄저균, 매독균 등

---

28) 감염병이란 병원체가 인간이나 동물의 장기에 침투하여 증식하는 것을 총칭하며 감염에 의한 증세의 발현은 감염증이라고 한다. 전염병은 감염증 중에 전염력이 강하여 소수의 병원체로 쉽게 감염되고 많은 사람에게 쉽게 옮아가는 질병을 말한다(송창영, 2013).

29) https://mannurse.tistory.com/entry/세균과-바이러스는-어떻게-다른가(검색일: 2020.3.25.)

이 있다.

바이러스(virus)는 생물과 무생물의 중간 형태로 세균보다 더 작은 형태이며 숙주 없이 스스로 증식할 수 없다. 바이러스는 세균의 1/1000 정도의 크기이다. 바이러스는 수천만 종 이상으로 확인되고 있다. 바이러스 자체를 완전히 박멸하지 못하며 시간이 지나면 대부분 자체적으로 줄어든다. 바이러스는 유전체(DNA, RNA)가 있으며 세포 속에서 복제하고 감염을 통해서 증식한다. 즉 바이러스는 세포 안에서 증식과 유전을 하는 특징이 있다. 대표적인 바이러스 질환으로 AIDS, 인플루엔자바이러스(플루), 간염바이러스, 에볼라바이러스(유행성출혈열), 메르스바이러스(호흡기 질환) 노로바이러스(식중독) 등이 있다.

세균과 바이러스에 대한 발견 역사는 대략 다음과 같다. 1670년 네덜란드의 렌즈 가공업자인 레벤후크((Anthony van Leeuwenhoek; 1632~1723)가 렌즈를 이용하여(오늘날의 현미경의 모태) 273배라는 당시로써는 어마어마한 고배율의 관찰이 가능한 광학현미경을 발견함으로써 인간은 1673년 최초로 미생물을 관찰하는 데 성공을 하였으며 이후 현미경의 발달을 통해 그 동안 밝히지 못한 세균과 바이러스의 존재를 발견했다. 이 신비의 현미경을 통하여 독일의 의사이자 미생물학자이며 세균학의 아버지라 불리는 코흐(Robert Koch; 1843~1910)는 탄저균(1876년), 결핵균(1882년), 콜레라균(1885년)을 발견하면서 그동안 인류를 괴롭혀온 여러 가지 감염병의 원인을 밝혀냈다. 이에 대한 공로로 코흐는 1905년 노벨 생리의학상을 수상하였다. 그러나 인류는 세균보다 더 작은 존재가 있다는 것을 알았으며 바로 1892년 러시아의 생물학자인 이바노프스끼(Dmitry Ivanovski; 1964~1920)가 담배모자이크 바이러스를 발견했다. 이후 황열(yellow fever)의 발견 등 비약적인 바이러스 분야의 발전이 이루어졌다.

동물에서 사람으로 전파되는 감염병으로 조류인플루엔자(AI), 모기나 진드기 등을 매개체로 전파되는 쯔쯔가무시증 등이 있다. 우리나라는 질병관리본부(KCDC)가 2020년 1월부터 긴급도, 심각도, 전파력, 격리수준 등을 고려하여 기존의 군(群)별 분류를 급(級)별 분류체계로 변경하였다(표 2-19 참조). 이에 따라 법정 감염병으로 규정한 제1급~제4급 감염병은 에볼라바이러스, 라싸열, SARS, MERS, 페스트, 탄저, 신종인플루엔자, 장티푸스, 백일해, 뎅기열, 수족구병 등 총 86종이 있다.

〈표 2-19〉 감염병 급별 분류기준 및 종류

급별	분류기준	종류
1급 감염병 (17종)	생물테러감염병 또는 치명률이 높거나 집단 발생의 우려가 커 음압격리와 같은 높은 수준의 격리가 필요한 감염병	에볼라바이러스병, 마버그열, 라싸열, 크리미안콩고출혈열, 남아메리카출혈열, 리프트밸리열, 두창, 페스트, 탄저, 보툴리눔독소증, 야토병, 신종감염병증후군, SARS, MERS, 동물인플루엔자 인체감염증, 신종인플루엔자, 디프테리아
2급 감염병 (20종)	전파가능성이 우려되어 발생 또는 유행 시 24시간 이내에 신고해야 하며 격리가 필요한 감염병	결핵, 수두, 홍역, 콜레라, 장티푸스, 파라티푸스, 세균성이질, 장출혈성대장균감염증, A형간염, 백일해, 유행성이하선염, 풍진, 폴리오, 수막구균 감염증, B형 헤모필루스인플루엔자, 폐렴구균 감염증, 한센병, 성홍열, 반코마이신내성황색포도알균(VRSA) 감염증, 카바페넴내성장내세균속균종(CRE) 감염증
3급 감염병 (26종)	그 발생을 계속 감시할 필요가 있는 감염병	파상풍, B형간염, 일본뇌염, C형간염, 말라리아, 레지오넬라증, 비브리오패혈증, 발진티푸스, 발진열, 쯔쯔가무시증, 렙토스피라증, 브루셀라증, 공수병, 신증후군출혈열, 후천성면역결핍증, 크로이츠펠트-야콥병(CJD) 및 변종크로이츠펠트-야콥병(vCJD), 황열, 뎅기열, 큐열, 웨스트나일열, 라임병, 진드기매개뇌염, 유비저, 치쿤구니아열, 중증열성혈소판감소증후군(SFTS), 지카바이러스감염증

4급 감염병 (23종)	1~3급 이외에 유행 여부를 조사하기 위해 표본감시 활동이 필요한 감염병	인플루엔자, 매독, 회충증, 편충증, 요충증, 간흡충증, 폐흡충증, 장흡충증, 수족구병, 임질, 클라미디아감염증, 연성하감, 성기단순포진, 첨규콘딜롬, 1기매독, 2기매독, 선천성매독, 반코마이신내성장알균(VRE) 감염증, 메티실린내성황색포도알균(MRSA) 감염증, 다제내성녹농균(MRPA) 감염증, 다제내성아시네토박터바우마니균(MRAB) 감염증, 장관감염증, 급성호흡기감염증, 해외유입기생충감염증, 엔테로바이러스감염증
총계		86종

* 출처 : 질병관리본부(2020)

인간을 대상으로 한 감염병과 마찬가지로 가축으로 대상으로 한 가축전염병도 재난 차원에서 다루어지고 있다.

2018년 8월에는 가축전염병인 아프리카돼지열병(ASF)이 중국 요녕성 심양에서 발병하여 동남아의 베트남, 캄보디아, 라오스와 몽골뿐만 아니라 2019년 5월 30일 북한의 자강도 우시군의 돼지 협동농장에서도 발병하였으며 이후 약 5개월이 지나 우리나라에도 전염되어 2019년 9월 접경지역인 파주시의 한 돼지농장에서 발생하였다. 이후 북한과 접경하고 있는 휴전선 인근 경기지역으로 전파되어 약 10만 마리 이상의 돼지를 살처분 하였다. 국내로 확실한 감염경로는 밝혀지지 않았지만, 북한 경유로 의심하고 있다. 이는 돼지의 분비물에 의해 전파되는 바이러스성 전염병으로 백신과 치료제가 없어 치사율이 거의 100%에 달하기 때문에 돼지에게는 매우 위험한 병이다. 이 전염병은 1920년대 사하라 남부 아프리카지역에서 최초로 발생하여 아프리카돼지열병(ASF: African Swine Fever) 이라고 명명하고 있다. 세계동물보건기구(OIE)는 2018년 1월~5월까지 동유럽과 러시아(19개국), 아프리카(4개국) 등 세계 14개국에서 아프리카돼지열병이 발생했다고 발표하였다.

가축전염병(Infectious disease in domestic animals)은 가축으로 인해

감염증이 전파되는 전염병이다. 가축전염병도 감염병과 마찬가지로 세균과 바이러스, 곰팡이 등을 통해 병원체에 의해 감염되어 전파되는 가축병을 말한다. 「가축전염병예방법」에서는 "가축전염병"이란 제1종 가축전염병(우역, 우폐역, 구제역, 가성우역, 블루텅병, 리프트계곡열, 럼프스킨병, 양두, 수포성구내염, 아프리카마역, 아프리카 돼지콜레라, 돼지콜레라, 돼지수포병, 뉴캣슬병, 가금인플루엔자, 기타 이에 준하는 질병으로서 농림부령이 정하는 가축의 전염성질병)과 제2종 가축전염병(탄저, 기종저, 부루세라병, 결핵병, 소해면상뇌증, 요네병, 비저, 말전염성빈혈, 말전염성동맥염, 돼지텃센병, 부저병, 구역, 돼지오제스키병, 광견병, 추백리, 기타 이에 준하는 질병으로서 농림부령이 정하는 가축의 전염성 질병)을 말하며, 이외에 법률로 정해지고 있지 않은 다수의 가축전염병이 있다(식품과학기술대사전, 2008).

또한, 「가축전염병예방법」 시행규칙 제2조 제2항 제2호에서 "기타 이에 준하는 질병으로서 농림부령이 정하는 가축전염성질병"이란 소전염비기관염, 타이레리아병, 바베시아병, 아나플라즈마병, 소백혈병, 말전염성자궁염, 소해면상뇌증, 스크래피, 가금티푸스 등이 있다. 가축전염병 중에는 탄저병, 불루세라병, 결핵병, 돼지단독, 광견병, 뉴케슬(Newcastle)병 등과 같이 가축뿐만 아니라 사람도 감염되기 때문에 이들을 인수공통전염병이라 부른다(식품과학기술대사전, 2008).

지금까지 감염병을 소재로 한 재난영화는 전 세계적으로 상당히 많이 개봉되었다. 감염병을 소재로 한 대표적 영화로는 먼저 스티븐 소더버그(Steven A. Soderbergh) 감독이 연출한 2011년 9월 개봉하여 우한 폐렴을 예언한 영화 '컨테이젼(Contagion)' 이 있다. 사람 간의 접촉에 의한 감염병의 공포와 재난을 다룬 영화이다. 이외 1995년 독일 출신의 볼프강 피터슨(Wolfgang Peterson) 감독(더스틴 호프만 주연)의 '아웃브레이크', 2002년 존 머로우스키(John Murlowski) 감독의 '에볼라 바이러스' 등이 있다. 우리나라 영화로는 2012년 박정우 감독의 살인 기생충 '연가시', 2013년 김성수 감독의 죽음의 바이러스 '감기'가 있다.

(3) 방사능과 원전

세상은 참으로 고요하다.
내가 움직이든 상대가 움직이든 누군가 움직이면 움직여진다.

– 신이 내린 선물이자 저주 –

근대사회를 거쳐 현대사회로 넘어오면서 도구와 기술의 급속한 발달로 말미암아 인간은 생활의 편리함과 풍요로움을 누리고 있지만, 재난적 측면에서 볼 때 과거에는 일개의 개별적 자연재난에 불과한 것이 현대에는 거대한 복합재난으로 확대 재생산되는 경향이 우세해지고 있다. 현대사회에서 태풍이나 쓰나미는 과거의 태풍이나 쓰나미의 형태로 똑같이 발생하지만, 그 피해는 과거에 비해 지역이나 상황에 따라 엄청난 차이를 나타내고 있다. 과거에는 태풍이 지나가고 쓰나미가 지나가는 자리가 그냥 산이나 들판, 강, 바다가 있었다면 지금은 그 자리에 고층빌딩이나 거대한 축구경기장, 원자력 발전소, 골프장, 리조트 시설 등이 인위적으로 건설되어 있기 때문이다. 한마디로 말하면 현대사회 자체가 재난에 무방비한 위험을 내포하고 있으며 이러한 위험사회에서의 재난은 상당 부분이 단순재난이 아니라 인위적이고 복합적인 재난의 형태로 나타나게 마련이다.

신이 내린 선물이자 저주로 불리는 방사능(radioactivity)은 무색무취로 바람을 따라 무차별적으로 어디든지 퍼지며 보이지도 않고 소리 없이 인간과 동식물을 오염시키고 있다. 방사능은 원자의 핵이 방사선((radiation, 에너지를 가진 소립자)을 뿜어 내보내는 성질 또는 능력을 말하며 방사능 물질은 방사선을 뿜어낼 수 있는 힘을 보유한 물질을 말한다(하미나 외, 2011: 16). 방사능을 표시하는 국제표준 단위는 1896년 방사선을 최초로 발견한 프랑스의 물리학자 앙리 베크렐(Henri Bacquerel: 1852.12.15~1908.8.25)을 기념하여 베크렐(Bq)이라고 명명하였다. 방사능 물질은 공기, 흙, 물, 인간, 동물,

식물 등 자연의 모든 물질에 영향을 미친다. 방사선은 발견된 순서에 따라 알파선(α), 베타선(β), 엑스선(χ), 감마선(γ) 등으로 불린다.

방사능 오염(radioactive contamination)에 대해 국제원자력연구소(IAEA: International Atomic Energy Agency)[30]는 방사능 물질이 액체, 고체, 기체의 내부나 표면에 축적되어 있거나 존재하는 것으로 정의하였으며 방사능 물질의 농도, 방사선의 종류, 인체와의 거리 등에 따라 위험의 정도가 결정된다. 특히 인체 내 오염은 공중오염 또는 수질오염으로 인해 이루어지며 음식물의 섭취, 공기의 흡입, 피부흡수, 주사 등의 오염경로가 다양하다. 일반적으로 인간이 방사능에 노출되면 처음에는 신체가 쇠약해지며 어지럽고 구토 증세를 보이다가 서서히 신체의 민감한 혀 같은 부위가 부풀어 오르고 피부색이 검어지면서 떨어져 나가고 신체의 세포들을 파괴시킨다. 종국에는 DNA까지도 완전히 변해서 서서히 죽어가게 만든다. 방사능 물질에 장기간 노출될 경우 갑상선 및 생식기 암, 백혈병, 유전자 변형에 의한 돌연변이를 일으킨다.

인류역사상 현재까지 크고 작은 방사능 사고가 발생하여 국제원자력사고등급[31]에 기록된 사고발생 건수는 체르노빌(Chenobyl, 우크라이나), 후쿠시마(Fukushima, 일본), 우랄 키시팀(Kyshtym, 러시아), 스리마일섬(three mile island, 미국), 윈드스케일(Windscale, 영국), 초크 리버(Chalk river, 캐나다) 등 총 21건이다. 미국과 유럽에서 8건, 구소련 12건, 일본 1건이다.

국제원력사고의 등급(네이버 위키백과, 2020)은 다음과 같다. 0등급(척도미만 : Deviation- No Safety Significance)은 경미한 사건이 발생하였으나 사건으로 간주하지 않는다. 1등급(이례적인 사건 : Anomaly)은 운전제한의 범위에서 이탈하여 사건이 생기면 세계 뉴스에 오른다. 2등급(이상 : in-

30) 원자력의 평화적인 사용을 위해 1957년 설립된 국제기구이며 본부는 오스트리아에 있으며 164개국이 가입하였다.

31) 국제 원자력 사고 등급(國際原子力事故等級, International Nuclear Event Scale, INES)은 국제 원자력 기구(IAEA)가 책정한 원자력 시설 및 원자력 이용에서 일어난 사고에 대한 평가 척도이다.(https://ko.wikipedia.org)

cident)은 시설물 내의 상당한 오염, 시설 종사자들 간의 연간 피폭한계치 내의 방사선 노출 등이 있었지만 안전상 심각한 정도는 아니다. 3등급(중대한 이상 : serious incident)은 시설물 내의 심각한 방사능 오염, 시설 종사자들의 심각한 피폭, 시설 내부에서 안전상 심각한 방사능 오염과 피폭이 발생했다. 4등급(시설 내부의 위험 사고 : Accident With Local Consequences)은 원자로 노심이 상당한 손상을 입었고 시설 종사자들이 심각한 피폭으로 사망, 소량의 방사능이 외부로 누출되어 주변 지역에 대한 경고가 시작된다. 5등급(시설 외부로의 위험 사고 : Accident With Wider Consequences)은 원자로 용기에 중대한 손상을 입은 경우로 노심 용해가 시작되고 원자로 격벽의 일부가 파손되어 방사능이 외부로 누출되어 시설 및 주변 지역에 대한 대피 권고가 발동된다. 6등급(심각한 사고 : serious accident)은 상당량의 방사능 물질이 외부에 유출되고 사고지점과 인근 지역에서 신속하게 대피하지 않으면 매우 위험하다. 7등급(대형사고 : major accident)은 대량의 방사능 물질이 외부로 누출되어 생태계에 심각한 영향을 초래하고 광범위한 지역에 방사능 물질을 누출시켜 엄청난 재앙을 몰고 온다.

세계 역사상 최악의 방사능 누출사고이자 원전사고(7등급)는 우크라이나의 체르노빌과 일본의 후쿠시마에서 발생하였다. 첫 번째, 체르노빌(Chernobyl) 원전사고는 1986년 4월 26일 새벽 1시 22분에 발생한 구소련 우크라이나 체르노빌 원자력 발전소의 방사능 누출사고로 원자력 전력 발전단계에서 일어난 것이 아니라 검사 즉, 시험단계(정전시험)에서 원자로가 폭발하여 방사능이 누출된 사고이다. 이 사고는 체르노빌 원자력발전소 측에서 '전원공급이 차단되어 원자로의 가동이 정지될 때 관성으로 돌아가는 터빈이 생산해내는 전기가 어느 정도 오랫동안 전력을 공급해 줄 수 있는지? 냉각 펌프를 작동하는데 소요되는 전력을 적시에 공급할 수 있는지? 비상 발전기 전원이 들어오기 전까지 터빈의 관성력으로 얼마나 발전이 가능한 지?' 를 실험하다가 일어난 사고이다. 체르노빌 원자력발전소 측은 이전에 4번의 실험을 하였으나 모두 실패하고 5번째 실험을 하다가 제어봉 조작 실수, 안전시스템 해제 등 여타의 부주의한 실수로 인해 원자로가 폭발했다. 다시 말하여 인재(人災)로 인해 발생한 재난인 것이다(그림 2-6).

〈그림 2-6〉 체르노빌 원전사고 후 모습

* 출처 : 위키피디아(wikipedia)

구소련당국은 체르노빌 원전사고 발생 7개월 후 마지막 작전으로 콘크리트 30만 톤과 철근 1만 톤의 거대한 석관으로 원자로를 덮었다. 고르바쵸프 서기장은 폭발 3주 후 폭발사고를 인정하고 이 사고로 인해 발전소 직원, 소방관 등 30명이 사망했다고 공식적으로 발표했다. 그러나 후에 우크라이나 보건부에 따르면 체르노빌 사고와 관련된 질병으로 사망한 사람이 우크라이나에서만 12만 5천 명이라고 발표하였다. 구소련의 공산주의적 비밀주의가 재난을 키웠다고 할 수 있다. 그리고 원자력 발전소가 위치한 프리피아트(Pripyat, 인구 5만 명) 도시 반경 30km 지역을 출입금지 지역으로 지정했다가 나중에 금지구역을 50km까지 넓혔다. 사고 후 33년이 지난 2011년부터 우크라이나 정부는 과학적 연구 활동과 한정된 상황 하에서 다크 투어리즘(Dark tourism)[32] 등 현장체험 관광을 허용하고 있다. 우크라이나 정부는 프리피아트 지역을 우크라이나의 방사능 오염의 상징 지역으로 만들고자 노력하고 있다. 그러나 체르노빌 지역에 대한 복구기간은 최소 100년 이상이 지나야 할 것이며 300년 이상이 지나야 인간에게 피해를 주지 않을 정도로 방사능이 사라진다고 전문가들은 분석하고 있다.

두 번째, 후쿠시마(福島) 원자력 발전소 사고는 2011년 3월 11일 14시 46분 일본 동북(東北) 지방 해저(24km) 진원(震源)에서 규모 9.0의 일본 관측사상 최대의 지진이 발생하고 연이어 생성된 거대한 쓰나미(해일)가 후쿠시마 제 1원전을 덮쳐 수소폭발과 함께 방사능이 누출되는 대형 재난이 일어났다. 즉 이는 지진-쓰나미-원전사고가 동시에 발생한 3중 복합재난이다. 당시 후쿠시마 해변에는 2개의 원자력발전소가 있었으며 제 1원자력발전소에는 총 6기의 원자로가 있었고 그중 1 · 2 · 3호기는 가동 중이었고 4 · 5 · 6기는 점검 중이었다. 후쿠시마 제 1원자력발전소는 설립 당시 쓰나미에 대비하여 6m의 해안 방벽을 세웠으나 태평양 해저에서 규모 9.0의 지진이 발생한 후 52분이 지나 최대 15m의 쓰나미가 덮쳐 후쿠시마 원전 6기의 원자로와 원전 건물이 4~5m 높이로 침수되었다. 이로 인해 전원이 차단되고 비상용 발전기 정지 등 모든 전원이 단절됨으로써 냉각장치 미작동 → 원자로 노심 냉각수 유입 중단 → 핵연료 맬트다운(노심용융) → 수소발생 → 수소폭발 → 원자로 격벽 붕괴 → 방사능 물질 누출 등 원자로 1~3호기에서 연쇄적으로 수소폭발과 함께 방사능 물질이 유출되었다. 이 당시 냉각장치가 작동되지 않음으로써 냉각수 대신 바닷물을 냉각수로 사용한 다음 방사능 물질을 머금은 오염수를 바다로 방출하였다. 사고 발생 후 1개월이 지나 2011년 4월 12일 일본

32) 재난 피해지역, 전쟁 철거지역, 강제수용소, 생체실험실, 고문실 등 인류의 죽음이나 슬픔을 대상으로 하는 관광으로 그리프 투어리즘(grief tourism), 또는 블랙 투어리즘(black tourism) 으로 지칭된다.

정부는 1986년 구소련 체르노빌 원전사고와 같은 등급의 7등급 위험단계로 격상하였으며 반경 30km 이내의 주민들을 안전지대로 대피시켰다. 후쿠시마 원전사고로 입은 경제적 손실은 최소 5조 엔에서 최대 48조 엔으로 추정하였다.

이 사고 이후 국제사회에서 원자력 발전의 안전성에 대한 회의론이 확산되었으며 일본은 물론 원자력발전소 운영체제 국가 전체가 원자력 안전규제 제도를 대폭 개정하였다. 독일의 경우 장기적으로 자국 내 노후 원전(17기)에 연장 운영을 철회하고 2020년까지 정지할 것을 공포하였다. 반면 원자로 58기를 가지고 있으며 원자력이 전력의 약 75%를 차지하고 있는 프랑스는 원자력 발전을 원천적으로 포기하는 것은 현실적 대안이 아니라며 지구온난화와 화석연료 의존도를 낮추기 위해서도 원자력이 필요하다는 입장을 지속 유지하고 있다. 우리나라는 대통령직속 원자력 안전위원회(2011.10.26)를 설치, 규제 안전을 총괄하게 하였으며 산하 안전규제 전문기관인 한국원자력안전기술원과 한국원자력통제기술원을 법제화하여 실질적인 안전규제 업무를 통제하게 되었다.

이외 1979년 미국 펜실베니아주 쓰리마일(Three miles) 섬 원자력발전소 2호기에서 노심 용융사고가 발생하였으며 이로 인해 미국은 신규 원전 발주를 일시 중단시켰으나 현재 99기의 원자로를 보유하고 있어 세계에서 원자로를 가장 많이 보유하고 있는 나라이다.

체르노빌 원자력 발전소는 1971년에 착공되어 1978년에 상용운전을 개시한 흑연감속 비등경수로(RBMK: Реактор Большой Мощности Канальный, Reactor Bolshoy Moshchnosti Kanalniy, 전체 원전의 22%) 방식으로 일본의 후쿠시마 원전과 같은 방식이며 우리나라는 가압경수로(20기) 및 가압중수로(4기) 방식(전체 원전의 60%)이다.

미국이 세계 2차 대전 당시 1945년 8월 6일 일본의 히로시마 지역에 투하시킨 원자폭탄은 15kT이었다. 이 원자폭탄 투하로 히로시마 시내 중심부의 약 12km 지역이 핵폭풍과 화재로 인해 전멸되었고 이로 인해 인명피해로 사망자 7만 8천 명, 부상자 8만 4천 명 등이며 그 후 약 25만 명이 방사능 오염과 후유증으로 사망하였다.

원자력 발전, 즉 원전은 화력발전소와 마찬가지로 석유, 석탄, 가스 등을 태운 열에너지로 물을 끓여서 만든 증기를 활용하여 터빈을 돌려서 발전하는 원리는 똑같다. 차이점은 화력발전소는 화석 에너지를 태운 열로 보일러에 있는 물을 증기로 바꾸지만 원자력 발전소는 원자로에서 우라늄을 분열(핵분열)시켜 발생한 열을 이용하여 물을 증기로 바꾸어 터빈을 돌린다는 것이다. 즉 원자로가 화력발전소의 보일러 역할을 하는 것이다. 원자로에서 핵분열(우라늄 235)을 일으키기 위해서는 고속의 중성자의 속도를 낮춰야 하는데 이에 필요한 것이 감속재이며 원자로 형태에 따라 물이나 흑연을 감속재로 사용하고 있으며 우리나라에서는 물(경수로 또는 중수로)을 감속재로 사용하고 있다.

세계 최초의 원자력발전소는 1954년 러시아 모스크바 남서쪽으로 약 100km 떨어진 칼루가(Kaluga) 지역에 설립한 오브닌스크(Obninsk) 원자력발전소이며 체르노빌 원자력 발전소와 동일한 흑연감속경수냉각비등수형(RBMK) 원자로이다. 그다음에 영국이 1956년 원자력발전소로 발전을 시작하였다. 미국은 1954년 세계 최초의 원자력잠수함인 노틸러스호를 진수시켰으며 이후 1958년 5월 26일 Shipping port 원자력발전소를 건설하였다. 세계 원자력발전소 현황(2018.7 기준)으로 미국 99기, 프랑스 58기, 일본 42기, 중국 41기, 러시아 37기, 한국 24기, 캐나다 19기, 우크라이나 15기, 영국 15기, 독일 7기, 스위스 5기, 핀란드 4기, 브라질 2기 등 총 452기의 원자로가 건설되어 운영 중이다(한국수력원자력, 2019).

우리나라는 1958년 원자력법을 공포하고 1978년 4월 한국 역사상 최초로 고리원자발전소 1호기를 건설하였다. 우리나라는 2018년 12월 현재 6개의 원자력발전소에서 총 24기의 원자로를 운영하고 있으며 국내 전력의 약 31%를 차지하고 있다. 6기는 건설 중에 있다. 구체적으로 고리원자력발전소 5기, 새울(신고리)원자력발전소 2기, 월성원자력발전소 5기, 한울(울진)원자력발전소 6기, 한빛(영광)원자력발전소 6기가 있으며 모두 해안가에 위치하고 있다. 우리나라는 미국, 프랑스, 일본, 중국, 러시아 다음으로 세계 6위의 원자력 발전 규모이다.

반면, 원자력발전소의 안전성에 대한 불신으로 호주, 오스트리아, 뉴질랜드, 노르웨이, 아일랜드, 덴마크, 이탈리아, 포르투갈, 필리핀, 말레이시아 등의 국가는 원자력발전소가 운영되지 않고 있으며 향후 보유계획도 없다. 그리고 원자력발전소를 이미 운영하고 있었던 벨기에, 독일, 스페인, 프랑스, 스위스는 원자력발전소를 점진적으로 정지시키고 있다. 우리나라도 문재인 대통령의 대선공약으로 탈원전 정책을 주창하고 집권 후 2017년 6월 18일 우리나라 최초의 원전인 고리 1호기를 영구 정지시켰으며 2018년 6월 월성 1호기도 영구 정지시켰다.

역사적으로 원전사고는 일어나지 않았지만 수많은 원자폭탄 실험으로 인해 방사능이 오염되어 황폐화된 지역이 있다. 양들과 말들의 천국이자 유목의 나라, 끝없이 펼쳐진 아름답기 그지없는 광활한 대초원의 나라, 인간과 자연의 조화로운 나라 등 온갖 긍정적인 수식어가 붙는 나라이다. 바로 이 나라가 중앙아시아의 중심 국가인 카자흐스탄이다. 이렇게 자연적이고 목가적이고 아름다운 나라이지만 한 가지 흠을 가지고 있다. 바로 구소련에 의해 1949년부터 1989년까지 약 40년 동안 456회(지하 핵실험 340회, 대기 중 실험 116회) 극비의 핵실험을 단행한 나라이다. 그로 인해 카자흐 남동부 지역인 세미팔라친스크(현재 '세메이'라고 명명) 지역과 그 인근 반경 300km 지역은 출입금지 구역으로 설정되어 인간도 동물도 접근이 통제되고 있다. 이와 관련 카자흐스탄은 2009년 12월 국제연합 총회에 핵무기와 핵실험을 반대하는 결의안을 제출하였는데 국제연합은 매년 8월 29일을 '세계 핵실험 반대의 날'로 지정하였다. 이날은 1949년 구소련이 처음으로 카자흐스탄 오스케멘주 세미팔라친스크 지역에서 핵실험을 한 날이자 동시에 구소련 붕괴 후 카자흐스탄이 1991년 8월 29일 세미팔라친스크 지역을 영구 폐쇄한 날이기도 하다.

후쿠시마 원전사고 이후 세계 각국은 지속 추진과 점진적 폐쇄, 신규원전

추진과 전통적인 원전반대 등 자국의 에너지 정책에 따라 다양하게 대처하고 있지만, 방사능과 원전의 사고적 측면에서 볼 때 이는 특수한 형태의 사회재난의 한 종류이다. 원자력과 방사능 재난은 특수 재난의 분야로 일반적 재난관리와 달리 특별히 취급하고 관리해야 한다. 아울러 원전사고는 대부분 인간의 실수나 안이함으로 일어났다. 특히 원전사고와 관련하여 이러한 인간 주의력의 한계, 피로와 착각, 실수를 극복하기 위해 안전공학(Safety engineering)[33] 및 인간공학, 방재인간과학 분야의 연구가 절실히 필요하다(이연, 2016: 6).

체르노빌(Chernobyl) 원전사고를 소재로 영화 '체르노빌'이 2015년 러시아에서 개봉되었다. 원전폭발 사고의 위험성을 알리면서 청춘남녀의 애틋한 사랑 이야기를 담고 있다. 여주인공 마리아 포에체예브나(알리야 역)와 남주인공 유리 보리소프(파샤 역)가 체르노빌 사고 이후 방사능 피폭 과정과 함께하며 몰래 엮어내는 러브스토리는 보는 사람으로 하여금 심금을 울리게 하고 있다. 이외 2012년에 제작한 영화 '체르노빌 다이어리(Chernobyl Diaries)'가 있다.

---

33) 인간과 기계로부터 발생하는 사고, 파괴 등 재난을 예방하기 위해 안전 기술체계를 연구하는 학문이다.

제3장

북한의 재난 및 재난관리

취미처럼 일하면 곧 즐거움이며
그 즐거움이 지속되면 성공에 가까워 진다.

제3장 북한의 재난 및 재난관리

1. 북한지역의 재난 발생현황 및 특징

1) 자연재난

북한에서는 자연재해를 '자연피해'로 부르고 있는데 이러한 예는 법률의 내용에서 확인할 수 있다. 북한의 「산림법」 제26조에서는 '무더기 비, 사태 같은 자연피해로부터 산림을 보호할 수 있게'라고 재해나 재난이라는 단어보다는 피해라고 일컫고 있다(강택구 외, 2016: 8). 북한의 조선대백과사전(2014)은 '자연계에서 일어나는 이상자연현상이 사람들의 생활과 경제활동에 미치는 피해'를 자연재해라고 정의하고 있다. 자연재해는 발생 원인에 따라 기상수문적 재해, 지질학적 재해, 생물학적 재해, 기타 등으로 구분하고 있는데 기상수문학적 재해로는 큰물(홍수) 피해, 가물(가뭄) 피해, 냉해, 서리 피해, 우박 피해, 쌓인 눈 및 눈사태 피해, 해일 피해 등이 있고 지질학적 재해에는 화산분출 피해, 지진 피해, 침몰 피해, 산무더기 피해 등이 해당되고, 생물학적 피해로는 농작물의 병해충 피해, 소나무의 송충 피해, 밤나무를 비롯한 넓은 잎나무의 흰나비 피해 등이 있으며, 기타는 사태, 붕락, 토석류, 석회동굴의 함락 등 지형학적 작용에 의한 피해와 번개 피해 등을 포함한다(강택구 외, 2016: 8~17).

북한지역에서 발생한 대규모 재난은 사회재난에 의한 것보다 자연재난에 의한 것이 그 피해 규모가 큰 편이다. 자연재난 중 전 세계적으로도 가장 크게 영향을 끼치는 유형은 홍수와 가뭄이며 북한에서도 거의 유사한 결과가 나타나고 있다.

북한의 자연재난 발생 현황에 관한 여러 선행연구가 있지만, 분석 결과에 따라 재난의 유형에서 차이가 있으며 그중 가장 신뢰성이 높은 것으로 평가되는 기관은 루뱅대학교의 재난역학연구센터[34]이다. 벨기에 루뱅대학교의 재난역학연구센터(CRED) 부설 비상사태 데이터베이스[35](EM-DAT)가 운영하는 자료에 의하면 2007년부터 2016년까지 북한의 자연재해는 총 17건으로 이 중에 홍수(큰물)가 10건으로 가장 자주 발생하였고, 태풍 5건, 가뭄(가물) 2건 순으로 기록되고 있다. 그리고 사망자가 가장 많이 발생한 것은 1~3위가 홍수로 인한 피해(2007년 610명, 2016년 538명, 2012년 88명)였으며, 4~5위가 태풍으로 인한 피해(2016년 60명, 2012년 59명)이고, 대부분은 홍수와 산사태를 동반해 피해가 커진 것으로 보인다(임예준 외, 2017: 36~37). 아래 〈표 3-1〉은 루뱅대학교 재난역학연구소가 조사한 2007년부터 2016년까지 북한에서 발생한 자연재난 발생 및 피해 현황에 대한 통계이다.

〈표 3-1〉 2007~2016년 북한 자연재난 발생 및 피해 현황

시기 (년, 월, 일)	행정구역	재해유형	사망자 (명)	피해자 (명)	손실 (천달러)
2007.8.7~8.25	강원도, 황해북도, 함경남도	홍수/하천홍수/산사태	610	1,170,516	300,000

34) 벨기에 루뱅대학교의 재난역학연구센터(CRED)는 세계보건기구와 벨기에 정부의 지원을 받아 1988년에 EM-DAT(Emergency Events Database)를 출범시켰으며 이의 주된 목적은 국가적, 국제적 차원에서 인도적 조치의 목적을 달성하는 것으로 재해대비를 위한 의사결정을 합리화하고 취약성 평가 및 우선순위 설정을 위한 객관적 기반을 제공하는 것을 목표로 한다.

35) EM-DAT contains essential core data on the occurrence and effects of over 22,000 mass disasters in the world from 1900 to the present day. The database is compiled from various sources, including UN agencies, non-governmental organizations, insurance companies, research institutes and press agencies.

2007.9.17~9.25	황해도	폭풍/열대성 사이클론/홍수		1,549	
2010.7.27~8.8.	흥남시(함흥지역) 함경남도	홍수/하천홍수		17,000	
2010.8.21~8.21	평안도, 자강도, 함경남도, 황해남도, 강원도	홍수/하천홍수		38,735	
2010.9.2~9.2	함경도, 황해도, 개성시, 강원도, 평안남도, 평양시	폭풍/열대성 사이클론/홍수/산사태	20	40,000	
2011.6.23~7.16	황해도, 개성시, 함경남도	홍수/하천홍수/산사태	30	21,160	
2011.7.25~7.28	황해도, 강원도, 개성시	홍수/하천홍수	34	29,933	
2011.8.7~8.9	황해남도(벽성, 해주 등), 황해북도, 개성시, 평안남도	폭풍/열대성 사이클론/홍수	10	6,499	
2012.4	양강도, 자강도, 강원도, 함경도,	가뭄 / 식량부족		3,000,000	
2012.7.16~7.29	평안도, 황해도, 강원도(원산, 안변)	홍수/하천홍수/산사태	88	93,089	11,400
2012.8.28~8.30	함경도, 황해도, 강원도, 양강도	폭풍/열대성 사이클론/홍수	59	44,461	
2013.7.12~7.23	자강도(동신군), 평안도, 강원도, 황해북도, 함경남도	홍수/하천홍수/산사태	51	648,690	
2015.6~7.	황해도, 함경남도, 평안도, 평양시	가뭄		18,000,000	

2015.8.1~8.5	평안남도(대동, 덕천), 황해도, 함경북도, 자강도	홍수/하천홍수	33	3,541	
2016.7.22~7.24		홍수	14		
2016.8.29~9.6	함경북도	태풍 라이언록/홍수/하천홍수	538	600,000	61,000
2016.8.30~8.30	함경북도(무산, 회령)	폭풍/열대성 사이클론/홍수	60	103,865	
2018.8	황해도	태풍 솔릭	76	58,000	

* 출처: 임예준 · 이규창(2017) 참조하고 최근 사항 보완.

유엔 산하 재해경감전략기구(UNISDR)와 벨기에 루뱅대학 부설 재난역학연구센터(CRED)가 발표한 보고서에 의하면 2018년 북한에서 자연재난으로 사망한 사람은 237명으로 인도, 과테말라, 일본, 중국, 나이지리아, 미국, 파키스탄 다음으로 전 세계에서 9번째로 많았다고 발표했다. 또한 2018년 발표한 '경제적 손실과 빈곤, 재난 1998~2017' 보고서에서 북한은 지난 20년간 GDP 대비 자연재난 피해가 가장 큰 10개국 중 하나로 동 기간 평균 연간 GDP의 7.4% 손실을 보았으며 주된 자연재난의 유형으로 태풍을 꼽았다(이연철, 2018.10.17).

김정은 시대 재난 발생 및 관리 실태와 관련하여 김정은은 2011년 12월 김정일 사후 조선인민군 최고사령관으로 북한 정권의 최고지도자로 집권한 이후 현재까지 북한에서는 2차례의 큰 자연재난이 발생하였다. 첫째가 2015년 8월에 나선시 홍수로 40여 명의 사망자가 발생하였다. 둘째가 2016년 8월 29일~30일 사이 함경북도에서 발생한 태풍과 홍수로 북한은 해방 후 최고의 재앙으로 평가하였다. 북한에서 2017년 발행한 '북부피해로 보는 조선의 모습(리철민 외, 2017)'에서는 다음과 같이 기록하고 있다.

조선중앙방송에 의하면 8월 29일 낮 10시 30분부터 8월 31일 밤 10시 사이에 태풍 10호와 북서쪽에 형성된 저기압이 합쳐지면서 센 바람과 폭우를 동반하여 함경북도에 평균 90mm 이상의 많은 비가 내렸다. 특히 경흥군에서는 평균 319mm, 무산군 218mm, 회령시 208mm, 온성군 195mm, 경원군 174mm, 연사군 174mm의 폭우가 내렸다. 이로 하여 두만강물의 위험수위가 2.5배나 불어나 회령시와 무산군, 경원군, 온성군, 경흥군, 연사군 등 6개의 시, 군들에 사납게 덮쳐들어 막대한 재앙을 초래하였다. ...<중략> 9월 13일까지 종합된 조사자료에 의하더라도 수백 명이 사망하거나 행방불명되고 68,900여 명의 주민들이 한지에 나앉았으며 11,600여 동이 파괴된 것을 비롯하여 총 29,000 동의 주택이 피해를 입었고 900여 동의 생산 및 공공건물들이 파괴, 손상되었다. 피해지역의 도로들에서 180여 개소의 구간과 60여 개의 다리가 심히 파괴되어 교통이 차단되었으며 100여 개소의 철길구간들에 감탕이 쌓이고 로반이 류실되여 렬차운행이 중지되었다. 연사군과 무산군의 변전소들이 물에 잠기거나 진흙탕에 매몰되고 송전선들이 단절되어 전력공급이 중지되었으며 여러 중소형발전소의 설비와 언제[36], 수로들이 파괴되고 통신이 두절되었다. 27,400여 정보의 농경지가 류실 및 매몰되여 수확을 기대할 수 없게 되었으며 150개소의 강하천 제방들과 경흥군, 경원군 저수지들의 언제, 방수로가 파괴되었다(리철민 외, 2017: 8~9).

위의 2차례의 대규모 자연재난이 발생했을 때 김정은은 당과 행정기관뿐만 아니라 전군과 인민들에게 재난 복구에 최선의 노력을 다하도록 명령을 하달하였다.

이 외에 기상청(2019)의 지진연보에 의하면 북한의 자연재난으로 2016년 규모 2.0 이상의 지진[37]이 23회, 2017년 규모 2.0 이상 지진이 25회, 2018년 규모 2.0 이상 지진이 13회 발생하는 등 소규모의 지진도 자주 발생하고 있

36) 하천이나 계류 따위를 막는 구조물(댐).
37) 지진규모 3.0-4.0은 진앙 부근에서 흔들림을 느낄 정도, 즉 피해는 발생하지 않지만, 사람들이 느낄 수 있는 정도이다(지진연구센터).

다.[38] 그러나 북한에서 발생한 지진 규모는 소규모 지진(규모 5.0 이하)이라는 점에서 피해 규모는 거의 없는 것으로 파악되고 있다.[39] 아래 〈표 3-2〉는 2019년 발표한 기상청의「2018 지진연보」로 북한을 포함한 우리나라의 지역 규모별 지진발생 횟수에 대한 통계이다.

〈표 3-2〉 2018년 지역규모별 지진발생 횟수 * ML: 파동에너지 단위

지역 \ 규모	2.0≤ ML〈3.0	3.0≤ ML〈4.0	4.0≤ ML〈5.0	5.0≤ ML	계
서울 · 경기 · 인천	1	0	0	0	1
부산 · 경남 · 울산	1	0	0	0	1
대구 · 경북	34	0	1	0	35
광주 · 전남	2	0	0	0	2
전북	2	0	0	0	2
대전 · 충남 · 세종	4	0	0	0	4
충북	4	0	0	0	4
강원	2	0	0	0	2
제주	0	0	0	0	0
북한	12	1	0	0	13
서해	18	3	0	0	21
남해	12	0	0	0	12
동해	18	0	0	0	18
합계	110	4	1	0	115

* 출처: 기상청(2019),『2018 지진연보』.

38) 기상청(2019)의『2018 지진연보』에 의하면 2018년 규모 2.0 이상의 국내지진은 총 115회 발생하였다(2016년 252회, 2017년 223회).
39) 지질자원연구원 지진연구센터 관계자는 '2000년 이후 북한지역에서 큰 피해를 줄 정도의 지진은 없는 것으로 알고 있다'고 밝혔다(통일뉴스, 2004.12.27).

2) 사회재난

북한에서 1950년대부터 2019년까지 발생하여 확인된 사회재난은 총 13건으로 1980년 열차 폭발사고, 1990년대 미사일공장 폭발 및 신축 아파트 붕괴사고, 2004년 용천역 폭발사고, 2014년 평양 충복아파트 붕괴사고, 2019년 자강도 우시군 아프리카돼지열병(ASF) 등이 있었다. 북한의 사회재난 가운데 열차 폭발사고로 인한 피해가 매우 높으며 그중 2004년 일어난 용천역 폭발사고가 대표적이다. 이 당시 약 1,500명의 인명피해가 발생하였으며 의료와 구호체계 미비 등 자체 능력으로는 수습과 복구를 감당하기 어려워 사고 발생 사실과 원인 및 규모를 신속히 발표하고 이례적으로 우리나라와 국제사회에 구호와 도움을 요청하였다(신호준 외, 2014: 165~171).

다음으로 감염병에 대한 위험도도 높은 수준으로 나타나고 있다. 감염병이란 인간이나 동물에 침입한 병원체가 장기간 자리 잡아 증식하는 감염 때문에 발현되는 감염증이며 감염원에서 감염경로를 통해 숙주에게 전파되는 질환이다. 세계보건기구(WHO)에서 발표한 2016년 세계결핵보고서에 의하면 북한은 결핵 부담과 다제내성(multiple drug-resistance) 결핵 부담이 높은 전 세계 30개 국가 중 하나로 선정되었으며 2015년 북한 내 결핵으로 인한 사망자 수가 15,000명이었고 결핵 환자는 14만 1,000명에 이르는 것으로 알려졌다(임예준 외, 2017: 40).

말라리아의 경우 세계보건기구는 지난 15년간 말라리아 퇴치사업을 전개하였지만, 북한 주민 1,100만 명이 말라리아 유행지역에 거주하고 있어 감염 위험에 노출되어 매년 1만 건 이상의 말라리아 환자가 발생하고 있다. 특히 개성시, 황해도, 강원도 등 남북접경 지역에 발생 빈도가 높은 관계로 남한 주민들에게도 영향을 줄 수 있다는 점에서 말라리아 매개 모기 퇴치를 위한 남북한의 협력이 필요하다(임예준 외, 2017: 41).

이밖에 북한에서는 B형 간염 유병률이 높게 나타나고 있다. B형 간염의 경우 표면 항원(HBsAG) 유병률은 1980~1999년 10%에서 2000~2010년

4.7%로 감소하고 있지만, 탈북민의 건강조사에 의하면 실질적인 유병률은 9%~11%로 훨씬 높게 나타나고 있다(임예준 외, 2017: 42). 이외 〈표 3-3〉과 같이 SARS, 신종플루, 조류독감, 구제역, ASF 등 전염병 및 가축전염병이 간헐적으로 발생하고 있다.

〈표 3-3 〉 북한의 전염병 또는 가축 전염병 발생현황

년도	병명	년도	병명
2000	설사병	2011	조류독감(AI), 구제역
2001	말라리아	2012	말라리아
2003	사스(SARS)	2013	설사병
2006	성홍열, 홍역	2014	에볼라(Ebola)
2007	성홍열, 일본뇌염	2015	메르스(MERS)
2008	유행성 출혈열	2019	아프리카돼지열병(ASF)
2009	신종플루(H1N1)	2020	신종코로나바이러스-19
2010	콜레라, 장티푸스		

* 출처: 김소윤 외(2015) 참조하여 재구성

김정은 시대에 발생한 대표적 사회재난으로는 2014년 5월 4일 평양시 평천구역 안산동 23층 충복아파트 붕괴사고인데, 당시 500여 명의 사망자(추정)가 발생한 것으로 알려졌으며 북한은 사건 발생 후 5일이 경과한 다음에 노동신문에 게재하였다. 최근의 경우 세계동물보건기구(OIE)의 자료에 따르면 2019년 5월 23일 북한 자강도 우시군 소재 북상협동농장에서 아프리카돼지열병(ASF)이 발생하여 농장 내 사육 중인 돼지 77마리가 폐사하고 22마리는 살처분했다고 발표하였다. 북한의 ASF 확산현황과 관련하여 우리나라 국정원은 2019년 9월 24일 국회 정보위에서 "평안북도에서 돼지가 전멸되었다. 북한 전역에 돼지열병이 상당히 확산됐다는 징후가 있다."라고 보고했다.

2020년 2월 13일 최고인민회의 상임위원회는 중국 우한에서 발생한 신종코로나바이러스-19(Novel Coronavirus-19)와 관련하여 북한은 확진자가 단 한 명도 없다고 공표하면서 대응조치로 해외에서 입국 시 자국 내 격리 기간을 30일로 연장한다고 발표하였다. 다음 〈표 3-4〉는 1978년 이후 북한에서 발생한 사회재난 발생과 피해 현황이다.

〈표 3-4〉 북한의 사회재난 발생 및 피해현황

년도	분류	내용	출처
1976	사회재난 (열차폭발)	함경남도 흥남역 비료선적한 열차 폭발 → 주변지역 파괴, 피해상황 미상	통일한국 2004.5
1985	사회재난 (열차탈선)	함경남도 정평군 운행 중 열차 탈선 → 5백여 명 사망 추정	통일한국 2004.5 北韓 2007.1
1987	사회재난 (열차폭발)	함경남도 화성군 북한군 호송열차 폭발 → 주변지역 및 민가파괴, 피해상황 미상	통일한국 2004.5 北韓 2007.1
1990	사회재난 (열차화재)	평안북도 대관-구성 열차화재 →승객 300여 명 사상	北韓 2007.1
1996	사회재난 (질병사망)	강원도 소재 고아원에서 질병발생→ 수용인원 270명 중 60명 사망 (유니세프 간부 확인)	AFP통신 한겨레 (1997.6.7.)
1997	사회재난 (열차추락)	자강도 희천군(개고개) 열차추락 → 승객 2천~5천여 명 사상	통일한국 2004.5 北韓 2007.1
1997	사회재난 (광산붕괴)	평안남도 덕천군 탄광연합기업소 광산 갱도 붕괴, 화재 → 피해상황 미상	통일한국 2004.5
1998	사회재난 (열차사고)	함경남도 이파-단천간 열차사고 발생 → 승객 5백~1천5백여 명 사상	北韓 2007.1

2000	사회재난 (열차사고)	평안남도 양덕군 열차사고 발생 → 승객 1천여 명 사상	통일한국 2004.5 北韓 2007.1
2004	사회재난 (열차폭발)	평안북도 용천역 질산암모늄선적 화물열차 폭발 → 사망 154명, 부상 1,300명	北韓 2007.1
2006	사회재난 (열차충돌)	평안남도 양덕-고원 운행열차 충돌 → 군인 270명, 민간인 400여 명 사망	北韓 2007.1
2014	사회재난 (붕괴사고)	평양시 평천구역에서 23층 충복아파트 붕괴 → 92세대 입주, 500여 명 사망	네이버 지식백과 2014.5.23
2019	사회재난 (가축전염병)	자강도 우시군 소재 북상협동농장 아프리카돼지열병(ASF) 발병→ 돼지 77마리 폐사, 22마리 살처분	네이버 지식백과 2019.5.31

* 출처: 강경일(2014) 참조하여 내용을 보강함.

3) 북한 재난발생의 특징

북한의 재난 발생의 특징은 사회재난보다 자연재난으로 인한 피해가 월등히 많이 보고가 되었으며 그중에서도 주로 여름철 집중호우와 태풍의 피해가 가장 컸다. 1995년 홍수의 피해 규모는 약 150억 달러로 세계 50대 자연재해로 기록되었으며, 2007년의 홍수는 600명 이상의 사망자를 발생시켰다(박소연 외, 2010: 1869).

〈표 3-5〉 자연재해로 인한 경제 및 인명 피해현황(1980~2008)

순위	재해 유형	년/월/일	피해액 (10^3USD)
1	홍수	1995/8/1	15,000,000
2	태풍(프라피룬)	2000/8/31	6,000,000
3	홍수	1996/7/26	2,200,000

4	홍수	2007/8/7	300,000
5	태풍(로빈)	1993/8/8	110,000
6	홍수	2004/7/24	20,000
7	홍수	2001/10/9	9,400
8	홍수	1999/7/30	2,000
9	태풍(루사)	2002/8/31	500
10	태풍(위니)	1997/8/18	10

순위	재해 유형	년/월/일	사망자(명)
1	홍수	2007/8/7	610
2	홍수	2006/7/12	278
3	홍수	1987/-/-	231
4	홍수	2005/6/30	193
5	홍수	1996/7/26	116
6	홍수	2001/10/9	114
7	홍수	1987/-/-	84
8	홍수	1995/8/1	68
9	홍수	1998/8/27	50
10	태풍(프라피룬)	2000/8/31	46

* 출처: 박소연 외(2010)

위의 〈표 3-5〉에서 보는 것처럼 1995년부터 2007년까지의 위성영상과 종관일기도 분석결과에 따르면 북한에서 호우의 발생기간 중 약 70%가 주로 7월, 8월이었고 전반적으로 장마전선의 영향으로 홍수(호우)가 집중적으로 발생하였으며. 홍수(호우)는 북서쪽에 접근한 저기압이 서해상에서 발달한 경우, 북태평양 고기압의 가장자리에서의 대류불안정으로 발생한 경우, 열대성 저기압의 소멸과 연관되어 발생한 경우 등이 있다(박소연 외, 2010: 1869~1870).

아울러 북한의 자연재난은 피할 수 없는 기상 이변적인 성격도 있으나 무분별한 국토개발과 삼림의 훼손, 재해 예방과 복구에 대한 사회적 인프라의 부족으로 피해가 가중되고 있다. 특히 식량난으로 인해 주민의 영양부족과 풍수해 이후 발생하는 전염병과 가축전염병[40] 그리고 이에 대한 국가의 통제 능력 상실 등이 문제점으로 대두되고 있다(신호준 외, 2014: 166). 즉 북한에서는 열악한 환경과 인프라 부족으로 자연재난과 사회재난이 결합하여 나타나는 복합재난의 형태가 많다는 것이 그 특징 중의 하나라고 할 수 있다.

북한은 2000년대 들어 세계적 엘니뇨 현상에 따라 가뭄(가물)과 홍수(큰물) 등 기상재해가 빈발했는데 농업 기반이 부실한 북한으로서는 자연재난에 더욱 취약할 수밖에 없었다. 북한의 기상이변에 따른 농업재난은 평균 3~4년에 한 번씩 발생하였으며 지난 1991년부터 2014년까지 북한에서 발생한 총 30회의 기상재해를 따져보면 연평균 1.25회 수준이며, 특히 7~8월에 홍수, 태풍, 가뭄에 의한 재난이 집중되었다(남성욱, 2015: 42).

이외 북한은 2011년 김정은 집권 이후 일명 '새 땅 찾기' 운동과 '쌀은 금보다 귀하다'며 식량 생산을 독려하고 있지만 여전히 식량부족 현상을 극복하지 못하고 있는 것으로 알려지고 있다. 자연재해 및 지형상의 악조건 등으로 인한 북한의 만성적인 식량난은 과거 김정일 시대에 대규모 아사자를 유발했다는 점에서 북한 재난 발생의 주요 특징 중 하나라고 할 수 있다. 다음 〈표 3-6〉은 1961년에서 2018년까지 북한의 식량 생산 현황이다. 김정일 집권 초기인 1995년부터 북한의 식량 생산량이 급격히 감소되고 있음을 확인할 수 있다.

---

40) 가축전염병은 특정 병원체 또는 병원체가 생성한 독성물질에 감염된 가축 및 기타 병원소로부터 감수성이 있는 숙주에게 전파되는 질환으로 제1종 가축전염병(ASF 등 15종), 제2종 가축전염병(광견병 등 24종), 제3종 전염병(조류인플루엔자 등 5종)이 있다.

〈표 3-6〉 북한의 식량생산 현황 (1961~2018) (단위: 만 톤)

연도	북한 발표	한국 (통일부)	국제식량 농업기구 (FAO)	연도	북한 발표	한국 (통일부)	국제식량 농업기구 (FAO)
1961	483.0	–	358.3	1990	900.0	481.0	586.6
1962	500.0	–	372.5	1991	890.0	443.0	540.5
1963	500.0	–	405.4	1992	880.0	427.0	497.3
1964	500.0	–	421.2	1993	900.0	388.0	459.3
1965	452.6	354.8	370.7	1994	708.0	413.0	495.1
1966	440.5	–	407.3	1995	349.0	345.0	424.5
1967	511.0	–	378.8	1996	250.0	369.0	448.0
1968	567.2	–	366.2	1997	268.0	367.0	266.0
1969	–	–	437.8	1998	283.0	393.0	347.0
1970	–	466.4	436.5	1999	428.0	422.0	348.0
1971	350.0	–	449.9	2000	–	358.0	292.0
1972	390.3	–	430.9	2001	–	395.0	354.0
1973	534.4	–	481.5	2002	–	413.0	387.0
1974	700.0	–	506.8	2003	–	–	415.6
1975	770.0	495.3	523.2	2004	–	423.5	431.0
1976	800.0	503.2	535.1	2005	–	435.6	453.0
1977	850.0	502.9	570.8	2006	–	–	448.0
1978	780.0	498.8	557.8	2007	–	–	401.0
1979	900.0	517.7	576.6	2008	–	421.0	431.0
1980	900.0	398.2	504.2	2009	–	430.0	411.0
1981	–	563.9	579.9	2010	–	448.0	448.0
1982	950.0	599.6	603.3	2011	–	469.0	–
1983	–	578.5	618.4	2012	–	441.0	468.0
1984	1,000	626.7	656.0	2013	–	492.0	481.0

1985	-	-	633.2	2014	-	503.0	480.0
1986	-	-	711.4	2015	-	-	396.7
1987	1,000	-	662.8	2016	-	482.3	-
1988	-	-	637.1	2017	-	471.0	515.0
1989	-	886.0	659.4	2018	-	-	490.0

* 출처 : 남성욱(2016) 참고하여 최근 수치를 보강함(북한 발표치에서 1995년 이전은 조곡 기준이며, 1995년 이후는 정곡 기준임). 식량은 쌀, 옥수수, 맥류, 두류, 잡곡을 합한 수치임.

전 세계 개별국가의 위기 및 재난 상황에 대해 객관적이고 투명한 지표를 제공하는 목적으로 집계된 「INFORM」의 2019년 조사결과에 따르면 북한의 위기관리 지수(Index for Risk Management)는 4.7점으로 전체 조사대상 191개국 중에 하위 55위에 해당한다(임예준 외, 2017: 59~62). 2017년 조사에서 북한은 위기지수 5.6점으로 191개국 중 하위 30위, 2018년은 5.1점으로 하위 41위를 기록한 것에 비하면 최근 북한의 인도적 위기 및 재난에 대한 지수가 조금씩 나아지는 추세에 있음을 보여주고 있다. 다음 〈표 3-7〉은 2019년 북한의 위기와 재난지수 및 분야별 지수를 보여주고 있다.

이상의 북한 재난발생의 현황과 특징을 살펴볼 때 북한은 최근에 위기 및 재난지수가 어느 정도 좋아지고 있지만, 북한의 재난안전 관리체계가 예방과 대비 중심의 재난안전 관리가 아니라 재난이 발생할 때마다 대응과 복구에 치중한 재난안전 관리를 하고 있다는 점에서 향후 재난발생 시 그 피해가 더 커질 수 있는 잠재적 가능성을 벗어나지 못하고 있는 상황이다.

또한, 금번 신종코로나바이러스-19 감염병과 관련하여 북한은 북한 내 확진자 제로를 주장하며 국제구호 단체 요원들의 활동 제약(장기 격리, 평양지역 이외 이동 금지 등)과 흐름 폐쇄적 방역 조치, 마스크 · 방호복 등 방역물품 접수 거부 등 북한 당국이 취한 비정상적인 방역조치도 북한의 재난대응의 한 가지 특징이라 볼 수 있다.

〈표3-7〉 2019 북한의 위기 · 재난 지수, 순위 및 분야별 지수

	INFORM RISK	3 YR TREND	RANK	RELIABILITY INDEX*	HAZARD & EXPOSURE	3 YR TREND	Natural	Earthquake	Flood	Tsunami	Tropical cyclone	Drought	Human	Projected conflict risk	Current highly violent conflict intensity
Iraq	7.2	→	7	3.3	8.6	↗	5.3	7.0	9.5	0.0	0.0	3.3	10.0	10.0	10.0
Ireland	1.5	→	173	2.1	1.3	→	2.4	0.1	3.9	5.8	0.0	0.5	0.0	0.0	0.0
Israel	2.6	→	132	3.1	4.3	→	4.5	6.6	2.3	6.2	0.0	5.3	4.1	5.8	0.0
Italy	2.7	→	128	1.6	3.4	→	4.8	6.1	5.4	7.4	0.0	2.8	1.7	2.4	0.0
Jamaica	2.6	→	132	3.1	2.2	→	3.7	3.9	3.1	0.0	7.2	2.5	0.3	0.4	0.0
Japan	2.0	→	153	4.4	5.8	→	8.4	9.5	3.9	10.0	10.0	0.5	0.6	0.9	0.0
Jordan	4.1	→	79	2.8	2.6	→	3.8	6.6	2.6	0.0	0.0	6.8	1.3	1.8	0.0
Kazakhstan	2.2	→	144	3.2	2.9	→	4.4	7.5	6.0	0.0	0.0	5.0	1.1	1.6	0.0
Kenya	6.1	→	20	2.0	5.8	↘	4.9	4.2	5.6	6.0	0.0	7.0	6.5	9.3	0.0
Kiribati	3.9	→	86	5.7	2.1	→	3.7	0.1	0.1	8.7	0.0	4.0	0.1	0.1	0.0
➡ Korea DPR	4.7	↘	55	4.1	3.9	→	4.9	1.0	7.4	4.6	6.5	2.9	2.7	3.8	0.0
Korea Republic of	1.6	→	169	3.6	3.9	↘	5.2	0.1	4.7	7.6	8.5	0.3	2.2	3.1	0.0
Kuwait	2.0	→	153	2.3	1.3	→	2.3	5.6	1.3	0.0	0.0	3.1	0.2	0.3	0.0
Kyrgyzstan	3.8	→	91	1.3	5.1	→	5.8	9.7	5.6	0.0	0.0	6.7	4.3	6.1	0.0
Lao PDR	4.2	↘	74	2.1	3.3	↘	4.8	4.0	9.1	0.0	3.5	2.5	1.5	2.1	0.0
Latvia	1.6	→	169	2.4	1.2	→	2.2	0.1	6.6	0.0	0.0	2.0	0.1	0.1	0.0
Lebanon	5.3	→	36	3.0	5.7	→	4.1	6.5	1.2	7.2	0.0	2.6	7.0	7.4	7.0
Lesotho	4.6	→	60	2.2	2.4	→	2.0	0.1	3.0	0.0	0.0	5.3	2.7	3.9	0.0
Liberia	5.2	↘	38	3.1	2.8	↘	3.0	0.1	6.2	5.5	0.0	0.5	2.6	3.7	0.0
Libya	6.1	→	20	7.8	8.4	→	4.5	5.4	2.6	7.3	0.0	5.0	10.0	10.0	10.0
Liechtenstein	0.9	→	186	4.2	0.7	→	1.3	5.2	0.1	0.0	0.0	0.0	0.1	0.1	0.0
Lithuania	1.4	→	175	2.5	0.9	→	1.8	0.1	4.7	0.0	0.0	3.1	0.0	0.0	0.0
Luxembourg	0.8	→	188	2.5	0.3	→	0.5	0.1	2.0	0.0	0.0	0.0	0.0	0.0	0.0
Madagascar	5.1	↘	43	2.8	3.9	↘	6.0	0.1	7.3	7.8	7.5	4.3	0.9	1.3	0.0
Malawi	4.6	→	60	2.3	2.6	→	3.6	4.1	5.3	0.0	0.7	6.1	1.5	2.1	0.0
Malaysia	3.2	→	111	2.3	3.4	↘	5.1	4.1	6.6	7.1	2.9	3.3	1.1	1.6	0.0
Maldives	2.4	→	136	4.5	1.8	→	3.2	0.1	0.1	9.0	0.0	0.0	0.1	0.1	0.0
Mali	6.4	↗	16	3.5	6.1	↗	3.1	0.1	7.0	0.0	0.0	5.1	8.0	10.0	8.0
Malta	1.9	→	158	2.1	1.3	→	2.4	0.1	0.1	7.7	0.0	0.0	0.0	0.0	0.0
Marshall Islands	4.6	→	60	6.4	2.9	→	3.6	0.1	0.1	8.6	0.4	3.6	2.1	3.0	0.0
Mauritania	6.2	→	18	2.2	5.3	↘	5.6	0.1	8.5	4.7	0.0	8.7	5.0	7.1	0.0
Mauritius	2.1	→	150	1.9	2.1	→	3.8	0.1	0.1	6.8	7.0	1.3	0.1	0.1	0.0
Mexico	5.1	→	43	2.0	8.2	→	7.0	8.5	7.2	6.6	7.7	3.9	9.0	9.6	9.0
Micronesia	4.4	→	67	4.5	2.7	→	4.6	0.8	0.1	8.6	3.8	5.4	0.2	0.3	0.0
Moldova Republic of	2.7	→	128	2.4	2.2	→	3.7	5.1	5.6	0.0	0.0	5.5	0.3	0.4	0.0
Mongolia	3.4	↘	101	2.4	2.0	↘	3.1	3.9	4.4	0.0	0.0	5.7	0.8	1.2	0.0
Montenegro	2.3	→	140	2.9	2.4	→	4.2	4.3	4.4	7.7	0.0	2.0	0.1	0.1	0.0
Morocco	4.2	→	74	3.5	4.6	→	4.8	3.3	5.8	6.7	0.0	6.2	4.4	6.3	0.0
Mozambique	6.0	→	22	2.9	5.1	→	5.8	2.8	6.3	6.0	5.2	7.6	4.4	6.3	0.0

* 출처 : INFORM(2019), www.inform-index.org. global risk index 2019 nfull results. p 34.

2. 북한의 재난관리 조직

1) 교시 · 현지지도 · 당 결정서

북한에서 국가운영의 기반이 되는 최상위의 개념은 김일성 · 김정일 · 김정은의 교시[41]나 현지지도[42]로 이는 당의 방침 형식(결정서)으로 하달되며 여타의 법체계를 우선하고 있다.

첫째, 자연재난과 관련하여 북한 최고지도자의 교시로는 1977년 2월 11일 김일성이 당중앙위원회 정치위원회, 중앙인민위원회, 정무원 연합회의에서 "한랭전선의 영향을 이겨내고 농업생산을 더욱 발전시킬 데 대하여"라는 주제로 다음과 같이 지시하였다(김일성전집 제61권, 2005: 293~344).

> 지금 세계적 범위에서 한랭전선의 영향이 지속되고 있습니다. 한랭전선의 영향으로 세계는 상상할 수 없는 급격한 기후변동과 이상기후 현상에 직면하고 있습니다. 기상관측으로써도 예견할 수 없을 정도로 불의에 눈과 서리가 내리거나 갑자기 무더기 비가 내리는 경우도 있으며 오랜 기간 가물이 계속되는 때도 있습니다.... (중략) 올해에 한랭전선의 영향으로 어떤 기후 변동이 있게 될지 알 수 없습니다. 우리는 있을 수 있는 모든 경우에 대비하여 빈틈없이 준비를 갖추며 자연재해를 이겨내기 위한 투쟁에 어느 때든지 총동원될 수 있게 전체 인민이 준비태세에 있도록 하여야 합니다. 그리하여 올해에도 한랭전선의 영향을 성과적으로 이겨내고 농업생산에서 커다란 앙양을 일으켜야 하겠습니다.

김일성은 1977년 4월 13일에도 서해지구 도, 시, 군당, 정권, 행정, 경제기

---

41) 북한에서는 김일성, 김정일, 김정은의 교시는 북한의 사회규율로 사회주의 헌법, 최고인민회의에서 제정되는 법규, 노동당 규약 등 여타의 제도적 장치보다 가장 우선한다.

42) 북한의 김일성, 김정일, 김정은이 기관, 군부대, 기업소, 협동농장 등 현지를 직접 방문하여 문제점 해결하고 현장지도 등을 행하는 북한 특유의 정책지도 방법중의 하나이다.

관 일군협의회에서 한 연설에서 "가물 피해를 미리 막은 데 대한 당중앙위원회 전원회의 결정을 철저히 관철하자"라는 주제 하에 다음과 같이 강조하였다(김일성전집 제62권, 2005: 182~188).

나는 이제부터 가물피해를 미리 막은데 대한 당중앙위원회 제5기 제13차 전원회의 결정을 관철하는데서 나서는 몇 가지 문제에 대하여 말하려고 합니다. 이번에 동무들을 부른 것은 당중앙위원회 전원회의 결정을 집행하는데서 나타나고 있는 결함을 바로잡기 위해서입니다. ...(중략) 우리나라에서도 가물이 매우 심합니다. 벌써 여덟 달째나 가물이 계속되고 있습니다. 지난 겨울에 눈이 얼마 오지 않았으며 봄에도 비가 오지 않고 있습니다. 그리하여 땅이 10~15cm나 말랐습니다. 이런 상태에서는 씨붙임을 할 수 없습니다. ...(중략) 그러므로 우리는 앉아서 비가 오기를 기다릴 것이 아니라 가뭄은 이겨내기 위한 투쟁을 전군중적 운동으로 힘있게 벌려야 합니다. 지금 당면하게 나서는 중요한 문제는 우물을 대대적으로 따는 것입니다. 이르는 곳마다 우물을 많이 파서 봄 씨붙임을 보장하여야 합니다. ...(중략) 올해에 우물을 한 5만 개 팔 것을 목표로 내세우고 투쟁하여야 하겠습니다. ...(중략) 우물은 5개 파서 물이 안 나오면 10개 파고, 10개 파서 물이 안 나오면 20~30m라도 물이 나올 때까지 파야 합니다.

한편, 「농업수리화」 2016년 제4호에는 큰물피해 대책과 관련하여 김일성의 교시를 다음과 같이 기록하고 있다(농업수리화, 1998: 7).

위대한 수령 김일성 동지께서 다음과 같이 교시하셨다. <큰물 피해를 막기 위한 대책을 철저히 세워야 하겠습니다.> 위대한 수령님의 교시를 관철하려면 모든 관계수리부문 일군들과 근로자들이 큰물 피해를 막기 위한 대책을 빈틈없이 세워 관개시설과 토지 등 나라의 귀중한 재부를 보호하고 올해 농사를 잘 지어야 한다. 무엇보다도 강하천을 잘 정리하여 큰물 피해를 막아야 한다.

다음으로 김정일은 2008년 4월 2일 당, 국가경제기관 책임일군과 담화 "큰물피해를 막기 위한 대책을 철저히 세울 데 대하여"에서 다음과 같이 교시하였다(김정일선집 제23권, 2014: 323~331).

> 큰물피해를 막기 위한 대책을 철저히 세워야 합니다. 지금 세계적으로 보면 지구온난화의 영향으로 때없이 무더기비가 내리고 가물이 계속되는 것을 비롯하여 여러 가지 이상기후현상이 많이 나타나고 있습니다. ...(중략) 당에서 이미 제시한 방침대로 봄철과 가을철에는 나무심기운동을 대대적으로 벌려 빠른 기간 안에 모든 산들을 푸른 숲이 우거지게 하여야 합니다. ...(중략) 한 10년을 내다보고 전체 인민이 나무심기에 총동원되면 조국의 모든 산들을 수림화할 수 있습니다. ...(중략) 평양시는 1967년에 큰물 피해를 입었는데 지난해에는 같은 장마철 기간에 그때보다 더 많은 비가 대동강류역에 내렸지만 큰물 피해를 입지 않았습니다. ...(중략) 큰물 피해를 비롯하여 여러 가지 자연재해를 막기 위한 국토건설사업은 국토환경보건성에서 통일적으로 작전하고 지휘하여야 합니다. ...(중략) 국가적인 큰물예보체계를 정연하게 세우고 기상예보를 정확히 하도록 하여야 합니다. 지금 큰물예보와 기상예보가 높은 수준에서 진행된다고 말할 수 없습니다.

그리고 김정은은 2017년 1월 1일 신년사에서 "뜻밖의 자연재해로 큰 피해를 입은 함북도 지구들에 대한 피해복구 전투에서도 당의 호소를 높이 받들고 온 나라가 떨쳐 일어나 짧은 기간에 기적적 승리를 안아 왔다."고 언급하였다(노동신문, 2017: 1면). 이와 관련 '북부피해복구로 보는 조선의 모습'(리철민외, 2017)에서는 2016년 8월 29일부터 8월 30일 사이 함경북도 일대의 태풍 및 홍수로 인하여 막대한 피해 발생에 대해 다음과 같이 기록하고 있다.

> 김정은 원수님의 손길만 있으면 잃어버린 집과 가산도 생기고 폐허가 된 학교와 공장도 다시 복구할 수 있다. 그 품에만 안기면 그 어떤 재난 속에서도 반드시 살아날 수 있고 설사 죽어서도 영생하는 삶을 지닐 수 있다는 불멸의 믿음! 이것이

야말로 함북도 북부피해 지역의 남녀로서만이 아닌 공화국의 전체 군대와 인민의 심장 속에 간직된 신념의 기둥이다(이철민 외, 2017: 17).

둘째, 사회재난과 관련하여 1968년 3월 26일 김일성이 보건성 책임일군들과 한 담화에서 "전염병과의 투쟁을 강화할 데 대하여" 라는 주제로 다음과 같이 강조하였다(김일성전집 제40권, 2001: 166~167).

오늘 나는 동무들에게 류행성 간염, 결핵, 일본뇌염, 지스토마를 비롯한 전염병과의 투쟁을 잘할데 대하여 말하려고 합니다. 지금 적지 않은 근로자들이 류행성 간염과 폐결핵에 걸려 앓고 있으며 이로 말미암아 로동능력을 잃고 있는 것은 가슴 아픈 일이며 로력이 긴장한 우리나라에서 특히 신중한 문제입니다. ...(중략) 무엇보다도 제약공업을 발전시키기 위한 국가적 조치를 취해야 하겠습니다. 비료를 몇 t 생산하지 못하더라도 내각제약의료기구공업총국에서 약을 더 생산하여 여러 가지 질병을 빨리 없애는 것이 더욱 중요합니다. 이런 데 돈을 아끼다가 전염병이 퍼지면 혁명과 사회주의 건설에 헤아릴 수 없는 손실을 가져 올 수 있습니다.

북한정권 수립 이후 초유의 재난으로 간주되는 식량난과 관련하여 김정일은 1997년부터 2011년까지 농업의 적기적작(시기와 지대적 특성에 맞게 작물과 품종을 배치) 원칙, 감자농사혁명, 콩농사혁명, 두벌농사방침, 토지정리사업, 자연흐름식물길공사 등 당의 농업방침을 집중적으로 강조하였다. 다음은 김정일이 1997년 6월 21일 조선로동당 중앙위원회 책임일군들과 한 담화로 "고난의 행군 최후 돌격전을 더욱 힘있게 벌리자" 에서 지시한 내용이다(김정일선집 제19권, 2013: 147~150).

우리는 지금 고난의 행군 최후 돌격전을 벌리고 있습니다. ...(중략) 우리는 농사를 잘 지어 식량문제를 해결하는 것을 올해 경제사업에서 가장 중요한 과업으로 내세우고 농사에 주되는 힘을 돌렸습니다. 당은 도, 시, 군당위원회와 농촌당조직들을 발동하고 농장원 대중을 조직동원하는 한편 영농전투에 인민군부대들을 파견하는 혁명적 조치를 취하였으며 농촌에서 제기되는 양수동력문제, 기름문제, 비료문제를 비롯한 긴절한 문제들을 풀기 위한 결정적인 대책을 세웠습니다. …(중략) 내가 이미 여러 기회에 강조한 바와 같이 올해 경제사업에서 기본의 기본은 농사를 잘 지어 식량문제를 푸는 것입니다.

2000년에 들어와서도 김정일은 당면한 식량난이 해결하지 못하였다. 다음은 김정일이 2001년 1월 3일 조선로동당 중앙위원회 책임일군들과 한 담화 "올해를 새 세기의 진격로를 열어 나가는 데서 전환의 해로 되게 하자"에서 역설한 내용이다(김정일선집 제20권, 2013: 296~298).

우리는 20세기를 보내고 새로운 21세기를 맞이하였습니다. …(중략) 지금 인민생활에서 제일 걸린 것은 먹는 문제입니다. 나는 가장 어려웠던 시기에 오직 당만을 믿고 따르는 인민들을 제대로 먹이지 못한 것이 제일 가슴 아픕니다. 새 세기에 들어와서도 인민들의 먹는 문제를 풀지 못하여서는 안됩니다. 우리는 어떻게 하나 인민들의 먹는 문제부터 빨리 풀어야 합니다. 무엇보다도 농사를 잘 지어 알곡생산을 결정적으로 늘이고 식량공급을 정상화하여야 합니다. 최근년간 농사가 잘 안되어 쌀을 다른 나라에서 들여오고 있는데 계속 그렇게 할 수는 없으며 그런 방법으로는 인민들에게 안정된 생활을 보장해 줄 수 없습니다.

다음은 김정일이 2004년 10월 10일 조선로동당 중앙위원회 책임일군들과 한 담화 "농사에 모든 역량을 총집중, 총동원할 데 대하여"에서 지시한 내용이다(김정일선집 제22권, 2013: 154~158).

다음해는 당창건 60돐과 조국해방 60돐이 되는 뜻깊은 해입니다. …(중략) 무엇보다도 농사에서 혁신을 일으켜 식량문제, 먹는 문제를 풀어야 합니다. 최근년

> 간 농사를 잘 짓지 못하다보니 다른 나라들에서 식량을 적지 않게 들여다 인민들에게 공급하였는데 그런 방법으로는 인민들의 식량문제를 해결할 수 없습니다. ...(중략) 우리 당은 이미 종자혁명방침과 투벌농사방침, 감자농사방침과 콩농사방침을 비롯한 농업혁명방침을 제시하여 농사를 잘 지을 수 있는 방향과 방도를 밝혀 주었으며 군대와 인민을 발동하여 웅대한 토지정리와 자연흐름식물길공사를 진행하였습니다. 최근년간 농촌에 뜨락또르를 비롯하여 영농설비와 자재도 적지 않게 보내주었습니다. 그리하여 농업생산에서 혁신을 일으킬 있는 기본토대를 튼튼히 다져 놓았습니다. ...(중략) 당 일군들은 농촌에 나가 농장원들과 함께일을 하면서 화선식정치사업으로 그들을 농업생산에 힘있게 불러 일으켜야 합니다. 다음해부터 인민들의 식량문제, 먹는 문제가 풀릴 때까지 농사에 모든 력량을 총집중, 총동원하도록 하여야 겠습니다.

한편 「농업수리화」 2016년 제5호에서는 김정은의 언급내용을 다음과 같이 기록하고 있다(농업출판사, 2016: 6).

> 경애하는 김정은 동지께서는 다음과 같이 말씀하셨다. <강하천정리사업에 힘을 넣어 큰물피해를 막고 강하천주변을 보기 좋게 잘 꾸려야 합니다>. 강하천 정리를 잘하는 것은 큰물피해를 미리 막고 토지를 비롯한 나라의 귀중한 재부들을 보호하며 국토의 면모를 일신시키기 위한 중요한 문제이다.

조선로동당 규약(제7차 당대회에서 개정, 2016.5.9) 제4장(당의 도, 시, 군조직) 제33조에 "도, 시, 군당대회는 당의 도, 시, 군조직의 최고지도기관이다. 도, 시, 군당대표회는 당중앙위원회의 지시에 따라 도, 시, 군당위원회가 소집한다"고 명기하고 있으며, 제35조에는 "도, 시, 군당위원회는 다음과 같은 사업을 한다. … (중략) 당원들에 대한 당생활지도를 강화하여 인문중시, 인민존중, 인민사랑의 정치를 구현하여 광범위한 군중을 당의 두리에 묶어세우며 당조직들을 튼튼히 꾸리고 그 전투적 기능과 역할을 높이도록 지도한다"고 규정되어 있다.

2016년 8월 함경북도 일대의 태풍과 홍수 피해 발생과 관련하여 조선로동당 중앙위원회는 2016년 9월 10일 '일심단결의 거대한 위력으로 함북도 북부피해복구건설에서 전화위복의 기적적 승리를 쟁취하자'라는 구호로 전체 당원들과 인민군 장병들, 인민들에게 보내는 아래의 호소문을 발표하였다(류선학, 2019: 8~13).

> 오늘 200일 전투의 주타격 방향, 최전방은 북부피해복구 전선이다. <일심단결의 거대한 위력으로 함북도 북부피해복구 전선에서 전화위복의 기적적 승리를 챙취하자!> 이것이 온 나라 200일 전투 참전자들이 높이 들고 나가야 할 투쟁 구호이다. 내각과 성, 중앙기관들, 공장, 기업소, 협동단체들을 비롯한 부분, 모든 단위들에서 북부피해복구사업을 200일 전투의 중심과제로 반영하고 모든 힘을 총동원, 총집중하라. 한 t의 시멘트, 한 kg의 쌀이라도 더 증산하고 한 푼의 자금이라도 더 마련하여 피해복구 전선에 시급히 보내주어야 한다. ...(중략) 모든 력량을 살림집건설에 집중하여 올해 중에 큰물 피해를 입은 인민들에게 따뜻한 보금자리를 마련해주고 재해지역을 로동당 시대의 선경으로 천지개벽 시켜라.

북한의 재난관리 관련 당의 결정서는 1946년의 「수해구제 사업에 관한 건」과 1947년 「풍수해방지대책위원회 설치에 관한 결정서」가 문서상으로 보존되어 있으며 1950년 「구호사업 보장에 관하여 및 전재민 구호대책에 관한 결정서」가 전시 상황에서 마련되었다. 또한 1951년 「수해이재민 구제대책에 관하여」와 1963년 「남반부의 전 인민들과 풍수해 이재민들을 구제하는 데 대하여」라는 것이 있다(신호준 외, 2014: 168).

2) 국가계획위원회

북한의 「재해방지 및 구조, 복구법」에 의하면 국가계획위원회[43] 는 전국적인 재해방지계획을 작성한다(제11조). 국가계획위원회는 북한 내각소속의 중앙행정기관으로 조선노동당에서 수립한 경제정책지침에 입각하여 북한의 모든 경제계획을 종합 작성하고 각 부서에서 이를 수행하도록 지도 · 감독하는 기관이다.

국가계획위원회가 재난업무를 총괄하고 있는 것으로 나타난 사례는 2020년 2월 9일 북한 노동신문은 "신형코로나비루스 감염증을 철저히 막자" 제목의 기사에서 "국가계획위원회에서도 이 사업을 대중적인 사업으로 확고히 전환시켜 힘있게 진행해 나가고 있다. 전국적으로 비상방역지휘부를 위원회에서 조직했다"라고 보도 했다(네이버 뉴스, 2020.3.27). 국가계획위원회가 감염병 등 전국적인 재난지휘업무를 실질적으로 총괄하고 있음을 처음으로 시사한 것이다.

북한의 국가계획위원회는 모든 경제계획을 종합 · 작성하고 정책을 수립한다는 측면에서 우리의 기획재정부와 유사한 정부 부처이지만, 재난관리 부문에서 전국적인 재해방지계획을 작성하고 재난관련 행정업무를 총괄하고 있다는 점에서 우리의 행정안전부와 유사한 기능과 역할도 수행하고 있는 것으로 보인다.

3) 국가비상설재해방지대책위원회

북한의 「재해방지 및 구조, 복구법」에 의하면 전국적인 재해방지 및 구조, 복구사업을 통일적으로 조직하고 지도하기 위하여 국가비상설재해방지대책위원회를 조직하며 동 위원회의 실무보장은 중앙재해방지사업지도기관이 맡아야 한다(제52조). 또한 국가비상설재해방지대책위원회의 임무에 대해 아래

43) 북한의 국가계획위원회는 인민무력성, 인민보안성 등 군사보안 업무를 제외한 당과 국가의 경제 전반에 대한 정책, 계획을 작성, 지도 · 통제, 집행하는 기관이다.

와 같이 상세히 규정하고 있다(제53조).

o 전국적인 재해방지계획을 심의, 승인한다.

o 도(직할시) 비상설재해방지대책위원회와 부문별 비상설재해방지대책위원회가 세운 재해방지계획을 심의, 승인한다.

o 재해방지 및 구조, 복구와 관련하여 해당 인민위원회와 중앙기관, 단체들의 임무와 권한, 활동범위를 확정한다.

o 국가재해방지 및 구조, 복구사업정형을 총화하고 대책한다.

o 재해의 형태와 세기, 피해예측범위 또는 피해 상태를 평가하고 해당한 재해대책지시를 하달한다.

o 특급 재해가 발생하였거나 그 징후가 명백한 경우 또는 중요지역과 대상에 재해가 발생하였을 경우 중앙긴급구조 및 복구연합지휘부를 조직하고 재해구조 및 복구사업을 지도한다.

북한의 국가비상설재해방지대책위원회는 국가의 재난안전 및 방지계획을 심의한다는 측면에서 우리의 중앙안전관리위원회(국무총리소속)와 비슷한 기능을 수행하는 기관이다.

4) 부문별 및 지방 비상설재해방지대책위원회

북한의 「재해방지 및 구조, 복구법」에 의하면 국가는 농업, 산림, 도로, 강하천, 도시경영, 전력, 건설, 채취, 보건, 교통운수, 체신, 화학공업, 인민보안 같은 필요한 부문과 도(직할시), 시(구역), 군에 비상설로 재해방지대책위원회를 조직하며 부분별 재해방지대책위원회의 실무보장은 해당 부분의 중앙기관이 하고 도(직할시), 시(구역), 군의 재해방지대책위원회의 실무보장은 해당지역 인민위원회가 한다(제55조). 부문별 및 지방재해방지대책위원회의 임무는 다음과 같다(제56조).

o 부문별 또는 관할지역의 재해방지계획을 작성하며 아랫단위 재해방지대책위원회와 관할기관, 기업소, 단체가 세운 재해방지계획을 심의, 승인

한다.

- o 재해의 형태와 세기, 피해예측범위 또는 피해 상태를 평가하고 해당한 재해대책지시를 하달한다.
- o 1급, 2급, 3급 재해가 발생하였거나 그 징후가 있으면 긴급구조 및 복구 연합지휘부를 조직하고 필요한 역량을 동원하여 긴급대책을 세운다.
- o 해당부문 또는 관할지역에서 재해방지 및 구조, 복구에 동원되는 기관, 기업소, 단체들의 임무와 권한, 활동 범위를 확정한다.
- o 재해가 예견되거나 발생하였을 경우 피해 규모와 위험성, 긴급구조 대책을 취한 정형에 대하여 국가비상설재해방지대책위원회 또는 상급재해방지대책위원회에 제때 보고한다.

5) 지방인민위원회

북한의 「재해방지 및 구조, 복구법」 제57조에 의하면 지방인민위원회의 임무는 다음과 같다.

- o 재해위험방지대상을 빠짐없이 장악하고 자기 지방의 재해방지계획, 국토건설총계획과 해당 단위의 건설, 대보수계획에 맞물려 대상별, 연차별로 집행하도록 감독한다.
- o 관할지역안에 있는 기관, 기업소, 단체의 재해방지 및 구조, 복구사업 전반을 장악지도하며 그 정형을 상급기관에 정상적으로 보고한다.
- o 중앙재해방지사업지도기관과 해당 기관과의 연계하에 장마철 기간 해당 지역의 강하천물관리사업을 지휘한다.
- o 해당 지역 안의 기관, 기업소, 단체의 재해방지물자조성계획의 집행 정형을 감독한다.
- o 이 밖의 상급비상설재해방지대책위원회가 위임하는 사업을 한다.

6) 국무위원회 및 내각 산하 행정조직

현재 북한이 제정한 법에 병기된 재난관리를 위한 국무위원회 및 내각 산하 행정조직은 인민보안성, 농업성, 국토환경보호성, 보건성, 기상수문국, 지진국 등이 있다.

첫째, 국무위원회 산하 인민보안성[44]은 각종 재난발생 시 사회의 안전질서와 치안을 유지하는 임무를 수행한다. 그리고 인민보안기관(인민보안성 등)과 해당기관, 기업소, 단체는 소방대를 합리적으로 조직하고(인민보안소방대, 산업소방대, 자위소방대) 관리 운영하도록 하고 있다(소방법 제41조). 소방대는 소방관할에 따라 인민보안소방대와 자위소방대로 나누며 자위소방대는 소방사업을 전문으로 하는 산업소방대와 일하면서 불 끄기에 참가하는 군중자기소방대로 나눈다. 인민보안소방대는 시(구역) · 군인민보안기관에, 자위소방대는 해당기관 · 기업소 · 단체에 속한다(소방법 42조).

둘째, 농업성은 홍수와 가뭄 등 자연재난에 대비한 농작물의 피해 예방과 농촌 지역의 재난관리 활동을 지휘하고 감독하고 있다. 세부적으로 수해 가능성이 있는 농촌지역의 보수작업과 농경지와 연계된 하천의 배수로 정비, 저수지나 하천의 정리사업, 황사 대비 등을 업무를 하고 있다.

셋째, 국토환경보호성은 전국적인 환경보호와 국토관리를 전담하는 내각조직이다. 국토환경보호성은 우리의 환경부와 유사한 기관으로 환경보호 및 국토관리뿐만 아니라 국토환경 분야의 전반적인 재난발생 가능성을 확인하고 대응계획을 세우는 업무를 지도 감독하는 행정조직이다.

넷째, 보건성은 북한의 보건업무를 관할하는 정부조직이다. 2019년 아프리카돼지열병(ASF) 발생과 신종코로나바이러스-19(Novel COVID-19) 감염병 등 최근 사회재난의 발생으로 그 중요성이 매우 높아진 기관이다.

다섯째, 기상수문국은 우리의 기상청과 유사한 역할을 하는 조직으로 기상

---

44) 인민보안성은 1945년 설립된 치안유지 담당기관(우리의 경찰청)으로 국가안전보위성, 인민무력성과 함께 북한의 3대 체제 보위기관이다. 최근(2020.6) 북한은 인민보안성을 사회안전성으로 명칭 변경하였다.

관측 및 예보, 수문, 해양에 관한 국가 정책을 이행하는 내각산하 조직이다. 북한의 기상수문국 산하에 중앙기상예보연구소, 기상위성수신소, 중앙기상수문해양자료보급소, 김일성대학 기상연구소, 개성시 수문관측소 등 10여 개의 지방기상청, 27개의 기상관측소, 370여 개의 지역관측소, 9개의 연구소 등을 두고 있다. 북한은 1990년 8월 기상수문국이 정지위성과 궤도위성으로부터 기상자료를 수신하는 '기상위성수신소'를 준공한 뒤 각종 위성 자료를 이용하여 재난예방과 일기예보의 정확성을 강화하였다고 발표하였다(노동신문, 2016.5.23).

여섯째, 지진국은 지진 및 화산 등 자연재난을 관리, 감시하는 지진 전문기관이다. 북한의 지진국은 1971년에 설립되었으며 지진국 산하에 지진연구소, 화산연구소 등 연구소와 5개의 지진관측 및 지질연구 측량단, 6개의 종합관측소가 운영되고 있다. 이외 국가과학원 산하 지구환경정보연구소 등이 있다.

7) 군 조직

북한은 대규모 재난이 발생할 경우 김정은 무력 최고사령관(조선인민군 최고사령관)의 명령에 따라 인민군대가 재난구조 및 복구활동에 투입된다. 북한도 각종 재난발생에 대하여 김정은 국무위원장에게 보고되는 것으로 판단된다. 재난의 규모가 심각하여 민간차원에서 긴급구조가 어렵거나 인민보안성(사회안전성)의 능력으로 대처하기 힘들다고 판단되면 김정은 국무위원장 겸 무력 최고사령관 명의로 인민무력성을 통해 인민군대를 동원하여 재난현장에 투입하고 있다.

1994년 조선인민군 최고사령관 명령 제 0051호(평양시 청류다리와 금릉2동굴을 건설할 데 대하여)에서 최초로 조선인민군에게 비군사적 임무를 부여한 사례가 있으며 태풍 피해 등 재난발생 시 대규모 인력이 필요할 때 군이 투입된다. 2016년 8월 함경북도에서 태풍 '라이언록'으로 인해 두만강 범람 등 홍수(큰물)로 큰 자연재난이 발생하자 김정은 조선인민군 최고사령관의 명령으로 수해복구 작업에 인민군대가 투입되었다.

이외 준군사 조직으로 노동적위군[45](민간군사조직 ; 북한의 향토예비군) 등이 재난발생시 대응 및 복구 인력으로 투입되고 있다.

8) 조선적십자회

북한은 1946년 10월 18일 적십자 업무를 담당하는 사회단체로 북조선적십자회를 창설하였으며 1948년 정권 수립 이후 조선적십자회로 개칭하였다. 이후 1956년 5월 11일 국제적십자사연맹(IFRC)에 정식으로 가입하였다. 지금까지 조선적십자회 회원은 약 102만 명으로 알려지고 있다. 북한적십자회는 1971년부터 남북이산가족찾기사업을 담당하였으며 1985년 8월 남북이산가족 고향방문 사업추진 등 남북적십자회담의 결실을 이루었다. 또한 북한적십자회는 1995년 북한이 대규모 홍수가 발생하여 큰 피해를 겪게 되자 UN과 세계 120개 국가들에게 국제적 지원을 요청하는 창구 기능을 담당하였다. 조선적십자회는 재난 발생 및 방지대책 관련 대외적인 접촉창구 역할도 수행하고 있다.

북한은 1999년 국제적십자사연맹의 후원을 받아 조선적십자회 산하에 재난대처센터를 개설하기도 하였다. 이후 북한은 2007년 1월 10일 최고인민회의 상임위원회 정령 제2113호로 「적십자회법」(국가정보원 북한법령집, 2017: 672~674)을 제정하였다. 같은 법 제8조와 제10조에 의하면 북한 적십자회의 임무는 국제적십자 및 적반월운동의 근본원칙, 인도주의와 관련한 법규를 보급하고 적십자국제기구, 세계 여러 나라 적십자단체들과의 교류와 협조를 발전시키며 구급의료봉사활동, 보건위생선전사업을 진행하며 국가보건기관의 사업 협조, 국제구호활동의 참가 등이다.

---

45) 노동적위군은 1959년에 창설된 북한의 노동자와 농민의 민간군사조직으로 17~60세 남성과 17세~30세 미만의 교도대 비편성 여성을 포함하여 구성(약 570만 명)되어 있으며 유사시에 정규군 보충, 군수품 수송 등을 담당하고 있다.

9) 큰물피해(대책)위원회

북한은 1994년 이래 대규모의 홍수, 가뭄, 태풍 등으로 인해 여러 지역에 자연재난의 피해가 발생하였으며 이 때문에 식량난, 경제난 등이 뒤따르자 김일성 사후 정권을 물려받은 김정일에게는 큰 부담으로 나타났다. 이에 북한은 1995년 홍수, 가뭄 등 자연재난의 피해를 복구하기 위해 국제사회의 지원을 요구하고 구호 물품의 분배 등 북한 내부의 관리를 능률적으로 수행하기 위한 조직으로 '큰물피해위원회'를 설립하였다. 이후 1997년 북한 외무성 산하에 소속된 '큰물피해대책위원회'로 조직을 확대 개편하였다. 그러나 큰물피해대책위원회는 한시적으로 국제사회의 대북지원 접수창구 역할을 담당하였으나 2005년 12월 공식적으로 해체되었고 대체 조직으로 내각 산하에 '국가계획조정위원회'를 설립하여 홍수 피해대책 수립, 복구사업 등 기존의 업무를 담당토록 하였다. 이 위원회는 로동당의 지시에 따라 만들어진 조직으로 주로 대한민국이나 국제기구 및 NGO 등의 대북구호물품의 관련업무를 담당하는 역할을 하였다.

이외 북한은 장마철 등에 큰물 피해가 발생하였을 경우 이의 대응 및 복구를 위해 큰물관리지휘부 등을 비상설적으로 운영하고 있다(하천법 제21조, 물자원법 제20조).

3. 북한의 시대별 재난관리 정책 변화

북한의 시대별 재난관리 정책 변화에 대해 북한의 정치권력과 통치 구조상 정치적 변곡점이라 할 수 있는 김일성, 김정일, 김정은 3부자의 집권 시기에 따라 크게 3단계로 나누어 보고자 한다. 김일성 시대(1945~1994)는 재난관리의 초기 도입기로, 김정일 시대(1995~2011)는 재난관리의 정비기로, 김정은 시대(2012~2020)는 재난관리의 현대화 추진기로 대별해 본다.

1) 김일성 시대 : 도입기

김일성 시대의 재난관리 정책은 해방 후부터 1960년 사이, 1961년부터 1970년대 사이 그리고 1980년부터 김일성 사망 시기로 나누어 기술하고자 한다.

첫째, 1945년에서 1960년 사이의 시기는 당시의 시대적, 정치적 배경이 중요하게 역할을 하였다. 일본으로부터 식민지 해방 후 김일성은 러시아 하바롭스크 브야츠크 병영(소련극동방면군 산하 제 88특별저격여단)에서 블라디보스톡으로 이동, 1945년 9월 18일 저녁 소련측에서 제공해준 군함 '푸가쵸프'호에 승선하여 9월 19일 원산항으로 입북한다. 다음날 평양으로 이동 후 20일이 지나 10월 14일 평양 기림리(箕林里) 공설운동장(현 김일성경기장)에서 개최된 '조선인민해방축하대회'에서 김일성 장군으로 공식 등장하게 된다. 이후 김일성은 1946년 북조선 농민대표대회 및 임시인민위원회를 통해 전체 토지를 무상 몰수하여 농민에게 소유권을 무상분배하는 토지개혁을 실행한다. 그리고 1948년 9월 9일 조선민주주의인민공화국 정권을 수립한다. 김일성은 일본 식민지 착취로 인해 훼손된 산림을 복구하고 남벌을 방지하는 정책을 실시하였으며 산사태 등 홍수피해 방지를 위해 노력하였다. 1946년에 착공된 평양 보통강 개수공사와 1947년 금강산의 풍치사업과 자연을 보존하기 위한 산림조성사업의 전 군중적 운동화가 대표적이다(손기웅, 1996: 178). 김일성은 1950년부터 3년간에 걸쳐 치루어진 6·25 전쟁 기간 중 미군의 공습으로 거의 초토화된 평양시 주택 등 주거시설과 교량, 군수공장, 공공건물,

군사시설 등에 대한 전후복구 사업을 중심으로 시작하였다. 전쟁도 재난의 한 형태라고 볼 경우 김일성 시대에 가장 심혈을 기울여 재난복구 정책을 실시하였다는 점은 높이 평가할 만하다. 당시 김일성은 파괴된 도시들을 복구하면서 공장지대를 주택, 주거지역과 구분하고 수질오염을 보호하는 정책을 시행하였다.

둘째, 1960년과 1970년대 들어와서는 김일성은 남한에 대한 군사력과 경제력의 우위 점거를 위해 중화학공업 육성 정책을 강력하게 추진하였다. 그러나 이 과정에서 무분별한 공장 설립과 각종 유해 폐기물 배출 등으로 인해 대기와 수질오염을 비롯하여 목재를 연료로 사용함에 따라 산림자원의 황폐화가 진행되었다. 이에 김일성은 1972년 공해현상과 유독성물질의 강하천 무단투기 현상에 대한 대책을 강구토록 지시하였다(명수정 외, 2008: 21). 그리고 북한은 1976년 10월 농업생산 증대를 위한 국토개발사업(1976~1981)으로 '자연개조 5대 방침(自然改造五大方針)' 사업을 추진하였다. 자연개조 5대 방침 사업은 ① 밭 관개사업, ② 다락밭 건설사업, ③ 토지정리사업과 토지개량사업, ④ 치산치수사업, ⑤ 간석지 개발사업이다. 북한은 이 사업을 시행하면서 국토개발문제와 이로 인한 환경오염 및 파괴 문제를 동시에 해결하기 위한 부수적인 효과를 추구하였지만 자금부족과 관심부족으로 별다른 성과를 거두지 못하였다. 그러나 이를 계기로 북한은 1977년 4월 29일 국토를 효율적으로 관리하고 토지에 대한 관심을 제고시켜 자연개조 5대 방침을 성과 있게 실현하기 위한 제도적 틀로서 「토지법」을 제정하게 되었다. 「토지법」(전문, 총6장 80조)에는 토지소유를 국가 및 협동단체의 소유로 한정한다는 규정 이외 인민경제발전과 인민 복리 증진을 위해 국토건설총계획을 수립하고 철저히 실현해 나갈 것을 규정하였다.

셋째, 1980년부터 1994년 김일성이 사망하기 전까지의 시기는 법 제도적 정책의 제도화와 국제사회와의 협력을 도모하는 시기이다(황수환, 2017: 247). 1986년 4월 북한 최고인민회의에서 채택된 「환경보호법」은 북한 최초의 환경 관련법이다. 이 법이 제정된 동기로는 북한 당국의 중화학공업 정책[46]의 우선 추진에 따라 환경문제가 심각하게 대두된 이유도 있겠지만 당시 국제사회의 요구에 맞추기 위해 환경 관련법 제정의 필요성이 제기된 것으로 해석되고 있다. 이 법의 제정으로 인해 북한은 자연재해방지와 환경보호 관련하여 제도화가 시작되었으며 국제사회와 함께 환경문제에 대해 협조하는 태도를 보였다. 이후 북한은 1993년 2월 '국가환경보호위원회'를 설립하였으며 1995년 「환경보호법」의 구체적 시행을 위해 「환경보호시행규정」을 마련하였다(황수환, 2017:247). 또한 북한은 환경보호와 관련된 국제사회의 협력을 제고하기 위하여 1991년 7월 몽골 울란바타르에서 개최한 UNDP의 '동북아 환경회의'에 참가하였으며, 1992년 10월 북경에서 UNEP가 지역해양보존사업의 일환으로 추진한 동북아 해양의 지속 가능한 보전, 관리 및 개발을 위한 지역협력 프로그램인 북서태평양해양보전계획(NOWPAP : Northwest Pacific Action Plan for the Protection, Management and Development of the Marine and Coastal Environment of the Northwest Pacific Region)의 회의에도 참여하였다.

2) 김정일 시대 : 정비기

1994년 7월 8일 김일성이 타계한 이후 북한의 경제상황은 거의 재난수준으로 상당히 심각하게 어려워졌다. 이를 타개하기 위해 김정일은 1996년 신년공동사설을 통해 '고난의 행군'이라는 용어를 제시하였다. 고난의 행군이라는 용어는 김일성이 1930년대 말 만주에서 혹한과 굶주림 속에서 일본군 토벌작전을 피해서 100여 일간 행군한 데서 유래되었다. 김정일이 김일성의 유훈을 전면에 내세우고 고난의 행군을 유훈통치의 지배 담론으로 내세운 이유는 1990년대 이후 계속된 극심한 경제난 때문이다(이승열, 2009: 125). 김정일이 아버지 김일성 주석과 공동통치를 하던 기간 중 1980년대 말 구소련 중

46) 북한에서 대기오염이 가장 심한 지역은 석유화학도시인 함흥지구로 함흥시 흥남구역에는 흥남제약공장, 2.8 비날론연합기업소, 흥남비료연합기업소, 흥남모방직공장 등을 설립하였다.

심의 사회주의 경제권 해체와 함께 북한의 경제순환 시스템도 붕괴되었다. 특히 농업부문에 있어서 중앙집권적 경제 운영시스템의 붕괴로 재정지원과 농산물 정부수매, 농자재 정부조달 기능이 마비됨으로써 북한 농업의 근간인 협동농장이 저생산의 악순환에 빠졌으며 이로 인해 1990년대 초중반 식량난을 가속화 시켰다. 이 현대판 '고난의 행군'의 시기에 북한의 기간산업이 붕괴되고 사회주의의 근간인 배급제도가 그 기능을 발휘하지 못하게 되었으며 '고난의 행군'은 기아와 질병, 죽음의 대명사가 되었다. 수령의 후계자로서 김정일이 당면한 문제는 무엇보다도 자신의 부족한 정치적 리더십을 확보하는 동시에 90년대 이후 북한 사회를 덮친 극심한 경제난과 식량난 속에서 체제위기를 극복하는 것이었다(이승열, 2009: 124). 흔히 김정일 집권기간 중에 '고난의 행군' 기간으로 불리는 시기 3년은 1995년부터 1997년을 말하며 이후 '사회주의 강행군' 기간으로 명칭한 시기 3년은 1998년에서 2000년까지를 말한다.

90년대 중반 3년에 걸쳐 연이은 홍수, 가뭄 등 각종 자연재난이 발생하자 북한 당국은 1995년 큰물피해위원회와 1997년 큰물피해대책위원회를 설립하여 국제사회에 지원을 요구하고 이들과의 접촉창구로 활용하였다. 김정일 시대에 들어오면서 국제사회의 지원을 위해 재난에 대응해오던 교시나 담화, 현지지도의 형식에서 벗어나 형식적 차원의 법령을 채택하기 시작하였다(오형근, 2018: 74). 1999년에는 조선적십자회 재난대처센터 등 각종 자연재난 관련 대외접촉 조직의 체계를 마련하였다. 김일성 시대의 화려한 사회주의 강국은 더 이상 돌아오지 않은 꿈이 되었으며 김일성 시대의 배급 제도의 모순과 농산물(알곡) 생산 실적 허위 보고 등 많은 문제점들이 김정일 집권 이후 하나씩 수면위로 나타나기 시작하였다. 역설적일는지는 모르지만 고난의 행군 시기에 북한은 식량난, 기아 등 복합재난을 극복하기 위하여 자의반 타의반 재난관리와 관련한 법제를 국제사회의 기준으로 받아들이며 새로이 제정하고 기존의 미비한 법제를 정비하는 계기가 되었다.

김정일은 2000년 10월 '고난의 행군'이 종료되었음을 공식 선언하였다. 김정일이 거의 10년 동안 식량난 해결을 위해 각고의 노력을 하였지만 해결하지 못한 것을 남한의 정치상황의 변화로 해결의 기미를 보여준 것이다. 1998년 진보진영의 김대중 대통령이 집권한 후 남북관계 개선을 희망하였고 김정일은 화답하였다. 김정일에게는 하늘이 준 기회가 온 것이다. 김정일은 2000년 6월 15일 김대중 대통령과 평양에서 남북정상회담을 개최한 대가로 남한으로부터 고난의 행군을 종식할 만한 엄청난 규모의 경제적 이득을 챙겼다.

이후 김정일은 남한과 국제사회의 협력을 수용하면서 2001년부터 2010년까지 고난의 행군 시기에 훼손된 산림을 복구하기 위하여 '산림조성 10년 계획' 기간을 설정하여 산림면적을 확대하기 위한 장기 계획을 수립하기도 하였다. 2000년대 이후 북한은 재난과 관련된 법체계를 지속 정비하였다. 당시 제정된 법률로 2002년 「하천법」, 2005년 「환경영향평가법」, 2005년 「기상법」, 2008년 「대동강오염방지법」, 2011년 「지진, 화산피해방지 및 구조법」 등이 제정되었다.

3) 김정은 시대 : 현대화 추진기

2011년 12월 17일 김정일 사망 이후 집권한 김정은은 핵 개발과 비핵화라는 초대형 이슈를 주도해 나가면서 핵무기 보유와 외부위기 조성을 통한 내부 안정기반 확보, 대북제재 해제, 경제 활성화, 국제관계 복원 등을 통한 정상 국가화(곽길섭, 2019: 188)를 추구하고 있다.

김정은 시대의 재난대응은 김정일 시대와 비교하여 볼 때 보다 적극적인 접근과 대처를 하고 있다. 김정은 집권 이후 북한은 재난기본법 제정 등 재난에 대한 인식의 변화가 일부 감지되었으며 집권하지 얼마 되지 않은 젊은 지도자는 재난발생 시 각별한 대응체제를 강조하면서 인민들로부터 지도력을 과시하는 계기로 삼았다. 김정은은 2014년 6월 27일 북한 재난관리에 관한 기본법인 「재해방지 및 구조, 복구법」을 제정하고 재난관리 단계를 예방, 대비, 대응, 복구 4단계로 구분하는 등 국제사회의 재난관리 기본 개념을 수용하였다.

특히 김정은 시대에 기존의 재난관련 법규에 대해 현대적 개념으로 수정 · 보완하여 현대화에 맞게 재정비를 하였다. 지금까지 김정은 시대에 수정보완한 재난관련한 법규로는 2013년에 「하천법」·「대기오염방지법」을, 2014년에 「바다오염방지법」·「환경보전법」·「공중위생법」을, 2015년에 「산림법」·「전염병예방법」 등을 수정 · 보완하였다.

김정은이 기상수문해양부문의 현대화 설비작업을 통한 일기예보의 정확성 향상으로 북한 주민의 생명 및 재산보호와 생활안정을 위한 중요한 방법으로 강조하고 있으며 북한의 자연재해 예측 기술의 발전은 궁극적으로 김정은 체제 및 사회주의 체제의 유지와 안정을 도모하기 위한 일환으로 볼 수 있다(황수환, 2017: 245). 김정은 시대에 들어와서 기상예보의 현대화와 과학화의 수준이 향상되고 있으며 재난관리에 대한 중요성과 경각심을 높이고 있다고 분석할 수 있다. 일례로 2014년 에볼라 바이러스 확산 시 러시아 방문후 귀국한 김영남 최고인민회의상임위원장과 최룡해 당비서를 21일간 격리 조치한 바 있다(국가정보원 국회 정보위 보고, 2015.2.24).

백두산 화산활동 대비와 관련하여 북한은 2011년 「지진, 화산피해 방지 및 구조법」을 제정한 이래 2015년 2월 26일 평양에서 '전국 지진 및 화산부문 과학기술발표회'를 개최하였다. 조선과학기술총연맹 중앙위원회의 주최로 열린 이 발표회에는 김일성종합대학, 지진국, 김책공업종합대학, 국가과학원 산하 지질학연구소 및 지구환경정보연구소, 평양천문대, 건축공학분원 건축과학연구소 등의 과학자, 기술자, 교원, 연구자들이 참가하였다. 발표회는 현시기 북한의 지각변동 특성을 과학적으로 밝히며 지진 및 화산의 징후를 제때 정확히 예측하는 것을 비롯하여 지진, 화산과학 분야의 기초 이론, 응용부문의 학술교류를 심화시켜 지진 및 화산 관측과 예보의 현대화, 과학화 수준을 높일 목적으로 진행됐으며, 수자지진종합 분석체계, 수자식 지진기관측기의 설계제작과 응용, 천문경도의 감쇠진동과 지진 해일의 예보가능성, MT법에 의한 백두산 화산의 심부비저항구조 연구 등 현실에서 절박하게 제기되는 문제들을 해결하는 데서 중요한 의의를 가지는 수십 건의 논물들이 발표되었다(노동신문, 2015.2.27).

북한은 2017.5.22~26간 멕시코 칸쿤에서 개최된 "재난경감 2017 글로벌 플랫폼"에 대표단을 참석시켰으며, 기조연설을 통해 북한에서는 재해방지 사업이 초창기부터 전 인민적 사업으로 꾸준히 진행되어 왔음을 강조하고 국가적인 재해방지 및 대응 체계가 수립되어 있다고 자평하였다(임예준 외, 2017: 111). 그리고 2017년에 산림복구에 필요한 인재를 양성하기 위해 김일성종합대학에 단과대학 단위로 '산림과학대학'을 신설하였다(배승국, 2019: 27).

김정은 국무위원장은 2019년 9월 제 13호 태풍 '링링' 북상에 대비해 이례적으로 비상확대회의를 지도했다. 노동신문은 2019년 9월 7일 "노동당 중앙군사위원회는 태풍 피해를 막기 위한 비상확대회의를 긴급 소집하고 국가적인 비상재해방지대책을 토의했으며 위원장이신 김정은 동지가 회의를 지도하셨다"고 보도하였다(그림 3-1 참조). 이는 김정은이 태풍 대비의 중요성을 강조하고 현실적인 대응을 통해 통치력을 증명하려는 의도로 보인다.

〈그림 3-1〉 태풍 '링링' 대비 김정은 주재 비상확대회의

* 출처 : 네이버(연합뉴스)

2020년 김정은은 신종코로나바이러스-19의 전 세계적 확산과 관련하여 노동당 제7기 제5차 전원회의(2019.12.28~31)에서 '보건부문에 있어서 물질적이고 기술적 토대를 강화할 것'을 지시하였으며 당 정치국 확대회의에서는 '전염병 유입 시 초래될 후과는 심각할 것'이라고 언급하고 '단순 방역사업이 아니라 인민보위의 중대한 국가사업이자 당의 무거운 책임'이라고 강조하였다(노동신문, 2020.2.20). 북한은 대내적으로 내각 차원에서 유관부처 합동으로 비상조직을 가동하고 중앙과 지방이 긴밀히 연계하며 체계적으로 대응하고 있다. 중앙부처와 각 기관에서 전문가를 지역에 파견, 교육 및 방역사업을 지원하고 언론매체를 통해 위생 방역관련 홍보와 함께 집중 교육을 실시하였으며 외국 방문 후 귀국한 자국민에 대한 격리조치 실시 및 국내 체류 외국들의 활동도 엄격히 제한하였다. 또한, 북한은 2020년 1월 30일 개성 공동연락사무소에 남북연락대표 간의 협의를 통해 신종코로나바이러스-19의 위험이 종식될 때까지 개성의 공동연락사무소 운영도 잠정 중단하기로 하였다.

북한 조선중앙통신은 2020년 4월 1일 국가과학원 산하 지구환경정보연구소가 재해방지를 위한 과학연구 사업을 추진하고 있다고 보도했다. 지구환경정보연구소는 앞으로 '국가통합자연재해 관리정보체계(시스템)'를 구축하고 도입하기 위한 연구사업이 완성되면, 전국적으로 발생하는 자연재해로부터 주민들의 생명과 안전을 지키고 그로 인한 피해를 최소화할 수 있다고 했다. 또한 국가적인 재해정보수집 및 통보체계 구축을 위한 프로그램을 개발하여 북한의 시, 군들에게 제공하고 있으며 큰물, 가물, 태풍, 사태 등 자연재해 위험이 높은 지대를 장악할 수 있는 지도를 작성했다고 보도했다.

이상과 같이 김정은 시대에 들어와서 북한은 과거 김일성 · 김정일 시대와 달리 태풍, 홍수, 지진 등 각종 자연재난의 사전 예방활동 강조와 함께 재난의 피해를 신속 보도하고 복구 상황을 알리는 등 '달라진 재난대응'이라는 평가를 받고 있으며 현대적 의미의 재난관리체계 개선을 위해 당과 정부가 총력적 노력을 배가하고 있음을 볼 수 있다. 그러나 2016년 3월 북한의 제4차 핵실험과 장거리 미사일 발사에 대응한 UN과 미국의 대북 경제 제재로 인한 수출과 수입의 차단으로 북한의 산업 전체가 생산능력을 상실하였으며, 최근 코로나바이러스-19 대유행 병에 따른 중 · 러 국경 폐쇄 등의 영향으로 북한의 2020년 경제성장률이 -6%를 기록할 것으로 전망되고 있다. 이는 1990년대 중반 '고난의 행군' 시기에 기록한 -6.5%에 다가가는 수준이다. 이러한 북한 정권의 열악한 국가재정 상황임에도 불구하고 각종 자연재난(가뭄, 홍수, 태풍 등)과 사회재난(ASF, COVID-19 등)의 극복이 곧 김정은 정권의 공고화와 연속성과도 직결되고 있음을 가늠해 볼 수 있다.

제4장

북한의 재난관리 법체계

흐를 때 흐르고 머무를 때 머무르며
피해갈 때 피해가야 한다.

제4장 북한의 재난관리 법체계

1. 재난관련 기본법

북한의 재난관리 분야의 총괄 기본법은 「재해방지 및 구조, 복구법」[47]이다. 북한은 대한민국의 1995년 「재난관리법」과 2004년 「재난 및 안전관리 기본법」(약칭 : 재난안전법) 제정 이후 10년이 지난 2014년 6월 27일 최고인민회의 상임위원회 정령[48] 제76호로 「재해방지 및 구조, 복구법」을 제정하였다. 북한의 「재해방지 및 구조, 복구법」은 제1장에서 용어의 정의 등 기본적인 사항들을 규정하고 있고 제2장은 재해방지계획의 작성 · 승인 · 변경, 제3장은 재해성 자연현상에 대한 관측과 경보, 제4장은 재해방지물자의 조성과 공급, 제5장은 재해구조 및 복구, 제6장은 재해방지 및 구조, 복구사업에 대한 지도통제 등을 규정하고 있으며 총6장 63조로 구성되어 있다(부록3 재해방지 및 구조, 복구법 참조).

북한도 2014년 국제사회의 보편적인 재난관리 4단계의 기본개념을 받아들여 예방, 대비, 대응, 복구의 4단계로 구분하여 「재해방지 및 구조, 복구법」을 제정하였다. 이로써 남북한의 재난관리 법체계의 기본 구조는 초보적 수준이

---

47) 국가정보원, 2017. 『북한법령집 하』. pp.231~243. (2017년 11월 25일 조선중앙통신은 북한 최고인민회의 상임위원회에서 최근 「재해방지 및 구조, 복구법」을 수정, 보완했다고 보도하였으나 아직까지 수정 보충된 상세 법 내용은 공개되지 않고 있다)

48) 북한의 헌법 제87조에 의하면 “최고인민회의는 입법권을 가지며 최고인민회의 휴회 중에는 최고인민회의 상임위원회도 입법권을 행사할 수 있다”고 규정하고 있다. 또한 제 120조에는 “최고인민회의 상임위원회는 정령, 결정, 지시를 낸다”고 규정하고 있다. 이외 법제정법(2012년 12월 19일 제정) 제2장에서도 최고인민회의와 최고인민회의 상임위원회의 법제정관련 입법권 관할 사항을 규정하고 있다.

나마 유사하게 되었다. 그러나 북한은「재해방지 및 구조, 복구법」의 명칭에서 보는 바와 같이 대응과 복구를 엄격하게 구분하지 않고 혼재된 개념으로 사용하고 있다.

「재해방지 및 구조, 복구법」이외에 재난관리의 기본법 체계와 연관성이 있고 재난일반 부문을 다루고 있는 북한의「소방법」과「적십자회법」도 살펴보고자 한다.

1) 재해방지 및 구조, 복구법

(1) 목적 및 용어 정의

북한은「재해방지 및 구조, 복구법」제정의 목적(제1조)으로 "재해방지 및 구조, 복구사업에서 제도와 질서를 엄격히 세워 인민들의 생명안전과 국가 및 사회협동단체, 공민의 재산을 보호하는 데 이바지한다"라고 규정하고 있다.

재해의 정의(제2조)에 대해 재해란 큰물, 폭우, 태풍, 해일, 지진, 화산활동 같은 재해성 자연현상이나 그밖의 요인으로부터 발생하는 인명피해, 농경지의 침수, 산사태, 건물 · 시설물의 붕괴, 전력 · 교통운수 · 통신 · 상하수도망 체계의 마비, 환경의 오염, 전염병의 전파 같은 각종 피해를 의미한다. 우리의「재난 및 안전관리 기본법」과 달리, 북한은 재해의 등급(제3조)에 대해 그 형태와 세기, 피해정도, 피해범위에 따라 특급 재해, 1급 재해, 2급 재해, 3급 재해로 나누어 대처하고 있으며 국가비상설재해방지대책위원회가 개별 등급의 기준을 정하고 있다.

(2) 재난관리 계획 및 조직

북한의「재해방지 및 구조, 복구법」제2장에는 북한의 재해방지계획의 작성 · 승인 · 변경 · 지시집행의무 등을 구체적으로 규정하고 있다. 해당기관은 재해방지계획을 전국 차원의 재해방지계획과 지역별 재해방지계획, 부문별

재해방지계획으로 나누어 통일성, 과학성, 동원성을 보장할 수 있게 작성하여야 함(제10조)을 명시하고 있다.

전국적인 재해방지계획은 국가정책개발, 국토개발 관련업무를 관할하는 내각 소속의 중앙행정기관인 국가계획위원회(1948년 9월 2일 출범)가 작성하고 도(직할시), 시(구역), 군 재해방지계획은 해당 지역 인민위원회가 작성한다(제11조). 농업, 산림, 도로, 강하천, 도시경영, 전력, 건설, 채취, 철도, 해운, 체신부분과 같은 부문별 재해방지계획은 해당 중앙기관이 작성한다(제11조). 재해방지계획의 실행과 지시집행 의무(제16조)와 관련하여 기관, 기업소, 단체와 공민은 재해방지계획의 실행과 관련한 국가비상설재해방지위원회 또는 해당 재해방지대책위원회의 지시를 정확히 집행하여야 한다. 북한의 재난방지계획의 절차는 〈그림 4-1〉과 같다.

〈그림 4-1〉 북한의 재난방지계획

① 재해방지 계획 작성
국가계획위원회 → 전국적 재해방지 계획
해당 중앙행정기관 → 부문별 재해방지 계획
해당지역 인민위원회 → 도(직할시), 시(구역), 군 재해방지 계획

⇩

② 재해방지 계획 심의 · 승인
국가 비상설 재해방지 대책위원회 → 전국적인 재해방지 계획 부문별 재해방지 계획
상급 비상설 재해방지 대책위원회 → 도(직할시), 시(구역), 군 재해방지 계획

⇩

③ 재해방지 계획 실행 · 집행
기관 · 기업소 · 단체와 공민

* 출처: 북한「재해방지 및 구조, 복구법」제 2장을 근거로 재구성

다음으로 북한의 재난대응 총괄조정 기구는「재해방지 및 구조, 복구법」제52조와 제53조에 명시된 바와 같이 비상설기구인 국가비상설재해방지대책위원회이며 산하에 비상설기구인 부문별 재해방지대책위원회와 도(직할시), 시(구역), 군 단위에 지방재해방지대책위원회가 구성되어 있다.

북한의 재해구조 및 복구사업(제5장 제37조 1항에서 4항까지)은 재해 규모에 따라 나누어진다. 즉 "특급 재해가 발생하였거나 그 징후가 명백한 경우 또는 중요지역과 대상에 재해가 발생하였을 경우 국가비상설재해방지대책위원회는 중앙긴급구조 및 복구연합지휘부를 구성하고 그 지휘에 따라 국가적인 역량을 동원하여 재해구조 및 복구활동을 진행한다. 1급 재해가 발생하였거나 그 징후가 명백한 경우 도(직할시) 재해방지대책위원회와 부문별 재해방지대책위원회가 담당하고 2급 재해가 발생하였을 경우 시(구역), 군 재해방지대책위원회가 진행하며 3급 재해가 발생하였을 경우 기관, 기업소, 단체가 자체역량으로 활동을 진행한다."라고 규정하고 있다. 북한의 재난 대응을 총괄 · 조정하는 재난대응 기구도는 〈그림 4-2〉와 같다.

〈그림 4-2〉 북한의 재난대응 기구도

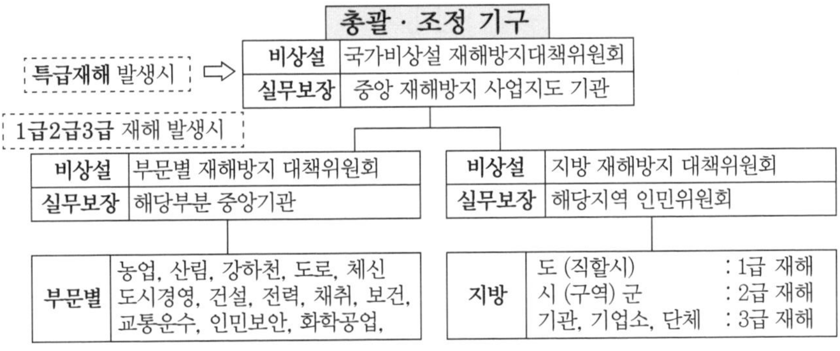

* 출처: 북한「재해방지 및 구조, 복구법」제6장을 근거로 재구성

(3) 재난관리 4단계별(예방, 대비, 대응, 복구) 주요 내용

북한의「재해방지 및 구조, 복구법」은 지극히 초보적이나마 예방단계, 대비단계, 대응단계, 복구단계 등 국제사회의 보편적인 재난관리 4단계별 개념을 수용하고 있다.

(가) 예방단계

예방단계와 관련하여 정부기관이 재해방지계획 작성을 의무화 하고 있으며 재해방지계획은 전국적인 재해방지계획과 지역별 재해방지계획, 부분별 재해방지계획으로 구분하고 있다. 전술한 바와 같이 전국적인 차원의 재해방지계획은 '국가계획위원회'가 전적으로 수립하나 지역별, 부문별 재해방지계획은 해당 지역인민위원회와 해당 중앙기관으로 나누어져 있다.

예방단계에서 재해방지계획에 반드시 반영해야 할 사항(제12조)으로 ① 국가적으로 중요한 의의를 가지는 지역, 대상에 대하여 전망적으로 또는 긴급히 수행하여야 할 재해방지대책, ② 자연재해위험지역과 대상들에 대한 조사장악 및 예방대책, ③ 큰물, 폭우, 태풍, 해일, 산불, 산사태, 지진, 화산활동 같은 재해성 자연현상에 대한 관측 및 예보, 경보체계의 수립, ④ 각종 재해의 형태와 위험성 정도에 따르는 사전 대책, ⑤ 재해방지물자의 조성과 보관관리, 공급대책, ⑥ 이 밖에 필요한 사항이 규정되어야 한다. 그리고 재해방지계획 작성 시 기상수문기관, 지진관측기관, 과학연구기관과 해당기관, 기업소, 단체는 필요한 관련자료를 적시에 지원(제15조)해야 함을 명시하고 있다.

(나) 대비단계

재해방지를 위한 사전대책과 재해구조, 복구사업에 긴급히 동원하기 위하여 시멘트, 강재, 연유, 통나무, 식량, 의약품, 피복, 전동기, 펌프 같은 각종 물자와 장비를 국가가 따로 마련한다(제27조). 이를 위해 국가계획기관과 해당기관, 기업소, 단체는 재해방지물자의 생산과 조성, 공급과 관련된 계획화 사업을 책임지고 수행해야 한다(제28조).

재해방지물자의 조성 및 공급(재난관리 자원의 비축 · 관리)과 관련하여 재해방지물자의 조성계획을 받은 기관, 기업소, 단체는 국가가 정한 조성지표와 비율에 따라 월, 분기별로 재해방지물자를 우선적으로 생산, 조성, 공급하여야 한다(제29조). 재해방지 및 구조, 복구를 위하여 다른 나라 또는 국제기구에서 들여온 협조물자는 중앙재해방지사업지도기관이 빠짐없이 등록, 보관한다(제29조). 재해방지물자는 유실되거나 부패 변질되지 않도록 보관관리를 잘하여야 하며 재해방지사업이 아닌 다른 사업에 쓸 수 없다(제30조). 또한 재해방지물자의 공급순위에 대해 피해지역의 어린이, 늙은이, 장애자, 여성 같은 생활 능력상 도움이 절실히 필요한 대상의 구조사업과 국가적으로 중요한 의의를 가지는 대상들의 재해방지 및 피해복구에 우선 공급하며 그 밖의 대상들은 선후차를 정하여 공급하여야 한다(제31조). 기타 기관, 기업소, 단체와 공민은 재해보험에 의무적으로 들어야 한다(제34조). 국가비상설 재해방지대책위원회와 해당 재해방지대책위원회는 기관, 기업소, 단체들이 재해발생 위험이 많은 시기에 재해예보 또는 경보에 따라 언제든지 긴급구조활동에 동원될 수 있게 필요한 인원과 운수수단 같은 재해구조설비들을 준비 및 대기상태에 두도록 하여야 한다(제39조). 해당 중앙기관과 지방인민위원회는 큰물, 폭우, 태풍, 산사태, 지진 같은 각종 재해에 대처하는 긴급구조대를 조직해야 하며 긴급구조대는 화물차, 기중기차, 소방차, 구급차, 불도저, 구급치료설비, 의약품 등을 구비하고 긴급구조훈련을 계획적으로 진행하며 구조능력을 부단히 높이도록 한다(제41조).

반면, 대비단계와 관련하여 우리의 「재난 및 안전관리법」과 같이 재난발생에 대비한 위기상황 매뉴얼 작성, 안전기준의 등록 심의 등에 대해서는 세세하게 명기되어 있지 않다.

(다) 대응단계

대응단계와 관련하여 재해등급에 따라 대응주체가 다르다. 특급 재해가 발생하였거나 그 징후가 명백한 경우 중앙재해방지사업지도기관과 해당 중앙기관은 구조사업과 대피 및 소개사업을 신속히 진행할 수 있도록 재해 긴급구조대책안을 작성하여 국가비상설재해방지대책위원회의 심의, 비준을 받아야 한다. 반면 1급 재해, 2급 재해, 3급 재해의 발생 또는 그 징후가 명백할 경우 지방인민위원회와 해당기관, 기업소, 단체는 재해긴급구조대책안을 작성하여 해당지역 재해방지대책위원회 또는 부문별재해방지대책위원회의 심의, 비준을 받아야 한다(제35조). 긴급구조대책안에는 긴급구조 및 복구연합지휘부의 조직과 임무, 권한과 지휘체계, 구조역량의 동원, 재해에 의한 피해정형 장악과 통보체계, 인원의 대비 및 설비, 자재의 소개, 피해지역 인민들의 생활 보장문제와 재해구조물보장대책 같은 내용을 반영한다(제36조). 유독성, 방사성물질 같은 것이 유출되는 것 같은 2차 피해가 발생하였을 경우 인민보안기관(인민보안성: 우리의 경찰, 중국의 공안부와 유사함)의 지도협조 하에 필요한 안전대책을 엄격히 세워야 한다(제45조). 인민보안기관은 인원과 운수수단의 재해지역 출입 금지 또는 제한하며 안전에 위험을 줄 수 있는 시설물, 설비의 제거 같은 조치들을 제때에 취하여야 한다(제46조). 그리고 긴급구조활동에 필요한 인원과 운수수단, 전력, 연유, 의약품 등을 최우선 보장해야 한다(제47조).

재해지역과 인접한 지역의 인민위원회, 해당기관, 기업소, 단체는 재해지역의 구조요청을 받으면 특별한 사유가 없는 한 이에 응하여야 한다(제44조). 대응단계에서 특이할 점은 재난의 등급을 특급, 1급, 2급, 3급으로 나누어 대응하고 있는 점이 주목된다.

(라) 복구단계

복구단계와 관련하여 대응단계와 마찬가지로 재해등급에 따라 대응 주체가 국가비상설재해방지대책위원회(특급), 중앙재해방지사업지도기관, 부문별 · 지방재해방지대책위원회, 지방인민위원회 등의 임무를 달리 명시하고 있다(제53조~제57조).

기관, 기업소, 단체와 공민은 재해가 발생하였을 경우 긴급구조 및 복구연합지휘부의 지시에 따라 재해구조, 복구활동에 의무적으로 참가하여야 한다(제43조). 피해복구는 도로, 다리, 철도, 전력망, 상하수도망, 통신망 같은 기초부문과 병원, 살림집, 학교 같은 중요대상을 먼저 복구하며 그 밖의 대상들은 복구규모와 순서를 합리적으로 정하고 진행해야 한다(제49조). 이와 관련하여 국가는 재해구조 및 복구사업이 끝나면 구조, 복구에 동원된 기관, 기업소, 단체와 개인이 구조, 복구과정에 지출한 재산을 보상하기 위한 조치를 취하여야 한다(제50조). 국가계획기관과 지방인민위원회, 해당 중앙기관은 재해방지사업과 재해발생 시 구조, 복구에 필요한 현대적인 구조장비와 전력, 식량, 자재, 수송, 자금, 통신보장을 책임적으로 하여야 한다(제58조). 즉, 국가기관이 재해발생 시 복구사업의 조건을 보장하고 책임지도록 규정하고 있다.

(4) 벌칙

북한은 「재해방지 및 구조, 복구법」에 의거, 아래의 사항에 해당할 경우 기관, 기업소, 단체의 책임있는 일군과 개별적 공민에게 행정처벌을 규정하고 있다(제62조).

- o 재해방지계획을 바로 세우지 않아 재해방지사업에 지장을 주었을 경우
- o 재해성 자연현상에 대한 감시와 관측을 바로 하지 않았거나 재해경보체계를 바로 세우지 않아 재해방지 및 구조, 복구사업에 지장을 주었을 경우
- o 살림집, 공공건물, 시설물의 건설설계와 시공, 감독을 건설법규의 요구

대로 하지 않거나 관리운영을 바로 하지 않아 피해위험을 조성하였거나 재해발생 시 피해를 발생시켰을 경우

- o 언제(댐), 제방, 갑문, 암거(땅속의 도랑) 같은 수리구조물과 강하천, 연안, 영해보호 시설물에 대한 보수정비를 제대로 하지 않았거나 강하천 정리, 사방야계공사(산사태 예방 하천정리), 옹벽공사, 사태막이(사방공사), 산림조성 같은 재해방지를 위한 국토관리사업을 잘하지 않았거나 무책임하게 하여 피해를 발생시켰을 경우
- o 저수지에서 물을 방출할 때 침수될 수 있는 지역과 강하천 위험지역, 재해위험지역들에 살림집, 공공건물, 시설물을 건설하거나 농작물을 재배하는 것 같은 금지된 행위를 하여 피해를 발생시켰을 경우
- o 장마철 기간 국가의 통일적인 물관리 지휘에 복종하지 않아 피해를 발생시켰을 경우
- o 재해방지물자를 계획대로 생산 또는 조성하지 않았거나 보관관리를 잘하지 않아 부패, 변질, 유실시켰을 경우
- o 피해 규모와 복구정형을 거짓 보고하여 국가의 전반적인 재해구조, 복구사업에 혼란을 주었을 경우
- o 정당한 이유 없이 재해구조 및 복구활동에 인원과 설비를 동원할 데 대한 지시를 집행하지 않았거나 재해구조지원 또는 구조요청을 받고도 응하지 않았을 경우
- o 대피 및 소개지시에 응하지 않아 피해가 발생하였을 경우
- o 기상 및 지진관측 환경보호구역에서 관측기구나 관측환경을 파괴하거나 관측에 지장을 주는 행위를 하여 자연재해경보를 하는데 장애를 조성하였을 경우
- o 개별적 공민이 재해의 발생 또는 그 징후를 발견하였거나 알고 있으면서도 해당 기관에 통보하지 않고 방임하거나 재해와 관련한 틀린 정보나 근거 없는 말을 퍼뜨려 엄중한 후과를 발생시켰을 경우

상기 기술한 사항을 위반하거나 그 행위가 범죄수준에 도달하는 경우에는

행정처벌 또는 형법에 의거하여 형사적 책임(제63조)을 지도록 하고 있다. 북한은 우리와 달리 이 법의 조문에 과태료, 벌금이나 징역 등 구체적인 처벌사항[49]을 명기하지 않고 있다.

2) 소방법

북한의 「소방법」(국가정보원 북한법령집 하권, 2012: 59~70)은 2005년 2월 24일 최고인민회의 상임위원회 정령 제964호로 채택되었다. 총 5장 63조로 구성되어 있다.

우리나라의 「소방기본법」은 "화재, 재난 · 재해, 그 밖의 위급한 상황에서 구조 · 구급 등의 의무를 수행한다(제3조)"고 명시되어 있어 화재 발생 시 뿐만 아니라 재난이나 재해 그리고 이외의 각종 위험상황 발생 시 소방기관은 재난관리의 주체인 지방자치단체장의 지휘와 감독을 받고 있다. 한편, 북한의 「소방법」도 화재방지, 불끄기와 구조, 소방기구, 소방사업에 대한 지도통제로 구성되어 있으며 인민보안소방대는 관할지역에서 일어난 화재로 위험에 처한 인원과 재산의 구조, 불끄기를 하며 지진피해 같은 구조작업도 할 수 있다(제45조). 즉 인민들의 생명과 재산을 보호하기 위해 "지진 피해 같은 구조작업"이라고 규정한 것으로 보아 여타 건물붕괴, 산불, 태풍, 가뭄, 홍수 등 각종 재난 발생 시 긴급구조 및 복구사업을 수행할 수 있는 근거를 마련한 것으로 평가된다.

북한 「소방법」의 주요 내용으로는 제1장 소방법의 기본에서는 소방법의 사명(화재방지, 불끄기와 구조에서 제도와 질서를 엄격히 세워 소방사업을 강화하는 데 이바지한다), 화재방지사업원칙, 소방법의 적용대상 등이 명기되어 있다. 제2장 화재방지에서는 화재위험시설의 설치 및 관리, 화재 위험성 물질의 표식 · 보관, 소방차통로차단, 건설설계의 소방지표, 소방시설의 검

49) 우리의 「재난 및 안전관리 기본법 제10장(벌칙)에는 동법 위반 사항에 따라 1~3년 이하의 징역, 500~2000만 원의 벌금, 2~300만 원의 과태료 등을 상세히」 명기하고 있다.

사, 화재위험표식 등이 규정되어 있다. 제3장 불끄기와 구조에서는 화재의 통보, 인민보안소방대와 산업소방대의 불끄기 작업, 불끄기지휘일군의 권한, 소방봉사료 등이 규정되어 있다. 제4장 소방기구에서는 소방대의 분류(인민보안소방대와 산업소방대, 자위소방대),[50] 자위소방대의 임무, 소방대의 권한 등이 명기되어 있으며 제5장 소방사업에 대한 지도통제에서는 자위소방대에 대한 지도, 소방제품생산, 소방사업에 대한 감독통제, 벌금부과 등의 조항이 규정되어 있다. 북한의 「소방법」 조문(제45조)에서 인민보안소방대는 지진피해와 같은 구조작업에 참여할 수 있도록 규정함으로써 화재 이외에 재난과 재해의 상황이 발생 시 구조활동을 가능하게 하고 있다는 점에서 우리의 「소방기본법」의 목적[51]과 유사한 부분이 있다.

3) 적십자회법

북한의 「적십자회법」은 2007년 1월 10일 최고인민회의 상임위원회 정령 제2113호로 채택되었다. 총 18조로 구성되어 있으며 주요 내용은 다음과 같다.

북한 적십자회법의 사명(제1조)은 적십자사에서 제도와 질서를 엄격히 세워 각종 질병과 재난으로부터 인민들의 생명재산을 보호하고 그들의 건강과 복리를 증진하는 데 이바지한다. 북한은 적십자회의 사명에 재난으로부터 생명과 재산을 보호함을 명시하고 있다. 적십자회의 활동원칙(제3조)은 국가의 해당 법규와 적십자회의 규약, 국제적십자 및 적반월운동의 근본원칙과 북한이 가입한 제네바협약과 보충의정서에 준하여 활동하도록 하고 있다.

---

50) 인민보안소방대는 시(구역), 군인민보안기관에, 자위소방대는 해당 기관, 기업소, 단체에 속한다(제42조). 규모가 특별히 크고 화재위험성이 많은 기업소에는 인민보안소방대 또는 산업소방대를 조직한다(제43조).

51) 우리의 「소방기본법」 제1조(목적)는 "화재를 예방 · 경계하거나 진압하고 화재, 재난 · 재해, 그 밖의 위급한 상황에서의 구조 · 구급활동 등을 통하여 국민의 생명 · 신체 및 재산을 보호함으로써 공공의 안녕 및 질서 유지와 복리증진에 이바지함을 목적으로 한다."라고 규정하고 있다.

북한 적십자회의 임무(제8조)는 다음과 같다

o 큰물, 태풍, 해일 같은 각종 재난에 대처하기 위한 준비사업을 하며 피해자의 생명을 구원하고 생활을 안착시키며 피해후과를 가시기 위한 활동을 한다.

o 인민들의 건강 복리를 증진하고 전염병을 비롯한 각종 질병을 예방하기 위한 구급의료봉사활동, 보건위생 선전사업을 진행하며 국가보건기관의 사업을 협조한다.

o 전시에는 부상병들에게 의료활동조를 제공하며 인민들에 대한 보호, 구급사업을 한다.

o 나라의 분열로 흩어진 가족, 친척들의 불행을 덜어주는 사업과 해외동포들에게 인도주의적 협조를 제공한다.

o 청소년에게 보건위생 선전, 재난구호훈련 같은 사업을 한다.

o 적십자국제기구, 세계 여러 나라 적십자단체들과의 교류와 협조를 발전시킨다.

o 이 밖에 국가가 위임하는 인도주의 사업을 한다.

북한은 적십자회의 임무가 각종 재난의 예방, 대비 활동과 긴급구조 등 대응 및 복구활동을 위한 활동을 한다고 명기하고 있다. 그리고 재난구호 훈련사업도 할 수 있음을 규정하고 있다.

이외 국제적인 지원의 요청(제9조)과 국제구호활동에 참가(제10조)할 수 있는 근거를 마련하였으며 적십회의 산하조직(제7조)으로 중앙위원회는 필요에 따라 도(직할시), 시(구역), 군에 산하조직을 내올 수 있다고 명기하였다. 또한, 국가는 적십자사업과 관련하여 다른 나라의 법인과 개인, 국제 적십자기구에서 기증하는 물자와 자금에 대하여 관세의 면제와 같은 특혜 보장(제16조)을 규정하고 있다.

2. 자연재난 관련법[52)]

1) 풍수해 관련법

(1) 토지법

북한의 「토지법」 (국가정보원 북한법령집 하권, 2017: 245~254)은 1977년 4월 29일 최고인민회의 법령 제9호로 채택된 이후 한차례의 수정보충을 통해 1999년 6월 16일 최고인민회의 상임위원회 정령 제803-1호로 개정되었다. 전체 6장 80조로 구성되어 있다.

「토지법」에서 자연재난과 관련된 조항은 다음과 같다. 첫째, 홍수 등 수해 대비와 관련된 내용으로 강하천, 호소, 저수지의 건설 및 정리방향, 큰물피해를 막기 위한 시설물들의 배치 및 물의 종합적 이용대책(제17조4항), 큰물 피해로부터 농경지 보호(제20조), 큰물피해가 심한 중요산업지구, 주민지구 등 큰 강과 중요 강하천 정리(제21조), 무더기 비에 대비한 강바닥 파기, 강줄기 바로잡기, 제방공사, 옹벽공사 등(제24조) 등이 있다. 둘째, 산불과 관련된 조항으로 국토관리기관은 산불에 대한 감시사업을 강화하며 필요한 곳에 산불막이선을 치거나 인원과 설비의 동원체계를 세우는 등 산불로부터 산림을 보호하기 위한 사업을 조직 진행하여야 한다(제38조). 셋째, 병해충과 관련된 내용으로는 송충을 비롯한 병해충에 의한 산림의 피해 방지(제39조), 방풍림, 사방림, 위생풍치림 등 보호림 조성(제40조) 등이 규정되어 있다. 북한의 「토지법」의 내용을 분석해 보면 재난관리 4단계 중 예방과 대비단계와 관련된 내용이 대부분으로 대응과 복구단계의 내용은 미비하다. 또한 「토지법」 내에 산불과 병해충 조항을 포함하고 있는 것이 특이하다.

---

52) 우리나라의 자연재난 관련 법률은 기상법, 산림기본법, 하천법, 소하천정비법, 금경사지법, 지진대책법, 저수지댐법 등이 있다.

(2) 산림법

북한의 「산림법」 (국가정보원 북한법령집 하권, 2017: 203~211)은 1992년 12월 11일 최고인민회의 법령 제9호로 채택된 이후 12차례의 수정보충을 통해 2015년 3월 11일 최고인민회의 상임위원회 정령 제399호로 개정되었다. 전체 5장 48조로 구성되어 있다.

「산림법」에서 명기된 자연재난과 관련된 조항(제26조)으로 "국토환경보호기관, 임업기관, 지방인민위원회와 해당기관, 기업소, 단체는 무더기비, 사태(산비탈이나 언덕이 무너져 내림) 같은 자연피해로부터 산림을 보호할 수 있게 사방야계공사(沙防野溪工事: 산사태, 홍수피해 등을 방지하기 위한 하천 정리 공사)를 계획적으로 하고 그 시설물을 정상적으로 보수 정비하여야 한다" 고 규정하고 있다. 이외 산불피해 방지(제20조, 제22조)와 산림병충해 예방(제23조, 제24조) 관련 내용도 명기되어 있다. 북한은 「산림법」 이외에도 과거 김일성 및 김정일의 교시, 현지지도 등을 인용하여 산림보호, 산림조성, 산림관리에 지속적으로 그 중요성을 강조하고 있다.

(3) 하천법

북한의 「하천법」 (국가정보원 북한법령집 하권, 2017: 261~266)은 2002년 11월 27일 최고인민회의 상임위원회 정령 제3436호로 채택된 이후 2차례의 수정보충을 통해 2013년 7월 24일 최고인민회의 상임위원회 정령 제3292호로 개정되었다. 전체 5장 39조로 구성되어 있다.

북한 「하천법」의 목적은 '큰물'에 대한 예방적 조치들과 하천을 정리하고 보호하여 종합적으로 이용하는 것이다. 「하천법」에 규정된 자연재난과 관련된 내용으로 하천의 관리를 분담받은 기관, 기업소, 단체는 큰물에 의한 피해를 받을 수 있는 대상들을 조사장악하고 그 방지대책을 세워야 하며 큰물피해가 발생하였을 경우 큰물관리지휘부의 지시에 따라 피해받은 하천의 복구사업에 의무적으로 동원되어야 하고(제21조), 기상수문기관은 하천의 수위와 물흐름량, 예견되는 강수량을 정확히 관측하고 큰물위험에 대한 예보는 지체없이 국토환경보호기관과 해당기관, 기업소, 단체에 통보하여야 한다(제22조). 우리의 「하천법」과 비교 시 우리는 국가하천과 지방하천으로 분류하지만 북한은 대하천, 중하천, 소하천으로 나누는 것이 특이하다.

(4) 물자원법

북한은 90년대 중반 대규모의 홍수와 가뭄이 빈번하게 발생하자 이에 대처하기 위해 「물자원법」을 제정하였다. 북한의 「물자원법」 (국가정보원 북한법령집 하권, 2017: 179~183)은 1997년 6월 18일 최고인민회의 상설회의 결정 제86호로 채택된 이후 한차례의 수정보충을 통해 1999년 1월 14일 최고인민회의 상임위원회 정령 제350호로 개정되었다. 전체 5장 37조로 구성되어 있다.

북한 「물자원법」의 목적은 물 자원의 조사 · 보호 · 이용을 통해 물을 원만히 보장하는 것이다. 「물자원법」에 규정된 자연재난과 관련된 내용으로 장마철에 큰물의 안전한 처리(제19조), 비상설큰물관리지휘부 조직(제20조), 장마철기간 큰물관리지휘부의 지령에 따라 물관리(제21조) 등이 있다. 즉 장마철기간 중에 물관리에 대한 효율적이고 통일적인 지휘를 보장하기 위하여 비상설로 큰물관리지휘부를 조직하게 하고 있다. 이외 북한에서는 수력의 개발과 이용에 관한 법률로 「에네르기관리법」과 「중소형발전소법」, 지진 · 태풍 · 해일 등 자연재난 발생 시 긴급항해경보와 일반항해경보를 발령하는 「수로법」 등이 별도로 제정되어 있다.

2) 지진, 화산피해방지 및 구조법

지금까지 북한에서 지진이 간헐적으로 발생하고 있지만, 소규모 지진(규모 5.0 이하)으로 그 피해는 거의 없는 편이다. 따라서 「지진, 화산피해방지 및 구조법」은 2000년대 이후 백두산 화산활동의 재개 가능성 등에 따라 화산

피해 방지와 구조 활동에 대한 대비책을 마련하기 위한 법이라 할 수 있다. 북한의 「지진, 화산피해방지 및 구조법」(국가정보원 북한법령집 하권, 2017: 236~244)은 2011년 8월 29일 최고인민회의 상임위원회 정령 제1936호로 채택된 이후 한차례의 수정보충을 통해 2011년 12월 21일 최고인민회의 상임위원회 정령 제2052호로 개정되었다. 전체 6장 52조로 구성되어 있다.

북한의 「지진, 화산피해방지 및 구조법」은 제1장에서 화산피해방지 및 구조법의 기본적인 사항들을 규정하고 있고 제2장은 지진, 화산피해방지 및 구조계획, 제3장은 지진, 화산감시와 예보, 제4장은 지진, 화산피해의 방지, 제5장은 지진, 화산피해의 구조, 제6장은 지진, 화산피해방지 및 구조사업에 대한 지도통제 등을 규정하고 있다.

북한은 지진, 화산피해방지 및 구조정책을 정확히 집행하기 위하여 내각에 비상설 지진, 화산 피해방지 및 구조대책위원회를, 도(직할시) · 시(구역) · 군 인민위원회에 지방지진, 화산피해방지 및 구조대책위원회를 두고 있다(제48조). 북한은 여타 재난발생과는 달리 지진화산 관련 재난에 대해서는 지진화산피해 구조계획, 백두산화산 활동에 대한 감시와 예보, 화산피해예측도 작성, 대피장소 및 이동경로 설정, 대피훈련, 긴급구조대 동원, 물자동원, 피해복구, 구조사업에 대한 감독통제 등의 내용을 각 조항에 명시하고 있는바, 예방, 대비, 대응, 복구 등 재난관리 4단계의 기준에 비교적 부응하는 법 규정을 구비한 것으로 평가된다.

3) 기상법

북한의 「기상법」(국가정보원 북한법령집 하권, 2017: 395~400)은 2005년 11월 9일 최고인민회의 상임위원회 정령 제1368호로 채택되었다. 전체 5장 40조로 구성되어 있다.

북한의 「기상법」은 제1장 기상법의 기본, 제2장 기상관측, 제3장 기상예보, 제4장 기상시설의 관리, 제5장 기상부분 사업에 대한 지도통제로 구성되어 있다. 기상관측은 관측위치에 따라 지면기상관측, 고층기상관측, 해상기상관측으로 구분(제8조)하고 있으며 기상예보는 전반적인 기상예보에 대해서는 중앙기상예보기관이, 해당 지역의 기상예보에 대해서는 지방기상예보기관이 한다(제19조). 또한, 기상예보기관은 폭우와 강풍, 태풍, 우박, 황사, 산불, 해일, 한파 같은 기상현상이 예견될 경우 제때 재해성 기상예보를 하여야 하며 방송보도기관은 재해성 기상경보를 신속 정확히 하여야 한다(제21조). 북한에서 기상 관측과 예보 업무를 담당하는 기상수문국은 우리의 기상청과 비슷한 역할을 하고 있다.

4) 기타 관련법

상기 법 이외에 자연재난과 관련된 북한의 법제로 갑문법, 바다오염방지법, 대동강오염방지법, 수로법, 환경보호법, 간석지법, 국토환경보호단속법, 에네르기관리법, 중소형발전소법 등이 있다.

3. 사회재난 관련법

1) 전염병 또는 가축전염병 관련법

북한의 전염병 관련 법규는 「인민보건법」, 「전염병예방법」, 「국경위생검역법」, 「수의방역법」 등이 있다. 이외 「형법」에는 전염병 관련 직무태만자에 대해 "위생방역 일군이 방역사업을 무책임하게 하여 전염병을 전파시킨 경우에는 1년 이하 노동단련형에 처한다. 정상이 무거운 경우에는 3년 이하 노동 교화형에 처한다(제203조)"라고 규정하고 있다.

(1) 인민보건법

북한은 김일성 시대에 사회주의의 무상치료와 예방의학의 확립을 공고화하기 위해 「인민보건법」을 제정하였다(백승국, 2019: 15). 북한의 「인민보건법」 (국가정보원 북한법령집 하권, 2017: 652~658)은 1980년 4월 3일 최고인민회의 상설회의 결정 제5호로 채택된 이후 4차례의 수정보충을 통해 2012년 4월 3일 최고인민회의 상임위원회 정령 제2303호로 개정되었다. 총7장 51조로 구성되어 있다.

북한의 「인민보건법」에서는 국가와 각 기관, 단체 및 관련 종사자들의 감염병과 관련하여 기본적인 임무를 포괄적으로 규정하고 있다. 즉 "국가는 전염병을 막기 위한 방역대책을 철저히 세운다. 보건기관과 해당기관, 기업소, 단체는 전염병의 발생조건을 없애고 소독사업을 강화하여 주민들에 대한 면역대책을 철저히 세우며 보건기관과 해당 기관들은 다른 나라에서 전염병이 들어오지 못하도록 검역사업을 강화하여야 한다(제27조)"라고 규정하고 있다.

이외 북한 「인민보건법」은 인민보건의 기본원칙(제1장), 완전하고 전반적인 무상치료제(제2장), 예방의학에 의한 건강보호(제3장), 주체적인 의학과학기술(제4장), 인민보건사업에 대한 물질적 보장(제5장), 보건기관과 보건일군(제6장), 인민보건사업에 대한 지도통제(제7장)로 구성되어 있다. 그러나 북한의 「인민보건법」은 무상치료제를 기본으로 하고 있으나 국가재정난 등으로 실제 운영되고 있는 의료체계의 현실과는 상당한 괴리가 나타나고 있는 것으로 평가되고 있다.

(2) 전염병예방법

북한의 「전염병예방법」 (국가정보원 북한법령집 하권, 2017: 659~665)은 1997년 11월 5일 최고인민회의 상설회의 결정 제100호로 채택된 이후 4차례의 수정보충을 통해 2015년 1월 7일 최고인민회의 상임위원회 정령 제315호로 개정되었다. 총 5장 45조로 구성되어 있다.

「전염병예방법」에서 규정한 전염병의 개념으로 "전염병은 병원성 미생물에 의하여 사람이 앓거나 그것이 사람에게 옮겨 퍼지는 병이다. 국가는 전염병을 지정하고 그 가운데서 전파속도가 빠르고 사망률과 노동능력 상실률이 높은 병을 특수전염병으로, 사람과 동물에게 같이 전염되어 앓는 병을 인수공통전염병으로 규정한다(제2조)"라고 명기하고 있다. 또한 "국가는 전염병의 돌림상태에 따라 비상방역위원회를 조직하며 비상방역위원회를 조직하는 사업은 내각이 한다(제13조)"라고 규정하고 있다.

이외 전염원의 적발과 격리(제2장), 전염경로차단(제3장), 전염병예방접종(제4장), 전염병예방사업에 대한 지도통제(제5장)로 구성되어 있으나 법정 전염병의 종류 등 감염병 관련내용을 구체적으로 명시하지 않고 적발 · 격리, 소독, 경로차단, 예방접종 등 사전 예방과 대비적 성격을 지닌 포괄적인 법조항으로 규정하고 있다. 최근 북한은 신종코로나바이러스-19 감염증의 발생으로 감염병 관리체계를 크게 수정 · 보충하였다. 내각 기관지 민주조선에 의하면 2020년 4월 22일 북한 최고인민회의 상임위원회가 방역사업 강화를 위해 1개 장과 8개 조문을 추가하여 총6장 53조로 수정 · 보충하였다고 보도하였으나 구체적인 내용은 소개하지 않았다.

(3) 국경위생검역법

북한의 「국경위생검역」(국가정보원 북한법령집 상권, 2017: 1042~1045)은 1996년 1월 24일 최고인민회의 상설회의 결정 제69호로 채택된 이후 2차례의 수정보충을 통해 2007년 9월 26일 최고인민회의 상임위원회 정령 제2366호로 개정되었다. 총 28조로 구성되어 있다.

국경위생검역전염병의 종류에 대해 "국제검역전염병과 지정검역전염병으로 나누고 국제검역전염병에는 세계보건기구(WHO)에서 정한 전염병이며 지정검역전염병으로는 중앙보건지도기관이 공표하는 전염병이 속한다(제3조)"고 규정하고 있다. 또한, 국경검역기관은 국경을 통과하는 검역대상에 대한 위생검역사업을 강화하여 전염병의 전파를 막아야 한다(제5조)고 명기하고 있다. 이 밖에 중앙보건지도기관과 중앙국경검역지도기관은 전염병이 퍼진 긴급한 사태가 조성되는 경우 내각의 승인을 받아 국경통행의 금지 및 제한 조치(제27조)를 취할 수 있으며 이 법을 위반 시 행정적 또는 형사적 책임(제29조) 등을 포괄적으로 규정하고 있다.

이 법 등을 근거로 감염병에 대한 방역체계가 극도로 취약한 북한은 2020년 1월 말(1월 22일 외국인 입국금지, 1월 25일 고려항공 운항 중단, 1월 28일 압록강 철교 폐쇄 등)부터 신종코로나-19 유입의 차단을 위해 단계적으로 국경을 폐쇄하였다.

(4) 수의방역법

북한의 「수의방역법」(국가정보원 북한법령집 상권, 2017: 985~991)은 1997년 12월 17일 최고인민회의 상설회의 결정 제105호로 채택된 이후 2차례의 수정보충을 통해 2013년 4월 4일 최고인민회의 상임위원회 정령 제3104호로 개정되었다. 총 4장 51조로 구성되어 있다.

「수의방역법」은 수의방역질서를 엄격히 세워 동물질병의 발생, 전파를 막는 것(제1조)이고 국가는 동물의 환경위생, 먹이위생, 관리위생 같은 수의위생학적 예방조건을 보장하여 동물의 질병을 미리 막도록 해야 하며(제2조) 동물질병의 예방원칙을 강조하고 있다.

이 밖에 이법은 동물질병의 예방과 치료(제2장), 동물전염성질병의 전파방지(제3장), 수의방역사업에 대한 지도통제(제4장) 등으로 구성되어 있으며 예방적 측면을 강조하고 있다. 해방 이후 북한지역에서는 구제역과 우역 등 다양한 가축전염병이 발생하여 강력한 수의방역 정책을 시행, 일정부분 효과를 거두었으나 90년대 이후 심각한 경제난, 열악한 사육환경 등으로 수의방역정책이 제대로 집행되지 못하고 있는 실정이다.

2) 대기오염방지법

북한의 「대기오염방지법」(국가정보원 북한법령집 상권, 2017: 156~162)은 2012년 7월 11일 최고인민회의 상임위원회 정령 제2520호로 채택된 이후 한차례의 수정보충을 통해 2013년 7월 24일 최고인민회의 상임위원회 정령 제3292호로 개정되었다. 전체 5장 46조로 구성되어 있다.

북한은 대기오염물질의 개념에 대해 "대기를 오염시켜 사람의 건강과 생태환경에 나쁜 영향을 주는 유해로운 물질(제2조 제1항)"로 규정하고 있다. 그리고 기상수문기관과 해당기관은 황사와 산성비, 기온역전과 같은 특수기상현상이 발생할 경우 방송을 비롯한 여러 가지 수단을 통하여 기관, 기업소, 단체와 공민에게 적시에 알려주어야 됨(제19조)을 강조하고 있다. 특이한 점으로 대기환경특별보호지역의 설정 조항이 있는데 국가적으로 특별히 보호하게 된 지역과 자연환경보호구, 특별보호구, 휴양소 요양소, 유원지, 관광지, 생활거주지역, 산업지역의 대기환경을 보호하고 개선하기 위하여 대기환경특별보호지역으로 정하고 있다(제31조). 이 밖에 나뭇잎과 오물의 처리(제33조), 석탄이용(제34조), 오존층파괴물질(제35조), 방사성물질과 유독성화학물질(제36조), 자연재해와 설비사고(제37조), 악취(제38조) 등의 이용에 대한 규제를 법률화하고 있다. 대기오염방지사업에 대한 지도는 내각의 통일적인 지도 밑에 중앙국토환경보호지도기관이 한다(제40조)고 규정하고 있다. 그러나 최근 우리나라와 중국, 일본 등지에서 심각한 사회재난의 한 형태로 문제화되고 있는 미세먼지와 초미세먼지에 대한 조항은 찾아볼 수 없다.

3) 방사성오염방지법

북한의 「방사능오염방지법」(국가정보원 북한법령집 상권, 2017: 194~202)은 2011년 8월 29일 최고인민회의 상임위원회 정령 제1937호로 제정되었다. 전체 6장 50조로 구성되어 있다.

「방사능오염방지법」에 규정된 방사성과 관련된 정의(제2조)는 다음과 같다

- o 방사성 물질이란 방사능을 띤 물질 가운데서 국가가 정한 방사선안전기준을 초과하여 방사선을 내보내는 물질이다(제1항).
- o 핵시설이란 방사성물질을 생산하거나 이용 또는 보관하는 시설이다. 핵시설에는 원자력발전소와 원자로, 핵가속장치, 방사성물질의 생산, 가공, 저장, 재처리시설 같은 것이 속한다(제2항).
- o 환경방사능이란 대기, 물, 토양, 생물 같은 자연환경 속에 포함되어 있는 자연 및 인공방사능이다(제3항).

북한은 방사성의 생산, 이용승인에 대해 "핵안전감독기관이 방사성물질의 생산, 이관, 반환, 보관, 이용신청문건에 대한 검토와 현장에 대한 방사선안전 검사를 엄격히 할 데 기초하여 방사성 물질의 생산 또는 이용을 승인하여야 한다(제11조)"고 명기하여 방사능 물질에 대한 안전대책을 명시하고 있다.

이 밖에 핵시설 건설에 대한 환경영향평가(제24조), 핵 안전성 분석평가(제25조), 통제, 보호, 감독구역의 설정(제26조), 핵시설과 핵시설 주변의 방사능 감시(제27조, 제28조), 방사능폐기물의 등록, 처리장소(제30조, 제32조), 환경방사능 감시체계의 수립, 감시방법(제35조, 제38조), 광산개발 및 건설물, 수출입품에 대한 방사선 안전검사(제40조, 제42조, 제43조), 방사성

오염방지사업에 대한 감독통제(제48조) 등 방사능오염방지 관련 조항을 비교적 상세히 규정하고 있다.

4) 기타 관련법

상기 법 이외에 사회재난과 관련된 법제로 의료법, 국경동식물검역법, 식료품위생법, 공중위생법, 폐기폐설물법, 건설감독법 등이 있다.

4. 소결

북한에서 재난관리와 관련된 법률은 1977년 4월 29일 채택된 「토지법」을 시작으로 1986년 자연환경의 보존과 환경오염 방지에 관한 「환경보호법」, 1992년 산림 훼손으로 인하여 잇따른 복합적 수해 발생에 따라 제정된 「산림법」, 1997년 바다 오염방지와 바다의 수질과 자원보호를 위한 「바다오염방지법」, 2011년 방사성물질 및 핵시설의 안전관리와 방사성 폐기물 처리에 관한 「방사성오염방지법」과 2011년 「지진, 화산 피해방지 구조법」 등이 있다. 북한의 재난관련 법률 제정과정의 특징은 초기에는 사안별로 당 결정문 형식으로 발표되다가 사회가 더욱 복잡해지면서 법률간 중복 또는 상충되는 문제들이 발생하게 되자 분야별로 기본법을 제정하였다(신호준 외, 2014: 168). 분야별 북한의 재난 및 재해와 관련된 주요 법체계는 아래 〈표 4-1〉과 같다.

〈표 4-1〉 북한의 재난 관련법 및 주요 내용

구분	법 명칭	제정 · 수정	주요 내용	비고
재난 일반	재해방지 및 구조, 복구법	2014.6.24	북한 재해관련 업무 총괄조정 북한의 재해관련분야 법규의 기본법 중앙과 부문별 재해방지 활동 규정	
	소방법	2005.2.4. 2011.1.25	기관, 기업소, 단체에 화재방지구역 분담 인민보안소방대 역할 명기	
	적십자회법	2007.1.10	적십자회의 지위, 활동원칙, 산하조직, 임무 국제구호활동 참가, 국제적인 지원 요청 등	
자연 재난	토지법	1977.4.29 1999.6.16	토지보호, 토지건설사업 등 국토건설총계획 큰물피해 대비, 강하천, 호소, 제방 등 관리	수해 방지
	지진, 화산피해 방지 및 구조법	2011.8.29 2011.12.21	지진, 화산피해 방지 및 구조계획 작성 예보 및 감시, 피해방지 및 구조 백두산지구 화산관측기관과 화산활동 관측	지진 화산
	물자원법	1997.6.18 1999.1.14	장마철 기상수문과 관련 자료의 통보 큰물관리지휘부의 지령 관련 기관들의 역할과 피해대책 마련	수해 방지

	바다오염 방지법	1997.1.4 2014.9.11	바다오염방지사업에서 규율과 질서 수립 바다자원 보호하기 위한 중요방책	환경 보호
	대동강오염 방지법	2008.9.23 2014.10.22	대동강의 보호관리, 오염 방지 대동강의 수질과 생태환경 보존 및 개선	환경 보호
	하천법	2002.11.27 2013.7.24	하천의 정리와 보호, 이용 하천의 종합적 이용	수해 방지
	수로법	2004.3.10	수로 조사, 수로자료의 출판과 통보 및 이용 긴급항해경보, 일반항해경보(해일, 태풍 등)	수해 방지
	갑문법	2001.3.21	갑문건설과 관리운영, 지도통제 갑문별 운영과 피해조치 마련	수해 방지
	산림법	1992.12.11 2015.3.11	산림조성과 보호, 산림자원 이용 규율 및 질서 산림자원의 합리적 이용 및 종합적인 계획	수해 방지
	원림법	2010.11.25	재해방지를 위한 풍치림 조성 원림병해충 방지 및 자연재해로부터 원림보호	수해 방지
	농업법	1988.12.18 2002.6.13 2009.11.3	농업자원보호 및 농업생산물 관리 예찰예보체계, 피해막이, 병충해 대책 기상예보체계 수립 및 각종 보호	
	농장법	2009.12.10	농장의 조직과 경영활동 제도 및 질서 수립 관개수리시설과 설비의 보수, 피해방지 등	수해 방지
	기상법	2005.11.9	기상관측과 예보, 기상이변 등 자연재해 재해성기상현상과 피해방지 대책 보급 등	기상
	환경보호법	1986.4.9 2013.7.24 2014.10.22	환경보호사업의 사명, 기본원칙, 선행원칙 자연환경의 보존과 조성, 환경오염의 방지 환경보호사업에 대한 지도통제	환경
	환경영향 평가법	2005.11.9 2007.3.27	환경영향평가문건의 작성과 신청, 심의 환경영향평가결정의 집행 환경영향평가사업에 대한 지도통제	환경
	국토환경보호 단속법	1998.5.27 2000.7.2. 2005.12.13	국토환경보호 단속원칙, 단속기관 법위반자의 억류, 위법행위 조사, 처리 국토자원의 이용중지, 이용권 박탈	환경
	간석지법	2005.7.20	간석지의 조사와 개간 간석지의 효과적 이용	수해 방지

	에네르기 관리법	1998.12.4	수력,풍력, 석탄 등 에네르기 공급 및 이용 에너르기관리사업에 대한 지도통제	수해 방지
	중소형 발전소법	2007.4.11	중소형발전소 건설계획 · 운영 · 감독	
사회 재난	대기오염 방지법	2012.7.11 2013.7.24	대기오염의 감시 대기환경특별보호지역의 설정 방사성물질, 유독성 화학물질 대기환경보호	환경
	건설법	1993.12.10 2014.7.23	건설사고 대응 건설물의 안정성과 질을 담보	붕괴 방지
	건설감독법	2014.7.10	건설 설계의 심의와 승인 건설시공에 대한 감독	붕괴 방지
	전염병예방법	1997.11.6 2014.5.22 2015.1.7	전염원의 적발, 격리, 전염경로 차단 전염병 예방접종 북한주민들의 생명과 건강을 보호 증진	전염병
	의료법	1997.12.3 2000.8.10 2012.11.20	의료검진과 진단 환자치료, 의료감정, 의료사업 지도통제 전염병 긴급조치	전염병
	인민보건법	1980.4.3. 1999.3.4 2001.2.1 2008.8.19 2012.4.3	인민보건법의 기본원칙 무상치료제, 보건사업에 대한 지도통제 예방의학에 의한 건강보호, 보건기관과 보건일군 의학과학기술, 보건사업에 대한 물질적 보장	전염병
	식료품위생법	1998.7.22 2005.12.13 2013.4.4	식료품생산취급기관, 기업소, 단체의 위생조건 위생보호물자의 이용, 보관, 운반 식료품 중독사고 대책, 감독통제 등	전염병
	공중위생법	1998.7.14 2014.5.22	오염물질의 배출, 방지시설, 배출기준 소독방법, 기생충 등 위생기준 보장 오물장, 변소 등 위생문화적 관리	전염병
	수의방역법	1997.12.17 1998.12.3 2013.4.4	동물질병의 예방과 치료 동물전염성질병의 전파방지 수의방역사업에 대한 지도통제	가축전 염병

	국경동식물 검역법	1997.7.16 2007.9.26 2008.4.1	국경동식물검역의 적용대상, 검역조건보장 국경동물검역전염병 국경지역에서의 전염병 전파 차단	전염병
	국경위생 검역법	1996.1.24 1998.12.3 2007.9.26	국경위생검역법의 적용대상 국경위생검역전염병의 종류 국경위생검역, 국경지역 전염병 전파 차단	전염병
	페기페설물[53)] 취급법	2007.4.26	페기페설물의 배출과 보관, 수송, 처리 환경오염방지	환경 오염
	방사성오염 방지법	2011.8.29	방사성물질 및 핵시설 안전관리 방사성페기물 처리 및 환경방사능의 감시	방사능

* 출처 : 국가정보원(2017), 강택구 외(2016) 보완하여 재구성.

북한의 재난 관련 법적 특징은 김일성, 김정일, 김정은의 교시 및 현지지도나 당 결정서보다는 우선시 되지 못하는 한계가 있다. 그리고 자연적인 환경문제와 더불어 사회, 문화적인 환경문제를 포함하고 있는데, 이는 북한식 사회주의 체제의 특성과 연관되어 있으며 재난 예방을 통해 인민들의 생활환경과 노동조건 개선을 통해 체제안정과 유지 차원의 역할이 포함되어 있다(황수환, 2017: 263~264).

위기가 발생한 후에 위기에 대응하는 비용은 사전에 차단하고 억제하는 것에 비해서 최소한 100배 내지 1000배 이상의 비용 부담이 된다(허태회, 2009.11.30). 마찬가지로 북한의 재난에 대해 위기 관리적 차원에서 볼 때 재난 발생 후의 대응과 복구보다 재난 발생 전의 예방과 대비가 더 효과적이다. 이와 같은 맥락에서 북한이 자체적으로 재난의 예방과 대비 차원의 법과 제도를 개선하는 것은 재난의 피해와 손실을 줄이는 데 매우 중요한 역할을 차지할 것이다. 따라서 향후 북한의 재난관리 및 대응을 위한 체계적이고 효과적인 법 제도적 구비는 그 필요성이 더욱 강조되고 있는 바, 현재 북한 재난

53) 북한에서는 '폐기폐설물'을 '페기페설물'로 표기하고 있다.

관련법의 제약 요소와 미비점을 연구하여 그 지원 방안을 모색하여야 한다. 아울러 남북관계의 특수성을 감안, 선제적이고 능동적인 대북 재난 지원과 협력(연구) 활동을 위해 우리의「재난 및 안전관리 기본법」,「남북교류협력에 관한 법」등 국내법 내 대북 재난지원과 협력에 관한 법적 제도 및 근거 마련도 시급히 필요하다.

이상의 북한 재난과 관련하여 지금까지 북한에서 발생한 주요 재난의 발생 현황, 법률제정 현황, 당 결정서 등「북한의 재난관련 주요 연표」는 〈부록1〉에 도표로 별도 첨부하였다.

제5장

국제사회와 대한민국의
대북 재난지원

삼가하면 남을 배려하게 되고
자기를 낮추게 되면 다툼이 없어진다.

제5장 국제사회와 대한민국의 대북 재난지원

1. 국제사회의 대북 재난지원

국제사회에서 대규모 재난 발생 시 일반적으로 UN 산하 전문기구들이 각국의 원조 및 지원기관(USAID 등), 국제적십자연맹, 다자간기구, NGO 등과 협력한다. UN 산하 재난관련 전문기구는 주로 자연재해와 연관된 업무를 담당하고 있으며 전쟁이나 국가 간의 무력충돌로 인하여 발생한 재난의 경우에는 특별대표단을 구성하여 별도로 운영하고 있다. UN은 작금의 총괄적인 국제재난구호 기구가 활동하고 있지 않은 상황에서 국제사회의 재난구조 활동의 중심축 역할을 하고 있으며 전 세계의 재난협력 부문에 있어서 그 활동을 지원하고 조정하는 체계를 구축하고 있다.

지금까지 북한지역의 재난과 관련하여 예방단계와 복구단계에 지속해서 도움을 주고 있는 국제 원조기구로는 유엔개발계획(UNDP), 세계보건기구(WHO), 유엔식량농업기구(FAO), 유엔세계식량계획(WFP), 유엔아동기금(UNICEF), 유엔인구기금(UNFPA), 유엔환경계획(UNEP: United Nations Environment Program), 녹색기후기금(GCF: Green Climate Fund), 국제적십자사 · 적신월사연맹(IFRC), 국제적십자위원회(ICRC) 등이 있다. 이 중에서 북한의 전염병 또는 가축전염병 등 질병 예방에 도움을 주는 기구는 UNICEF, WHO, IFRC, ICRC, UNFPA이며 북한 주민들에게 식량을 지원해주는 기구는 FAO와 WFP가 있다. 이 외에 FAO와 UNDP는 북한의 재난 복구 지원에도 힘을 쓰며 UNEP와 GCF는 자연재난 예방 프로그램을 진행하고 있다(김진원 외, 2018: 46).

〈 표 5-1 〉 대북재난 지원 국제기구

구분	기구명	비고
전염병 예방	국제아동기금(UNICEF)	사회재난
	세계보건기구(WHO)	
	국제적십자연맹(IFRC)	
	국제적십자위원회(ICRC)	
	유엔인구기금(UNFPA)	
식량지원	세계식량계획(WFP)	사회재난 자연재난
	유엔식량농업기구(FAO)	
복구지원	유엔개발계획(UNDP)	
	유엔식량농업기구(FAO)	
자연재해 예방	유엔환경계획(UNEP)	자연재난
	녹색기후기금(GCF)	

* 출처 : 김진원 · 정한범(2018) 참조하여 재구성

현재 북한에 상주하고 있는 유엔기구로 1995년 10월 WFP가 평양사무소를 개소한 것을 시작으로 WHO, FAO, UNDP, UNICEF, UNOCHA, UNEP 등 7개 기관이 상주하고 있다. 이외에 IFRC와 유럽의 6개 NGO가 평양에 상주하면서 각 NGO 별로 지원사업을 벌여왔으나 2004년부터 최근에는 EUPS(European Union Programe Support)라는 명칭으로 통합되고 각 단체는 단위별(세이브 더 칠드런, 컨선 월드와이드 등)로 개별 사업을 진행하고 있다. 그 이외에도 평양에 상주하는 정부 간 기구로는 스위스 개발협력청(SDC: Swiss Agency for Development and Cooperation), 이탈리아 개발협력청 등이 있다(강택구 외, 2016: 77~79).

북한에 대한 경제협력개발기구(OECD: Organization for Economic Cooperation and Development)의 공적개발원조(ODA: Official Development Assistance) 규모를 살펴보면 북한이 원조를 요청하기 시작한 1995년부터 2014년까지 총 19억 5천만 달러 정도이며 이 중에 재난방지 및 대응과 관련된 지원금은 2010년 22만 달러 규모로 시작하여 2012년 642만 달러까지 증가하다가 2014년 179만 달러로 점차 감소하고 있다(강택구 외, 2016: 92~93).

국제적십자사연맹(IFRC)은 조선적십자회와 협력하여 북한에서의 중점사업을 "재난대응 및 관리사업"에 두고 북한의 비상 대응체계 강화와 홍수비상대책을 편성하는 데 주력하고 있으며 재난으로 인해 건강을 잃어 생계를 유지할 수 없는 사람들을 돕고 공동체를 회복하는 보건 프로그램에 주력하고 있다(임예준 외, 2017:113). 일례로 IFRC는 2010년 홍수 등 자연재난 방지사업 등을 위해 950만 달러를 지원하였다.

국제사회의 지원금액 및 사업과 관련하여 2015년 한 해 UN을 포함한 세계 각국은 대북 인도주의적 명목으로 4,270만 달러를 식량, 영양, 보건사업 등에 지원하였다. 유엔 인도주의업무조정국(OCHA)과 WFP의 '국제사회 대북지원 현황 자료'를 토대로 한 VOA의 집계에 따르면 이 같은 액수는 2014년 5,100만 달러보다 17% 줄어든 것이다(김현진, 2015.12.30). 대북 인도적 목적의 지원은 이재민의 구호와 피해복구를 지원하는 사업, 식량난 해소를 위한 농업개발지원에 관한 사업, 보건위생 상태의 개선과 영양결핍 아동과 노약자 등을 지원하는 사업, 자연재해 예방 차원의 산림복구 및 환경 보전 노력을 지원하는 사업 등 재난관리의 예방단계 및 복구단계와 중복되는 부분이 많다.

현재 국제사회의 재난대응(북한재난 포함)은 〈그림 5-1〉과 같이 유엔의 재난대응 클러스터 11개 활동 영역(식량, 주거지 및 비식량 물자, 식수와 위생, 영양, 보건, 교육, 캠프 조정 및 관리, 조기복구, 보호, 긴급재난 시 커뮤니케이션, 물류관리)에 따라 유엔 산하 전문기구와 정부원조기관, 다자간 기구, 국제

〈그림 5-1 〉 유엔의 재난대응 기구 클러스터

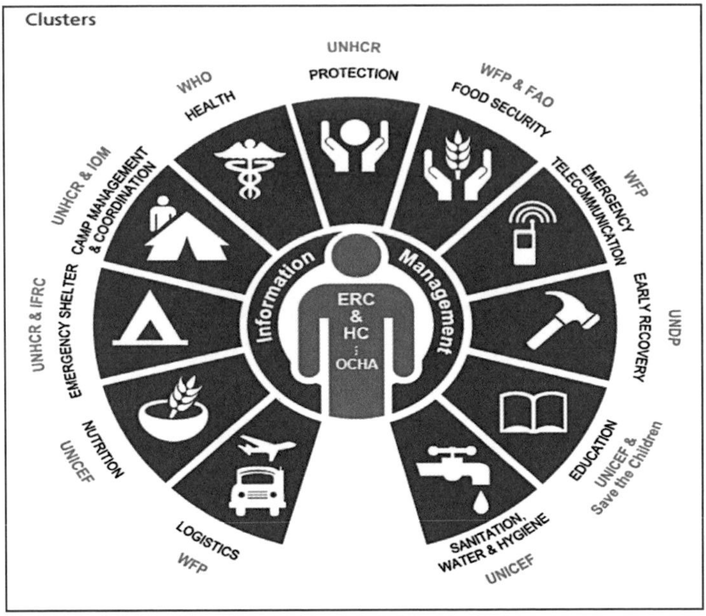

출처 : UNOCHA

적십자, 비정부단체(NGO)들이 유엔인도지원조정국(UNOCHA : UN Office for Coordination of Humanitarian Affairs)[54]의 조정과 협력에 따라 분야별로 대응하고 있다. 클러스터 접근의 목적은 인도적 지원 수행기관들이 분야별로 모여 재난 대응 격차를 파악하고 전략과 계획을 수립하는 것으로 재난대응 분야별 세부적으로 11개 분야를 주도하는 기관을 지정하였다. 인도적 지원에서

54) UNOCHA는 1991년 12월 총회가 자연재해와 복합적인 비상상황(개별기관이나 그 지역의 역량을 넘어선 재난상황)에 대한 국제적 대응을 강화하기 위해 설립한 유엔기구로 2005년 인도주의 개혁과 2011년 전환 아젠다를 통해 인도주의적 재난대응 지원 분야에서 행위자들의 조정과 협력을 위해 클러스터의 조정체계를 활성화하였다. 복합적 비상상황의 주요 특징으로는 높은 수준의 폭력과 사망자, 대규모의 난민과 실향민, 심각한 사회적 경제적 피해, 대규모 · 다면적 인도적 지원 필요, 정치적 · 군사적인 이유로 인도적 지원 어려움, 인도적 지원 활동가들의 안전 위협 등이 있다.

조정과 협력의 목적은 사업중복(수혜자 중복지원)을 피하고 자원 활용의 극대화를 도모(자원낭비 방지)하기 위한 것으로, 재난이 발생하기 전에 인도적 주체들이 기준과 지침서 등을 합의·배포하는 등 필요한 정보를 공유하는 상시 네트워크를 유지하면서 재난이 발생하였을 때 인도적 지원 주체들이 필요한 지원을 합의하여 신속한 대응이 가능하도록 각종 데이터 수집 및 정보를 공유하는 현장 네트워크를 유지하고 있다.

2. 대한민국의 대북 재난지원

대한민국 정부는 1995년 6월 25일 수해로 큰 피해를 본 북한 주민을 돕기 위해 쌀 15만 톤을 무상으로 북한에 지원하였다. 과거 북한에서 대규모 자연재난이나 사회재난이 발생했을 때 대한민국은 정부 차원 또는 민간차원에서 다양한 방법으로 지원을 모색하였지만, 북한당국이 재난피해 관련 정보를 제대로 제공하지 않아 효과적인 대응과 복구에는 한계가 있었다.

정부는 1995년 북한과 교류하고 있는 세계기상기구(WMO)를 통하여 당시 북한이 집중호우로 인해 기상예측 장비가 못쓰게 되자 남북협력기금 5만 달러를 WMO에 지원하였고 WMO는 이를 북한의 기상예측 장비 복구에 사용하였다(김진원 외, 2018: 47). 그리고 2004년 4월 22일 평북 용천역 열차 폭발사고 때 대한민국은 4월 24일 대통령 권한 대행인 고건 국무총리 주재로 재난 대책 관계부처 장관회의를 개최하고 대한적십자사를 통해 100만 달러 규모의 의약품과 긴급구호 물품 등을 지원했다. 그러나 재난구호 기관이나 단체들이 북한 용천지역에 접근할 수 없었기 때문에 상세한 재난 상황에 대한 정보가 정확하게 제공되지 않아 현실적으로는 재난 구호품 및 시설물 복구 작업의 소요 정도를 명확하게 파악하기는 어려웠다. 하지만 대한민국은 즉각적으로 재난 발생지역에 의료진을 파견하기 위한 준비를 실시하였고 재난 현장에 대한 실태조사가 필요하다고 요청하였으나 북한당국은 용천지역에 의료진이 충분하다는 이유로 거절하였다(신호준 외, 2014: 165~171). 이후 우리 정부가 북한의 수해 지원을 한 것은 2010년 10월이었다.

「2020 통일백서」(통일부, 2020)에 따르면 1995년부터 2019년까지 대북지원 총액은 3조 3,249억 원이다. 이중 정부의 무상지원으로 1조 5,289억 원, 민간차원의 무상지원 9,232억 원이고 식량 차관(20년 상환, 이자율 연 1%)이 8,728억 원이다. 지금까지 남북한 간의 정치정세 변화에도 불구하고 NGO, 종교단체, 시민단체 등 민간차원의 대북지원은 꾸준히 이어지고 있다. 다음 〈표 5-2〉는 1995년~2019년 동안 당국차원, 민간단체 기금지원, 국제기구 등을 통한 지원, 식량차관, 민간차원(무상) 등 우리의 대북 인도적 지원의 전체 현황이다. 지금까지 인도적 대북지원의 형식은 정부가 북한당국에 직접 전달하거나 NGO 및 국제기구를 통해 간접 전달하는 방식으로 추진되었다.

〈표 5-2〉 대북 인도적 지원 현황 (단위 : 억 원)

구분			'95	'96	'97	'98	'99	'00	'01	'02	'03	'04	'05	'06
정부차원	무상지원	당국차원	1,854	–	–	–	339	944	684	832	811	949	1,221	2,000
		민간단체 기금지원	–	–	–	–	–	34	63	65	81	102	120	133
		국제기구 등을 통한 지원	–	24	240	154	–	–	229	243	205	262	19	139
		계	1,854	24	240	154	339	977	976	1,140	1,097	1,314	1,360	2,273
	식량차관		–	–	–	–	–	1,057	–	1,510	1,510	1,359	1,787	–
	계		1,854	24	240	154	339	2,034	976	2,650	2,607	2,673	3,147	2,273
민간차원(무상)			2	12	182	275	223	386	782	578	766	1,558	780	709
합계			1,856	37	422	429	562	2,421	1,757	3,228	3,373	4,231	3,926	2,982

구분			'07	'08	'09	'10	'11	'12	'13	'14	'15	'16	'17	'18	'19	합계
정부차원	무상지원	당국차원	1,432	–	–	183	–	–	–	–	–	–	–	12	–	11,262
		민간단체 기금지원	216	241	77	21	–	–	–	–	23	1	–	–	–	1,177
		국제기구 등을 통한 지원	335	197	217	–	65	23	133	141	117	1	–	–	106	2,851
		계	1,983	438	294	204	65	23	133	141	140	2	–	12	106	15,289
	식량차관		1,505	–	–	–	–	–	–	–	–	–	–	–	–	8,728
	계		3,488	438	294	204	65	23	133	141	140	2	–	12	106	24,017
민간차원(무상)			909	726	377	201	131	118	51	54	114	28	11	65	170	9,232
합계			4,397	1,164	671	405	196	141	183	195	254	30	11	77	277	33,249

* 출처: 통일부(2020), 『2020 통일백서』.

2018년에는 북한의 5차례에 걸친 핵실험에 따른 UN 제재로 인하여 정부차원의 대북재난 및 인도적 분야 지원은 없었으나 민간차원에서 13개 단체가 결핵의약품, 분유, 밀가루 등 65억 원 규모로 북한에 지원하였다. 2019년에는 WFP, UNICEF, WHO 등 주요 유엔기구와 협력하여 북한의 영유아 · 산모 대상 인도적 지원을 추진한 결과, 2019년 6월 11일 WFP 영양지원사업에 450만 달러, UNICEF 모자보건사업에 350만 등 총 800만 달러를 공여하였으며 2019년 12월 6일 남북교류협력추진협의회 의결을 거쳐 WFP를 통한 의료지원 사업에 대한 500만 달러 공여를 결정했다(통일부의 통일백서, 2020: 116~117). 또한 우리 정부는 북한의 식량 사정을 고려하여 2019년 WFP를 통해 대북 쌀 5만 톤(약 1,400억 원 상당) 지원을 추진하였으나 북한이 WFP와 실무협상 과정에서 접수를 거부하여 지원 절차를 잠정 중단하였다.

북한의 사회재난 중 전염병 예방 및 대비와 관련하여 2018년 9월 평양공동선언에서 전염병 공동 대응 등 시급한 방역 분야를 비롯하여 남북 보건의료 분야의 협력을 강화하기로 남북 정상 간에 합의하였다.[55] 이에 따라 남북은 2018년 11월 7일 남북보건의료 분과회담을 개최하여 전염병 정보교환 시범 실시 및 기술협력 등 필요한 대책 수립, 전염병 진단과 예방치료 협력, 중장기적인 사업 적극 협의, 정례적 협의 등에 합의하였고 2018년 12월 12일에 개최된 남북 보건의료 실무회의에서는 인플루엔자 정보를 시범 교환하고 인플루엔자 및 결핵 · 말라리아 등 감염병 정보를 정기 또는 수시로 교환하는 방안을 협의하였으며, 우리 정부는 이를 토대로 정례적인 감염병 정보교환을 실시하고 결핵과 말라리아 등 감염병 협력으로 사업 범위의 확장을 계획하고 있다(통일부 통일백서, 2019).

그리고 국내에 활동 중인 인도적 지원단체들은 세계 저개발 국가뿐만 아니라 북한의 재난 발생에도 긴급 구호, 예방 프로그램 지원 등 제 분야의 사업에 적지 않은 역할을 하고 있다. 2020년 4월 기준으로 통일부에 등록된 국내 대북지원 지정단체 현황은 민간단체, 종교단체, 지자체 등 총 141개이다.

---

55) 문재인 대통령과 김정은 국무위원장이 서명한 2018.9.19. 「평양공동선언」 합의문 2-④항에 "남과 북은 전염병 유입 및 확산방지를 위한 긴급조치를 비롯한 방역 및 보건 · 의료분야의 협력을 강화하기로 하였다"라고 명기하였다.

민간단체 : 남북나눔, 굿네이버스인터네셔날, 한국제이티에스, 월드비젼, 우리민족서로돕기운동, 국제옥수수재단, 이린이의약품지원본부, 어린이어깨동무, 남북경제협력발전협의회, 새마을운동중앙회, 남북강원도협력협회, 어린이재단, 한국건강관리협회, 21세기통일경제연구원, 한국국제기아대책기구, 굿피플, 국제라이온스협회한국연합회, 대한결핵협회, 농업중앙회, 대한의사협회, 남북민간교류협회, 전남남북교류평화센터, 나눔인터내셔날, 등대복지회, 겨레하나, 민족통일중앙협의회, 따뜻한한반도사랑의연탄나눔운동, 한국국제보건의료재단, 그릭닥터스, 한겨레통일문화재단, 평화문제연구소, 한겨레영농조합법인, 인터내셔날에이드한국본부, 샘복지재단, 남북생명살림협력단, 유네스코한국위원회, 민족사랑나눔, 남북경제문화협력재단, 대한의공협회, 평화삼천, 민간남북경제교류협의회, 남북구강보건의료협의회, 민족화해협력범국민협의회, 경남통일농업협력회, 남북함께살기운동, 돕는사람들, 통일준비네트워크, 남북치의학교류협회, 서비스포피스, 세이브더칠더런코리아, 민족화합운동연합, 한국카리타스, 국제사랑재단, 한국통일여성협의회, 나눔과평화재단, 아리랑공동체, 겨레의숲, 남북평화재단, 세계결핵제로운동본부, 하나로민족협력, 통일농수산사업단, 하나됨을위한늘푸른삼천, 미래숲, 에이스경암, 인간의대지, 나이스피플, 기쁜소식, 국제푸른나무, 기후변화센터, 김대중평화센터, 동북아산림포럼, 평화의숲, 유진벨, 굿파머스, 아태평화교류협회, 남북생명농업협회 등

종교단체 : 천주교서울대교구민족화해위원회, 한국불교종단협의회, 평화통일불교협회, 대한예수교장로회통합총회, 원불교(은혜심기운동본부), 천주교주교회의민족화해위원회, 한국대학생선교회, YMCA, 위드아시아(구 참여불교운동본부), 기독교대한감리회서부연회, 통일연합종교포럼, 구세군대한본영, 대한불교조계종민족공동체추진본부, 순복음선교회, 재단법인천주교의정부교구유지재단, 대한예수교장로회총회 등

지자체 : 서울특별시, 경기도청, 인천광역시청, 충청남도청, 고양시청, 파주시청, 강원도청, 경상남도

2019년 우리 민간단체의 대북지원은 총 170억 원이며 민간단체의 대북 접촉신고는 158건, 북한 방문 12건, 대북 반출신청 12건 이었다(통일부 통일백서, 2020: 118).

3. 북한의 대남 구호물자 지원

북한이 남한의 자연재난 발생 시 구호물자를 지원한 사례는 남북이 분단된 이후 처음이자 마지막으로 단 한 차례 있었다. 이는 1984년 8월 31일부터 4일 동안에 걸쳐 서울과 중부 및 강원 지방에 350mm의 폭우로 인해 한강 수위가 11m까지 높아져 서울 강동구 성내동, 망원동 및 경기 광명 일원이 침수되는 등 전국에 걸쳐 189명의 사망 또는 실종자가 발생하고 20만 명의 이재민과 1,300억 원의 재산상의 손실을 입혔다. 이에 북한은 북한적십자사를 통해 수해 구호물자 지원을 먼저 제의하고 남한 당국이 긍정적으로 수용함으로써 성사된 것이었다.

이와 관련 김일성전집 제80권(2009: 179~180)의 기록에 의하면 김일성은 당시 "남조선 수재민들에게 보낼 구호물자 견본을 보면서 일군들과 한 담화"(1984. 9. 19)에서 다음과 같이 언급하였다.

> 남조선 수재민들에게 보낼 구호물자들을 손색이 없게 잘 포장하였습니다. 남조선 수재민들에게 보낼 천이 괜찮습니다. 천을 어디에 내놓아도 손색이 없을 것 같습니다. ...(중략) 쌀 포장도 괜찮습니다. 쌀 마대에 적십자 표식을 새기느라고 할 필요가 없습니다. 쌀을 이미 만들어 놓은 마대에 넣어 보내면 됩니다. 시멘트를 배에 실을 때 지대가 째지기 않도록 주의하여야 합니다. 남조선 수재민들에게 보내는 의약품은 포장하는데 그치지 말고 봉인을 잘하여야 하겠습니다. 우리가 남조선 수재민들에게 보내는 의약품을 가지고 남조선에서 나쁜 사람들이 도발을 걸기 위해 악선전을 할 수도 있습니다. 시멘트를 10만t 실어가는 것도 문제될 것이 없습니다.

북한은 1984년 9월 14일부터 19일까지 판문점 중립국 감시감독위원회 사무실에서 개최된 남북적십자 실무회담 결과에 따라 9월 29일부터 10월 4일까지 시멘트(10만 톤)는 인천항 · 북평항으로, 쌀(5만 섬) · 옷감(50만 미터) · 의약품은 판문점을 통해 우리 측에 전달하였다.

제6장

북한주민의 재난관리 개선 인식 실태

사람답게 살려면 인격에 가치를 두어야 한다.
인격은 무한한 가치를 가진 보석이다.

제6장 북한주민의 재난관리 개선 인식 실태[56)]

1. 연구 및 분석 방법

1) 연구대상 및 자료수집

본 연구조사는 선행연구 고찰과 탈북자 및 재난 분야 전문가 인터뷰 등을 통해 최종 도출된 북한지역의 재난관리 개선 인식 실태와 관련한 설문조사를 시행하기 위하여 국내에 거주하고 있는 북한 이탈 주민(이하 탈북민) 160명을 연구대상으로 계획하였다.

연구대상인 탈북민과 관련하여 통일부에서 발간한 「2020 통일백서」에 따르면 2019년 12월 말 기준으로 국내에 입국한 탈북민의 수는 아래 〈표 6-1〉과 같이 총 33,277명(남자 9,299명, 여자 23,978명)에 이르며 이들은 관계기관 및 하나원에서 적응화 교육을 받은 후 전국 각지에 분산되어 거주 중이다. 탈북민들은 현재 북한의 통치하에서 표현의 자유가 극히 제한되고 획일적이며 조직적인 사고 성향의 상태에 놓여있는 북한 거주 주민들보다 한층 더 자유로운 의사를 표현하였다는 점에서 오히려 더 사실적이고 의미 있는 조사결과를 도출하였는바, 본 연구의 신뢰성 증진 측면에서 효과적이라고 본다.

탈북민 대상 설문조사는 전국에 거주하는 탈북민들을 접촉하여 설문을 시행해야 하는 현실적 어려움이 있었지만, 연구기간 동안 직접 접촉이 가능한

56) 본 장은 홍윤근의 박사학위 논문(건국대, 2020) "북한지역 재난관리체계의 개선에 관한 연구: 탈북민의 북한지역 재난관리에 관한 인식을 중심으로"의 분석내용을 수정·보완하였다.

최대한의 인원을 대상으로 면담을 시행하였다. 전체 160부의 설문조사를 실시하였으나 그 중 미회수 또는 불성실하게 작성된 14부를 제외한 146부를 최종 분석대상 자료로 확정하였다.

〈표 6-1〉 출신지역별 탈북민 입국 현황 (2019.12월 말 기준)

구분	강원	남포	양강	자강	평남	평북	평양	함남	함북	황남	황북	개성	기타 (불상 등)	계
남	220	72	1,495	74	449	365	432	770	4,827	269	181	46	95	9,299
여	374	86	4,317	163	645	501	326	2,077	14,860	199	277	33	120	23,978
합계	594	158	5,812	237	1,094	870	758	2,847	19,687	468	458	79	215	33,277
비율	1.8%	0.5%	17.5%	0.7%	3.3%	2.6%	2.3%	8.6%	59.2%	1.4%	1.4%	0.2%	0.6%	100%

* 출처 : 통일부(2020), 『2020 통일백서』. p.282.

표본 선정은 서울 OO 성당, 경기도 OO 교회, 탈북민 OO회, 탈북민 OO학교, 탈북민정착지원시설, 탈북민OO 연구소 등 각종 단체에 소속되어 있는 탈북민을 대상으로 일대일 접촉 또는 자료 수집자들에게 연구목적과 취지, 설문 시 유의사항 등에 관한 사전 교육을 거친 후 설문을 실시하였다. 필자가 설문조사 기간 중 인지하게 된 사실은 교회나 성당 등 각종 탈북민 관련 단체와 관계 맺고 있는 탈북민들은 해당 지역 거주 탈북민들뿐만 아니라 전국 각 지방에 두루 거주하는 탈북민이라는 측면에서 표본의 다양성이 보강되었다고 볼 수 있다. 측정대상인 탈북민의 이해도 제고를 위해 사전에 탈북민 5명을 선정하여 FGI(Focus Group Interview)를 실시하였으며 설문의 내용 검토를 거쳐 문맥의 적합성과 가독성을 보강하였다. 이후 사전 탐색적 조사 차원에서 건국대 안보재난관리학과 석박사과정생 24명에게 본 조사에 앞서 2019년 6월 1일부터 6월 10일까지 예비조사(pre-test)를 실시하였다. 이를 통해 북한 재난안전 인식 실태 조사에 필요한 최종 설문 문항수[57] 확정(총 77문항)과 함

57) 부록5 「북한지역 재난관리체계 개선조사 설문지」 참조

께 설문의 순서를 일부 조정하였다.

본 설문조사 기간은 2019년 6월 15일부터 7월 30일까지 실시하였다. 설문조사는 구글 온라인 설문조사를 통해서도 시도해 보았지만, 다수의 탈북민이 신분 노출 염려 등의 이유로 응답 참여가 극히 미미(2명)하여 대부분 대면 조사를 통해 실시하였다.

2) 측정도구 및 구성

본 연구에서 측정도구 개발은 강경일(2014), 송창영(2013), 정병도(2015), 채 진(2018) 등의 선행연구와 재난 분야 및 북한 전문가, 탈북민들의 자문 과정을 거쳐 최종 설문조사 항목으로 제시하였다. 본 연구의 측정도구와 구성은 다음과 같다.

첫째, 응답자의 인구사회적인 배경과 관련된 설문이다. 아래 〈표 6-2〉와 같이 탈북민의 성별, 연령, 직업, 지역, 학력, 북한이탈 시기별로 설문항목을 구성하였다.

〈표 6-2〉 인구사회학적 배경 설문 조사항목

변수	문항내용	설문유형	문항수
성별 연령 직업 지역 학력 북한이탈시기	■ 남자, 여자 ■ 20세 이하, 30세, 40세, 50세, 60세 이상 ■ 노동자, 예술, 국가기관, 군인, 기타 ■ 평양, 황해, 강원, 함경, 자강, 양강 ■ 고졸, 전문대졸, 대졸, 대학원 이상 ■ 김일성, 김정일, 김정은 시대	단순 선택형	6

둘째, 북한지역의 전반적인 재난관리 인식에 대한 차이를 측정하기 위해 과거 북한에서 발생한 재난 중 가장 피해가 심각하다고 생각하는 재난 유형, 미래 북한에서 발생 가능성이 가장 높은 재난의 유형, 북한에서 재난 발생 시

가장 우선적으로 지원해야 할 분야, 북한의 재난관리 단계 중 가장 미흡한 단계에 대해 6개의 단순선택형으로 아래 〈표 6-3〉과 같이 설문지를 구성하였다. 설문지 내용과 관련하여 조사대상자들에게 자연재난과 사회재난의 개념, 유형, 특성, 재난관리 단계 등 측정항목에 대해 사전에 충분히 설명하여 이해시키고 설문을 진행하였다.

〈표 6-3〉 전반적인 북한 재난관리 인식 설문 조사항목

변수	측정항목	설문 유형	문항수
자연재난	1. 과거 북한에서 발생한 재난 중 가장 피해가 심각한 자연재난(Ⅱ-1) ▷ 홍수, 가뭄, 태풍, 폭설, 지진화산, 황사	단순 선택형	1
	2. 미래 북한에서 발생 가능성이 가장 높은 자연재난 (Ⅱ-2) ▷ 산불, 화재, 폭발, 건물붕괴, 도로철도사고, 전염병 혹은 가축전염병, 미세먼지	단순 선택형	1
사회재난	3. 과거 북한에서 발생한 재난 중 가장 피해가 심각한 사회재난(Ⅱ-3) ▷ 홍수, 가뭄, 태풍, 폭설, 지진화산, 황사	단순 선택형	1
	4. 미래 북한에서 발생 가능성이 가장 높은 사회재난 (Ⅱ-4) ▷ 산불, 화재, 폭발, 건물붕괴, 도로철도사고, 전염병 혹은 가축전염병, 미세먼지	단순 선택형	1
최우선 지원분야	5. 북한에서 재난 발생 시 가장 우선적으로 지원이 필요한 분야(Ⅱ-5) ▷ 식량 의약품 의복 등 구호품, 주택 등 임시거소 마련, 도로건물 등 피해지역 복구, 트라우마 등 재난 심리 치료	단순 선택형	1
재난관리 미흡단계	6. 북한의 재난관리 단계 가운데 가장 미흡한 단계(Ⅱ-6) ▷ 예방단계, 대비단계, 대응단계, 복구단계	단순 선택형	1
총계			**6**

셋째, 북한지역의 재난관리 단계별 중요도와 현재 수준에 대한 인식 차이 분석을 위해 예방 15개 문항, 대비 15개 문항, 대응 20개 문항, 복구 15개 문항으로 설문지를 구성하였다. 본 연구의 더욱 높은 신뢰성 확보를 위해 리커트 척도(Likert type scale) 1점(Point)에서 7점(Point)까지 사용하였다. 즉 중요도(미래의 필요수준)는 '전혀 중요하지 않다' 1점, '거의 중요하지 않다' 2점, '중요하지 않다' 3점, '그저 그렇다' 4점, '중요하다' 5점, '약간 더 중요하다' 6점, '매우 중요하다' 7점으로 측정하였다. 그리고 현재 수준(현재의 준비 정도)은 '전혀 못하고 있다' 1점, '거의 못하고 있다' 2점, '못하고 있다' 3점, '그저 그렇다' 4점, '잘하고 있다' 5점, '약간 더 잘하고 있다' 6점, '매우 잘하고 있다' 7점으로 측정하였다. 단계별 측정 항목은 다음과 같다.

예방 단계의 측정항목으로는 아래 〈표 6-4〉과 같이 1)북한 당국의 재난의

〈표 6-4〉 예방단계 설문 조사항목

구분	문항내용	척도	문항수
예방 단계	■ 북한당국의 재난의 심각성과 위험성에 대한 인식(Ⅲ-가-1) ■ 재난안전 법규(Ⅲ-가-2) ■ 북한의 국가조직 (당 · 군 · 행정부처)의 예방활동(Ⅲ-가-3) ■ 북한 국가계획위원회의 재난 방지계획(Ⅲ-가-4) ■ 감시감독 및 조사(Ⅲ-가-5) ■ 중앙부서간 및 중앙과 지방부처 협조 · 조정(Ⅲ-가-6) ■ 재난관련 과학적 연구(Ⅲ-가-7) ■ 토지사용 규제 및 관리(Ⅲ-가-8) ■ 재난재해 보험 제도 구비(Ⅲ-가-9) ■ 안전기준 설정(Ⅲ-가-10) ■ 위험지도 제작(Ⅲ-가-11) ■ 재난업무의 전담 요원 확보(Ⅲ-가-12) ■ 일반 주민들의 재난안전 인식과 문화(Ⅲ-가-13) ■ NGO, UN 등 국제사회의 지원(Ⅲ-가-14) ■ 남한 정부의 지원(Ⅲ-가-15)	likert 7점	중요도 및 현재수준 각각 15개

심각성과 위험성에 대한 인식, 2)재난안전 법규, 3)북한의 국가조직(당 · 군 · 행정부처)의 예방활동, 4)북한 국가계획위원회의 재난 방지계획, 5)감시감독 및 조사, 6)중앙부서간 및 중앙과 지방부처 협조 · 조정, 7)재난관련 과학적 연구, 8)토지사용 규제 및 관리, 9)재난재해 보험제도 구비, 10)안전기준 설정, 11)위험지도 제작, 12)재난업무의 전담요원 확보, 13)일반 주민들의 재난안전 인식과 문화, 14)NGO · UN 등 국제사회의 지원, 15)남한 정부의 지원 등 15개 항목을 선정하였다.

대비단계의 측정항목으로 아래 〈표 6-5〉와 같이 1)북한당국의 주민 안전교육 · 훈련실시, 2)재난대비 조기경보체계 구축, 3)부처 및 지역 간 조정과 협조, 네트워크 구축, 4)대응 조직, 인력 및 기구 관리, 5)재난 대비 방송 (TV,

〈표 6-5〉 대비단계 설문 조사항목

구분	문항내용	척도	문항수
대비 단계	■ 북한당국의 주민 안전교육 · 훈련실시(Ⅲ-나-1) ■ 재난대비 조기경보체계 구축(Ⅲ-나-2) ■ 부처 및 지역 간 조정협조, 네트워크 구축(Ⅲ-나-3) ■ 대응 조직, 인력 및 기구 관리(Ⅲ-나-4) ■ 재난 대비 방송 및 정보자료(Ⅲ-나-5) ■ 긴급통신, 비상방송 시스템 구축(Ⅲ-나-6) ■ 대응요원 재난안전 교육 · 훈련(Ⅲ-나-7) ■ 재해보험 가입(Ⅲ-나-8 ■ 중요자원(물자 · 장비 등)의 비축(Ⅲ-나-9) ■ 재난관련 데이터베이스 구축(Ⅲ-나-10) ■ 재난대비 예산 확보(Ⅲ-나-11) ■ 재난 위험성 분석(Ⅲ-나-12) ■ 위기상황 매뉴얼 작성 및 훈련(Ⅲ-나-13) ■ NGO · UN 등 국제사회의 지원(Ⅲ-나-14) ■ 남한 정부의 지원(Ⅲ-나-15)	likert 7점	중요도 및 현재수준 각각 15개

라디오) 및 정보자료 (신문 등), 6)긴급통신, 비상방송 시스템 구축, 7)대응요원들에 대한 재난안전 교육 · 훈련, 8)재해보험 가입, 9)중요자원(물자 · 장비 등)의 비축, 10)재난관련 데이터베이스 구축, 11)재난대비 예산 확보, 12)재난위험성 분석, 13)위기상황 매뉴얼 작성 및 훈련, 14)NGO · UN 등 국제사회의 대비분야 지원, 15)남한 정부의 대비분야 지원 등 15개 항목을 선정하였다.

대응단계의 측정항목으로 다음 〈표 6-6〉과 같이 1)총괄 지시, 통제 · 조정 체제, 2)비상방송, 보도 시스템 가동(주민 경고활동), 3)대책본부 및 긴급

〈표 6-6〉 대응단계 설문 조사항목

구분	문항내용	척도	문항수
대응단계	■ 총괄 지시, 통제 · 조정 체제(Ⅲ-다-1) ■ 비상방송, 보도 시스템 가동(Ⅲ-다-2) ■ 대책본부 및 긴급 구조 통제단 가동(Ⅲ-다-3) ■ 민간 · 군 · 당 · 정부 간 협조 체제(Ⅲ-다-4) ■ 긴급대피 및 대피소 운영(Ⅲ-다-5) ■ 긴급 의료 및 응급 의료소 운영(Ⅲ-다-6) ■ 구호물품 보급(Ⅲ-다-7) ■ 인명수색과 구조 활동(Ⅲ-다-8) ■ 장비, 설비 투입(Ⅲ-다-9) ■ 초기 현장 대응력(Ⅲ-다-10) ■ 통행제한 등 치안질서 유지(Ⅲ-다-11) ■ 도로 · 철도 등 교통수송망 확보(Ⅲ-다-12) ■ 통신 및 의사전달 체계(Ⅲ-다-13) ■ 재난 상황정보 수집 및 분석(Ⅲ-다-14) ■ 현장 대응 및 지도요원들의 전문성(Ⅲ-다-15) ■ 의료장비, 치료(의사) 수준(Ⅲ-다-16) ■ 응급복구 및 피해조사(Ⅲ-다-17) ■ 대응기관별 활동목표와 역할의 명확화(Ⅲ-다-18) ■ NGO · UN 등 국제사회의 지원(Ⅲ-다-19) ■ 남한 정부의 지원(Ⅲ-다-20)	likert 7점	중요도 및 현재수준 각각 20개

구조 통제단 가동, 4)민간 · 군 · 당 · 정부 간 협조 체제, 5)긴급대피 및 대피소 운영, 6)긴급 의료 및 응급 의료소 운영(응급처치 등), 7)구호물품 보급(식량 · 의류 · 물 등), 8)인명수색과 구조 활동, 9)장비, 설비 투입, 10)초기 현장 대응력, 11)통행제한 등 치안질서 유지, 12)도로 · 철도 등 교통수송망 확보, 13)통신 및 의사전달 체계, 14)재난 상황정보 수집 및 분석, 15)현장 대응 및 지도요원들의 전문성, 16)의료장비, 치료(의사) 수준, 17)응급복구 및 피해조사, 18)대응기관별 활동 목표와 역할의 명확화, 19)NGO · UN 등 국제사회의 대응분야 지원, 20)남한 정부의 대응분야 지원 등 20개 항목을 선정하였다.

복구단계의 측정항목으로 아래 〈표 6-7〉과 같이 1)이재민 임시 거주지 마련, 2)핵심 도로 · 철도 등 교통시설 복구, 3)잔해물 및 장애물 제거, 4)전기,

〈표 6-7 〉 복구단계 설문 조사항목

구분	문항내용	척도	문항수
복구 단계	■ 이재민 임시 거주지 마련(Ⅲ-라-1) ■ 핵심 도로 · 철도 등 교통시설 복구(Ⅲ-라-2) ■ 잔해물 및 장애물 제거(Ⅲ-라-3) ■ 전기, 통신 복구(Ⅲ-라-4) ■ 국가보조금 지원 및 보상(Ⅲ-라-5) ■ 피해자 심리상담 치료(Ⅲ-라-6) ■ 보험금 지급(Ⅲ-라-7) ■ 피해규모 평가(Ⅲ-라-8) ■ 복구계획 수립을 위한 원인 조사(Ⅲ-라-9) ■ 재발방지 대책 수립(Ⅲ-라-10) ■ 대응계획, 결과 평가 및 수정(Ⅲ-라-11) ■ 장기적 원상복구(Ⅲ-라-12) ■ 복구 예산 확보(Ⅲ-라-13) ■ NGO · UN 등 국제사회의 지원(Ⅲ-라-14) ■ 남한 정부의 지원(Ⅲ-라-15)	likert7점	중요도 및 현재수준 각각 15개

통신 복구, 5)국가보조금 지원 및 보상, 6)피해자 심리상담 치료(스트레스 · 트라우마 등), 7)보험금 지급, 8)피해규모 평가, 9)복구계획 수립을 위한 원인 조사, 10)재발방지 대책 수립, 11)대응계획, 결과 평가 및 수정, 12)장기적 원상복구, 13)복구 예산 확보, 14)NGO · UN 등 국제사회의 복구분야 지원, 15)남한 정부의 복구분야 지원 등 15개 항목을 선정하였다.

이상 본 연구에서는 선행연구의 결과에 의거하여 북한지역의 재난관리체계 개선을 위해 국제사회와 대한민국의 지원이 절실히 요구된다는 가정하에서 예방, 대비, 대응, 복구의 재난관리 단계별 측정항목에 UN, NGO 등 국제사회의 지원과 남한 정부의 지원 문항을 포함했다.

3) 분석방법

본 연구에서 수집된 설문자료는 Excel 프로그램으로 데이터 코딩(data coding)한 후 SPSS 20.0 통계프로그램을 이용하여 연구에 필요한 자료 분석을 다음과 같이 실시하였다.

첫째, 탈북민 개개인에 대한 인구사회학적 분포와 북한 재난에 대한 전반적인 통계를 알아보기 위하여 먼저 빈도 분석(frequency analysis)을 실시하였다.

둘째, 재난관리 단계별 각 항목의 신뢰도를 측정하기 위해 신뢰도 분석(reliability test)을 통한 Cronbach's alpha 값을 확인한 후 각 변수의 타당성을 검증하기 위해 요인 분석을 실시하였다.

셋째, 평균비교분석으로 독립표본 t 검정(두 집단) 및 ANOVA(두 집단 이상)와 집단 간의 차이를 알아보기 위해 사후검정(Scheffe)을 실시하였다. 그리고 연구대상이 현재 인식하고 있는 북한지역 재난안전 관리체계의 단계별 중요도와 현재 수준 사이에 기술적 통계값이 차이가 나는지를 비교하기 위해 t-test를 실시하였다.

넷째, 단순한 수치값 만을 비교하는 t-test의 단점을 극복하기 위해

Borich 요구도 공식을 활용하여 각 항목의 우선순위를 결정하였다. Borich(1980) 요구도 공식은 요구의 우선순위를 결정하는 분석방법 중의 하나로 설문지를 통해 중요도와 현재 수준을 확인하고 중요도에 더 가중치를 두어 순위를 도출해 내는 분석방법이다. 즉 요구도 분석은 설문에 참여한 응답자의 요구수준을 확인한 이후에 각 요구 간의 우선순위를 설정하는 데 유용한 기법이다(김순양 외, 2012: 22). Borich 요구도 공식은 다음과 같다.

$$\text{요구도} = \frac{\Sigma(RCL - PCL)}{N} \times \overline{RCL}$$

※ RCL: 중요도(필요수준), PCL: 현재수준, $\overline{RCL}$: 중요도의 평균값, N: 사례수

요구도 공식을 살펴보면 중요도(*RCL* : Required Competence Level)와 현재수준(*PCL* : Present Competence Level)[58]의 차이를 합한 값을 전체 사례수(N)를 나눈 후 중요도평균($\overline{RCL}$)을 곱한 값을 우선순위로 구한 것이다. 따라서 산출된 요구도는 절대점을 기준으로 요구도가 높고 낮음을 판단하는 것이 아니라 상대적인 값이며 우선순위를 판단하는 준거가 될 수 있다(김순양 외, 20112: 23). Borich 요구도 공식은 중요도에 대한 인식이 높으면서, 중요도와 현재 수준의 차이가 클수록 요구도의 값은 커지게 된다. 즉 Borich 요구도는 중요도(필요수준)에 가중치를 부여하여 t 검정이 가진 단순 비교를 넘어선 항목 간 변별성을 가진다. 그러나 Borich 요구도의 값은 분석대상의 요구항목이 다수일 경우 신뢰성 있는 결과를 제공하기 어렵다. 예를 들면 20개 이상의 요구항목을 Borich 요구도 공식으로 그 값에 따라 순위를 정했다면 제한적 자원에서 우선으로 검토해야 할 항목을 선택하는 것은 매우 어려

58) 필요수준은 미래의 바람직한 수준으로 역량의 중요도라고도 표현하며 현재수준은 역량의 현재 만족도, 실행도 등을 의미한다.

운 것이다.

다섯째, 이러한 문제점을 보완하기 위해 Mink, Shultz & Mink(1991)[59]에 의해 개발된 The Locus for Focus(LF) 모델을 활용한다. LF 모델의 특징은 좌표평면을 이용하여 시각적 효과를 나타낸다는 것이다(조대연, 2009: 171). 이 모델은 2개의 축으로 구성된 좌표평면에 개별 항목들의 값을 계산하여 우선순위를 시각적으로 나타낼 수 있도록 한다. 가로축(x)은 중요도의 평균값을 의미하여 세로축(y)은 중요도(필요수준)와 현재 수준 차이의 평균값을 의미한다.

아래 〈그림 6-1〉과 같이 제1사분면(HH)은 중요도의 평균값과 두 수준의 차이의 평균값이 평균보다 높으므로 우선순위가 가장 높은 영역이라 할 수 있다. 반면 제3사분면(LL)은 중요도의 평균값과 두 수준의 차이의 평균값이 평균보다 낮으므로 우선순위가 가장 낮은 영역이라 할 수 있다.

〈그림 6-1〉 The Locus for Focus(LF) 모델

제2사분면: HL High Discrepancy / Low Importance	제1사분면: HH High Discrepancy / High Importance
제3사분면: LL Low Discrepancy / Low Importance	제4사분면: LH Low Discrepancy / High Importance

중요도(Should be) 와 현재(Is) 수준 간 차이 (Discrepancy)의 평균값

중요도(Should be) 평균값

* 출처: Mink, Shultz & Mink(1991), 조대연(2009)의 그림 재구성

59) 밍크, 슐츠 & 밍크는 '미래의 중요도'는 응답자가 가치가 높다고 생각하는 이상적인 점수이며 '현재와 미래의 차이'는 긴장 지수로 차이가 클수록 미래의 요구가 크다고 하였다.

일반적으로 제1사분면(HH)이 최우선순위 군이고 제3사분면(LL)이 최하위순위 군으로 보고 있지만, 차선순위 군은 각 좌표평면에 대한 연구자의 해석기준에 따라 제2사분면(HL)과 제4사분면(LH) 중 하나가 될 수 있다. 제2사분면은 중요도는 낮지만, 중요도와 현재 수준 간의 차이가 큰 영역이다. 반면, 제4사분면은 중요도는 높지만, 중요도와 현재 수준 간의 차이가 적은 영역이다. 본 연구에서는 북한지역의 재난안전 인식에 대한 요구를 살펴보고 재난지원 정책의 타당성을 평가하는 데에 목적이 있기 때문에 제1사분면을 최우선순위 군으로 선정하고 중요도는 상대적으로 낮지만, 미래의 중요수준(중요도)과 현재 수준 간의 차이가 큰 제2사분면을 차선순위 군으로 결정하였다. 이는 전반적으로 높은 중요도를 보일 수밖에 없는 북한의 재난안전 인식의 경우 중요도가 상대적으로 낮더라도 요구(중요도와 현재 수준 간의 차이)가 크다면 이러한 항목을 정책의 우선순위로 고려할 필요가 있음을 의미하고 있기 때문이다(변선영 외, 2019: 590). 조사 및 분석절차는 다음 〈그림 6-2〉와 같다.

〈그림 6-2〉 조사 및 분석 절차

1단계 : 연구 설계

연구방법	연구결과
선행연구 문헌고찰	■ 재난관리이론 선행연구 ■ 북한재난 발생현황 및 북한 재난관리체계 고찰 ■ 개방형 설문 조사의 구성요인 탐색

⇩

2단계 : 측정도구 개발

연구방법	연구결과
FGI : 탈북민 5명 전문가 검토	■ 북한지역 재난관리 단계별 측정항목 개발 ■ 잠정적 설문모델 개발

⇩

3단계 : pre-test

연구방법	연구결과
예비 설문조사 실시	■ 설문지 예비조사 실시: 석박사과정생 24명 ■ 최종 설문문항 수정 및 보완

⇩

4단계 : 설문 조사

연구방법	연구결과
본 설문조사 실시	■ 설문조사 : 국내거주 탈북민 146명 ■ 모집단 임의 표집

⇩

5단계 : 통계 분석

연구방법	연구결과
신뢰도 검증, t-test Borich 요구도, LF 모델	■ 최우선순위 및 차선순위 항목도출 ■ 결과분석 및 논의 해석

2. 표본대상의 인구사회학적 특성

국내 거주 탈북민 응답자의 인구사회학적 특성을 빈도 분석한 결과는 다음의 〈표 6-8〉과 같다. 전체 탈북민 응답자 146명 중 성별의 경우 남성 응답자가 66명(45.2%)으로 나타나고, 여성 응답자가 80명(54.8%)으로 나타나고 있어 여성 응답자가 약 1.6배 더 많은 분포를 차지하고 있다. 이는 〈표 6-1〉과 같이 모집단인 국내 거주 전체 탈북민의 비율이 여자가 남자보다 상대적으로 많은 것(여성 비율이 70% 이상)과도 일치하고 있다.

연령대의 경우는 20세 이하가 7명(4.8%), 21세~30세 22명(15.1%), 31세~40세 34명(23.3%), 41세~50세 50명(34.2%), 51세~60세 29명(19.9%), 61세 이상 4명(2.7%) 순으로 나타났으며 60대가 가장 적었다. 그리고 북한 거주 시 직업은 농업 · 공업 · 축산업 등 노동자가 59명(40.4%), 봉사 · 예술 체육 11명(7.5%), 당 · 행정 · 교육기관 등 국가기관 18명(12.3%), 군인 10명(6.8%), 아동 · 학생 14명(9.6%), 무직 · 기타 34명(23.3%)으로 나타났으며 노동자가 가장 많았다.

북한 거주 시 지역은 평양시가 15명(10.3%), 평안도 22명(15.1%), 황해도 12명(8.2%), 강원도 6명(4.1%), 함경도 68명(46.6%), 자강도 5명(3.4%), 양강도 18명(12.3%) 순으로 나타났다. 대체로 함경도 출신이 타지역 출신보다 많은 것으로 나타났다. 이는 통일부가 2019년 12월 기준으로 발표한 〈표 6-1〉의 북한 출신 지역별 입국자 현황과 비교해 볼 때 거의 비슷한 분포도를 나타내고 있다.

또한, 학력은 고졸 이하가 92명(63%), 전문학교(2~3년) 졸업 22명(15.1%), 대학교 졸업 26명(17.8%), 대학원 이상 6명(4.1%) 순으로 나타났으며 고졸 이하 비율이 가장 높았다. 북한이탈시기 별로는 김일성 시대(1995년 이전) 5명(3.4%), 김정일 시대(1995년~2011년) 84명(57.5%), 김정은 시대(2012년 이후) 57명(39%)인 것으로 조사되었다.

종합하면 표본의 인구사회학적 특징으로 김정일 시대에 함경도에 거주한 40~60대 고졸이하 노동자들이 주류를 이루고 있는 것으로 나타났다. 이러한 분포는 김정일 시대에 홍수, 가뭄 등 대규모 자연재난과 용천역 폭발사고 등 사회재난을 경험했다는 점에서 유의미한 표본이라 여겨진다.

〈표 6-8〉 탈북민 조사대상

구분	변인	빈도(명)	백분율(%)
성별	남자	66	45.2
	여자	80	54.8
	합계	146	100.0
연령대	20세 이하	7	4.8
	21세~30세	22	15.1
	31세~40세	34	23.3
	41세~50세	50	34.2
	51세~60세	29	19.9
	61세 이상	4	2.7
	합계	146	100.0
북한거주 시 직업	농업 · 공업 · 축산업 등 노동자	59	40.4
	봉사 · 예술 체육	11	7.5
	당 · 행정 · 교육기관 등 국가기관	18	12.3
	군인	10	6.8
	아동 · 학생	14	9.6
	무직, 기타	34	23.3
	합계	146	100.0

북한거주 시 지역	평양시	15	10.3
	평안도	22	15.1
	황해도	12	8.2
	강원도	6	4.1
	함경도	68	46.6
	자강도	5	3.4
	양강도	18	12.3
	합계	146	100.0
학력	고졸 이하	92	63.0
	전문학교(2~3년) 졸업	22	15.1
	대학교 졸업	26	17.8
	대학원 이상	6	4.1
	합계	146	100.0
북한이탈시기	김일성 시대 : 1995년 이전	5	3.4
	김정일 시대 : 1995년~2011년	84	57.5
	김정은 시대 : 2012년 이후	57	39.0
	합계	146	100.0

3. 재난 유형별 전반적 사항에 대한 인식 차이

본 연구에서는 Borich 요구도 분석과 별도로 북한의 재난관리와 관련된 재난 유형별 전반적인 사항에 대해 보충적으로 설문조사를 실시하였다. 이를 통해 북한지역 재난발생의 전반에 대한 탈북민의 인식 차이를 빈도 분석한 결과는 다음과 같다.

1) 과거 피해규모별 재난 유형

과거 북한에서 발생한 자연재난 중 가장 심각한 피해를 준 재난유형을 묻는 설문에 대해 탈북민의 응답은 다음 〈표 6-9〉에서 보는 바와 같이 홍수(큰물)가 81명(55.5%)으로 가장 높은 비중을 차지하고 있으며, 가뭄(가물) 45명(30.8%), 태풍 11명(7.5%), 폭설 5명(3.4%), 지진화산 2명(1.4%), 황사 2명(1.4%) 순으로 나타나고 있다. 홍수나 가뭄이 상대적으로 높은 비중을 차지하고 있는 것은 관계시설 미비나 산림 남벌과 같은 인위적 요인에 기인한 것으로 분석된다. 이는 기존의 선행연구 결과(임예준 외, 2017: 박소연 외, 2010)[60]에서도 유사하게 나타나고 있다.

한편 북한에서 과거 발생한 사회재난 중 가장 심각한 피해를 준 재난유형에 대해서는 전염병 혹은 가축전염병이라는 응답자가 47명(32.2%)으로 가장 많은 비중을 차지하고 있으며, 산불 35명(24%), 도로 철도사고 30명(20.5%), 건물 붕괴 14명(9.6%), 화재 12명(8.2%), 폭발 7명(4.8%), 미세먼지 1명(0.7%) 순으로 나타나고 있다. 전염병 또는 가축전염병의 경우 북한당국의 보건의류분야 재정고갈과 사회주의식 후진적인 방역예방 및 복구체계에 기인하는 것으로 보인다. 산불의 경우에는 무분별한 연료채취나 개간으로 인해 재난발생 빈도가 높은 것으로 분석된다. 여타 도로철도사고, 건물붕괴, 화재 등 순서로 나타났는데 이는 노후화된 시설과 안전불감증과 같은 후진국형

60) 이들 논문들의 연구결과, 1980년부터 2008년까지 북한에서 발생한 자연재해 가운데 홍수와 태풍이 가장 큰 규모의 피해를 유발하였다.

재난 유발요인에 의해 발생된 것으로 볼 수 있다.

2) 향후 재난위협 유형

향후 북한에서 발생 가능성이 가장 높은 자연재난은 다음 〈표 6-9〉와 같이 홍수(큰물)라는 응답자가 83명(56.8%)으로 가장 높은 비중을 차지하고 있으며, 가뭄(가물) 41명(28.1%), 태풍 14명(9.6%), 지진화산 3명(2.1%), 황사 3명(2.1%), 폭설 2명(1.4%) 순으로 나타났다. 이는 앞에서 제시한 바와 같이 홍수가 현재 북한에서 가장 심각한 피해를 주는 요인으로 작용하고 있는데다 북한 경제력과 재난관리체계를 고려해 볼 때 단기간 내 개선될 가능성이 없기 때문인 것으로 분석된다.

한편, 미래에 발생 가능성이 가장 높은 사회재난은 전염병 혹은 가축전염병이라는 응답자가 61명(41.8%)으로 높은 비중을 차지하고 있으며, 도로 철도사고 31명(21.2%), 산불 20명(13.7%), 건물 붕괴 15명(10.3%), 화재 10명(6.8%), 폭발 6명(4.1%), 미세먼지 3명(2.1%) 순으로 나타나고 있다. 이 같은 순위는 폭발사고(열차 등)가 최우선 순위를 보인 선행연구와 다른 결과를 보여주어 주목된다(노영선 외, 2018: 568). 이는 과거 북한당국이 체제 유지에 부정적인 전염병이나 가축전염병 발생에 대한 정보를 공개하지 않고 은폐해온데다 생존에 영향을 미치는 축산전염병에 대해 북한 주민들이 민감하게 반응하며 가장 큰 피해로 생각하고 있기 때문으로 판단된다. 더불어 미미한 수준이지만 북한지역에서도 미세먼지가 사회재난으로 인식되고 있음을 보여주고 있다.

3) 재난 발생시 지원분야 우선순위

북한지역 재난(재해) 발생 시 가장 우선적으로 지원해야 할 분야는 다음 〈표 6-9〉와 같이 식량 · 의약품 · 의복 등 구호물품에 대한 응답자가 112명

(76.7%)으로 가장 큰 비중을 차지하고 있으며, 그 다음으로 도로 건물 등 피해지역 복구 19명(13%), 주택 등 임시거소 마련 14명(9.6%), 트라우마 등 재난 심리치료 1명(0.7%) 순으로 나타나고 있다. 생필품 지원에 대한 요구가 압도적인 비중을 차지하고 있는 것은 생존과 직결되는 만큼 당연한 요구로 대부분의 기존 연구(강경일, 2014 등)와 유사한 결과를 보여주고 있다.

북한 내 재난발생시 대북지원 우선순위는 재난유형에 따라 상이할 수밖에 없지만, 전반적으로 홍수 · 가뭄 · 태풍 등 자연재난 발생의 경우 대응단계에서 식량 · 의복 등 생필품이 우선적으로 지원되어야 하며 중장기적으로는 주택 등 피해지역의 복구가 이루어져야 할 것이다. 한편, 전염병과 가축전염병 같은 사회재난의 경우 의약품 · 의료장비 및 의료서비스 전산화 등 보건의료체계 개선을 위한 지원이 우선적으로 이루어져야할 것이다.

4) 재난관리 단계 평가

북한지역의 재난관리 단계별 평가와 관련하여 61명(41.8%)이 예방단계가 가장 미흡한 것으로 인식하였으며, 대비단계 30명(20.5%), 복구단계 29명(19.9%), 대응단계 26명(17.8%) 순으로 나타나고 있다. 북한의 재난관리 단계 가운데 예방단계에 대한 미흡도가 상대적으로 높게 나온 것은 북한 당국이 사전 교육과 법체계를 통한 예방적인 노력보다는 임기응변적인 사후 대응책 마련에 치중하고 있는 현실에 기인한 것으로 평가된다. 이 같은 응답은 북한 재난관리의 근본적인 정책 전환의 필요성과 함께 예방적인 차원에서 접근이 보다 효과적인 재난 관리방지책이 될 수 있다는 논거를 보여 주고 있다.

이상의 북한지역 재난유형별 전반적 사항에 대한 인식분석 결과는 다음 〈표 6-9〉와 같다.

〈표 6-9〉 북한 재난 유형별 전반적 사항에 대한 인식 빈도분석

변인		빈도(명)	백분율(%)
과거 북한에서 발생한 재난(재해) 중 가장 피해가 심각하였다고 생각하는 자연재난	홍수(큰물)	81	55.5
	가뭄(가물)	45	30.8
	태풍	11	7.5
	폭설	5	3.4
	지진화산	2	1.4
	황사	2	1.4
	전체	146	100
과거 북한에서 발생한 재난(재해) 중 가장 피해가 심각하였다고 생각하는 사회재난	산불	35	24
	화재	12	8.2
	폭발	7	4.8
	건물 붕괴	14	9.6
	도로 철도사고	30	20.5
	전염병 혹은 가축전염병	47	32.2
	미세먼지	1	0.7
	전체	146	100
미래 북한에서 발생 가능성이 가장 높은 자연재난	홍수(큰물)	83	56.8
	가뭄(가물)	41	28.1
	태풍	14	9.6
	폭설	2	1.4
	지진화산	3	2.1
	황사	3	2.1
	전체	146	100

미래 북한에서 발생 가능성이 가장 높은 사회재난	산불	20	13.7
	화재	10	6.8
	폭발	6	4.1
	건물 붕괴	15	10.3
	도로 철도사고	31	21.2
	전염병 혹은 가축전염병	61	41.8
	미세먼지	3	2.1
	전체	146	100
북한에 재난(재해) 발생 시 가장 우선적으로 지원해야 할 분야	식량·의약품·의복 등 구호품	112	76.7
	주택 등 임시거소 마련	14	9.6
	도로·건물 등 피해지역 복구	19	13
	트라우마 등 재난 심리치료	1	0.7
	전체	146	100
북한의 재난관리 단계중 가장 미흡한 단계	예방단계	61	41.8
	대비단계	30	20.5
	대응단계	26	17.8
	복구단계	29	19.9
	전체	146	100

4. 재난관리 단계별 인구학적 특성간 인식 차이

본 연구에서는 북한지역의 재난관리 단계별 인구학적 특성 간 인식 차이 분석을 위해 전체 문항 수에 대한 신뢰도 분석을 하였다. 그리고 세부적으로 좀 더 유의미한 결과를 도출하기 위하여 재난관리 단계별 중요도와 현재 수준에 대한 성별, 연령대별, 직업별, 지역별, 학력별 그리고 북한이탈 시기별로 인식 차이 분석을 하였다.

1) 신뢰도 분석결과

북한지역의 재난관리 각 단계의 중요도와 현재 수준에 대한 인식 차이 분석을 위해 예방 · 대비 · 대응 · 복구의 각 문항의 신뢰도(reliability)[61]를 측정하였으며, 신뢰도를 확보한 문항으로 평균화의 변수계산을 하여 단계별 중요도와 현재 수준 항목을 도출하였다. 신뢰도를 분석한 결과는 다음의 〈표 6-10〉과 같다.

〈표 6-10〉 신뢰도 분석 결과

단계	문항 수	분류	신뢰도 (cronbach's α)
예방	15	중요도	0.939
	15	현재 수준	0.941
대비	15	중요도	0.935
	15	현재 수준	0.944
대응	20	중요도	0.951
	20	현재 수준	0.965
복구	15	중요도	0.951
	15	현재 수준	0.951

* Cronbach's alpha $\alpha \geq 0.9$ = Excellent

61) 신뢰도란 비슷한 측정도구 또는 동일한 측정도구를 사용하여 동일한 개념을 반복하여 측정하였을 경우 일관성 있는 결과가 나오는 것을 뜻한다.

Cronbach's α 계수 조사 결과, 북한지역의 재난관리 체계와 관련하여 예방단계의 중요도 15문항은 0.939, 현재 수준 15문항은 0.941, 대비단계의 중요도 15문항은 0.935, 현재 수준 15문항은 0.944, 대응단계의 중요도 20문항은 0.951, 현재 수준 20문항은 0.965, 복구단계의 중요도 15문항은 0.951, 현재 수준 15문항은 0.951로 본 연구에 사용된 측정도구는 모두 매우 높은 신뢰도를 보였다.

Nunnally(1978)는 일반적인 탐색적 연구분야에서 cronbach's α 값이 0.60 이상이면 측정치로 문제가 없으며 기초분야에서는 0.80, 중요한 결정이 요구되는 응용연구에서는 0.90 이상이면 된다고 주장했다(이재선, 2011: 62).

2) 인구사회학적 특성 간 인식 차이

(1) 성별 간

북한지역의 재난관리 단계별 중요도와 현재 수준에 대한 탈북민의 성별 간 인식 차이를 t-test[62]한 결과는 다음의 〈표 6-11〉과 같다.

〈표 6-11〉 성별 간 인식 차이 검증

구분	성별	N	M	SD	t	p
예방단계 중요도	남자	66	5.600	1.142	.067	.946
	여자	80	5.587	1.225		
예방단계 현재수준	남자	66	3.010	1.266	.900	.370
	여자	80	2.829	1.165		
대비단계 중요도	남자	66	5.601	1.145	−.162	.872
	여자	80	5.632	1.137		

62) t 검증 결과, 유의확률(p값)이 0.05보다 작으면 '두 집단 간에 차이가 있다'라는 의미로 해석된다.

대비단계 현재수준	남자	66	2.854	1.388	-.233	.816
	여자	80	2.904	1.236		
대응단계 중요도	남자	66	5.644	1.225	-.637	.525
	여자	80	5.763	1.036		
대응단계 현재수준	남자	66	3.121	1.416	.292	.771
	여자	80	3.058	1.222		
복구단계 중요도	남자	66	5.748	1.145	-.105	.916
	여자	80	5.768	1.034		
복구단계 현재수준	남자	66	2.736	1.194	.538	.592
	여자	80	2.634	1.099		

*p〈.05 **p〈.01 ***p〈.001

분석 결과, 각 재난관리 단계의 중요도와 현재 수준에 대해 t 값이 모두 1.96 이하(p〈0.05)로 탈북민의 성별 간에는 유의미한 차이가 나타나지 않았다. 즉 성별에 상관없이 각 단계의 중요도 및 현재 수준에 대해 비슷한 수준으로 인식하고 있다. 다시 말해서 남녀 공히 북한의 재난관리에 있어서 바람직한 재난관리 수준과 현재수준 간의 차이가 없다고 평가한 것이다. 이는 재난관리 단계별로 남녀 간에 체계적이고 차별화된 교육이 부재한 결과, 성별 간의 인식 차이가 발생하지 않은 것으로 볼 수 있다. 문화적 맥락에서 볼 때 전통적인 가부장적 문화의 잔재로 여성이 남성에 종속된 결과 독립적인 사고체계를 갖지 못한 데서도 찾을 수 있을 것이다. 그러나 단계별 재난 발생 시 남녀 간에 상이한 대응과 역할에 대한 교육이 진행되었더라면 양자 간의 유의미한 차이가 발생했을 것으로 예상된다.

(2) 연령대 간

북한지역의 재난관리 각 단계의 중요도와 현재 수준에 대한 탈북민의 연령대 간 인식 차이를 일원배치 분산분석(ANOVA: Analysis of variance)[63]한 결과는 다음의 〈표 6-12〉와 같다.

분석 결과, 예방단계 현재 수준의 F값이 4.656(p〈.01)로서 연령대 간 유의미한 차이를 보였으며, 사후검증(scheffe)[64] 결과 31세~40세가 41세~50세, 51세~60세보다 유의미하게 높은 인식을 하는 것으로 나타났다. 그리고 대비단계 현재 수준의 F값이 4.804(p〈.001)로서 연령대 간 유의한 차이를 보였으며, 사후검정 결과 31세~40세가 41세~50세보다 유의미하게 높은 인식을 하는 것으로 나타났다. 그다음에 대응단계 현재 수준의 F값이 5.163(p〈.001)로서 연령대 간 유의한 차이를 보였으며, 사후검정 결과 31세~40세가 41세~50세, 51세~60세보다 유의미하게 높은 인식을 하는 것으로 나타났다. 마지막으로 복구단계 현재 수준의 F값이 4.247(p〈.01)로서 연령대 간 유의미한 차이를 보였으며, 사후검정 결과 31세~40세가 41세~50세보다 유의미하게 높은 인식을 하는 것으로 나타났다.

종합하면 31세~40세의 연령대에서 다른 연령대보다 바람직한 재난관리체계와 현재 수준의 재난관리체계 간에 차이가 크다고 인식하고 있다. 이 같은 결과는 1980~1990년대에 출생한 탈북민들이 상대적으로 많은 외부정보를 접하게 됨에 따라 북한 재난체계에 대한 비교 안목을 갖게 된 데 기인한 것으로 보인다.

---

63) 분산분석(ANOVA) 결과에서도 유의확률(p값)이 0.05보다 낮으면 각 집단 간에 차이가 있음을 의미한다.

64) 분산분석을 통한 F 검증 이후 영가설이 기각된 상태에서 집단 간 차이가 유의미한지를 보기 위해서 실시하는 사후 다중 비교 방법이다. Scheffe 검증은 ANOVA 분석 후 진행하는 사후비교 방법의 하나로 미국의 통계학자 Henry Scheffe 의 이름을 따서 명명되었다.

〈표 6-12〉 연령대 간 인식 차이 검증

구분	연령대	N	M	SD	F	p	Scheffe
예방단계 중요도	20세 이하	7	5.076	1.130	2.236	.054	
	21세~30세	22	5.106	1.463			
	31세~40세	34	5.365	1.192			
	41세~50세	50	5.865	1.209			
	51세~60세	29	5.811	0.778			
	61세 이상	4	6.117	0.342			
	합계	146	5.593	1.185			
예방단계 현재수준	20세 이하	7	3.067	1.564	4.656	.001**	c>d,e
	21세~30세	22	3.124	1.376			
	31세~40세	34	3.575	1.462			
	41세~50세	50	2.484	0.805			
	51세~60세	29	2.576	0.875			
	61세 이상	4	3.583	1.179			
	합계	146	2.911	1.211			
대비단계 중요도	20세 이하	7	5.219	0.971	1.842	.108	
	21세~30세	22	5.276	1.316			
	31세~40세	34	5.351	1.153			
	41세~50세	50	5.855	1.144			
	51세~60세	29	5.784	0.954			
	61세 이상	4	6.300	0.394			
	합계	146	5.618	1.137			
대비단계 현재수준	20세 이하	7	3.248	1.842	4.804	.000***	c>d
	21세~30세	22	3.248	1.432			
	31세~40세	34	3.500	1.605			
	41세~50세	50	2.408	0.851			
	51세~60세	29	2.480	0.915			
	61세 이상	4	3.783	0.945			
	합계	146	2.881	1.303			

대응단계 중요도	20세 이하	7	4.957	1.267	2.409	.040*	
	21세~30세	22	5.295	1.171			
	31세~40세	34	5.540	1.082			
	41세~50세	50	5.918	1.113			
	51세~60세	29	5.947	1.037			
	61세 이상	4	6.413	0.433			
	합계	146	5.709	1.123			
대응단계 현재수준	20세 이하	7	3.486	1.599	5.163	.000***	c>d,e
	21세~30세	22	3.373	1.474			
	31세~40세	34	3.790	1.581			
	41세~50세	50	2.626	0.841			
	51세~60세	29	2.634	0.905			
	61세 이상	4	3.863	1.703			
	합계	146	3.086	1.309			
복구단계 중요도	20세 이하	7	5.448	1.185	.914	.474	
	21세~30세	22	5.433	1.267			
	31세~40세	34	5.804	0.827			
	41세~50세	50	5.767	1.146			
	51세~60세	29	5.933	1.103			
	61세 이상	4	6.350	0.612			
	합계	146	5.759	1.081			
복구단계 현재수준	20세 이하	7	3.000	0.999	4.247	.001**	c>d
	21세~30세	22	2.976	1.354			
	31세~40세	34	3.212	1.320			
	41세~50세	50	2.289	0.738			
	51세~60세	29	2.343	0.958			
	61세 이상	4	3.317	1.753			
	합계	146	2.680	1.140			

* p<.05 **p<.01 ***p<.001
a(20세이하), b(21세~30세), c(31세~40세), d(41세~50세), e(51세~60세), f(61세 이상)

(3) 직업 간

북한지역의 재난관리 각 단계의 중요도와 현재 수준에 대한 탈북민의 직업 간 인식 차이를 ANOVA 분석한 결과는 다음의 〈표 6-13〉과 같다.

분석 결과, 예방단계 중요도의 F값이 3.378(p〈.01)로서 직업 간 유의미한 차이를 보였으며, 사후검정(scheffe)을 실시한 결과, 당 · 행정 · 교육기관 등 국가기관이 무직 · 기타 직업보다 유의미하게 높은 인식을 하는 것으로 나타났다. 이는 당 · 정 및 교육기관 근무자들은 북한 내 재난 정보를 사전에 입수하거나 예방교육을 상대적으로 받을 기회가 많기 때문에 인식의 차이가 발생한 것으로 추정된다

다음으로 대비단계 중요도의 F값이 3.072(p〈.05)로서 직업 간 유의미한 차이를 보였으나, 사후검정 결과 구체적인 집단 간 차이는 나타나지 않았다. 대비단계 현재 수준의 F값이 2.937(p〈.05)로서 직업 간 유의미한 차이를 보였으나, 사후검정 결과 구체적인 집단 간 차이는 나타나지 않았다. 그리고 대응단계 중요도의 F값이 2.615(p〈.05)로서 직업 간 유의미한 차이를 보였으나, 사후검정 결과 구체적인 집단 간 차이는 나타나지 않았다. 대응단계 현재 수준의 F값이 3.545(p〈.01)로서 직업 간 유의미한 차이를 보였으나, 사후검정 결과 구체적인 집단 간 차이는 나타나지 않았다. 또한 복구단계 중요도의 F값이 2.465(p〈.05)로서 직업 간 유의미한 차이를 보였으나, 사후검정 결과 구체적인 집단 간 차이는 나타나지 않았다. 복구단계 현재 수준의 F값이 2.406(p〈.05)로서 직업 간 유의미한 차이를 보였으나, 사후검정 결과 구체적인 집단 간 차이는 나타나지 않았다. 이러한 결과는 직업별 교육이 부재했거나 인식이 결여되었다는 사실을 말해주고 있다.

<표 6-13> 직업 간 인식 차이 검증

구분	직업별	N	M	SD	F	P	Scheffe
예방단계 중요도	농업,공업,축산업 등 노동자	59	5.755	1.154	3.378	.007**	c>f
	봉사,예술 체육	11	5.321	1.507			
	당,행정,교육기관 등 국가기관	18	6.274	0.677			
	군인	10	5.300	1.176			
	아동,학생	14	5.767	1.162			
	무직,기타	34	5.053	1.153			
	합계	146	5.593	1.185			
예방단계 현재수준	농업,공업,축산업 등 노동자	59	2.772	1.140	1.578	0.17	
	봉사,예술 체육	11	2.333	0.551			
	당,행정,교육기관 등 국가기관	18	2.772	0.756			
	군인	10	3.22	1.571			
	아동,학생	14	2.957	1.551			
	무직,기타	34	3.302	1.345			
	합계	146	2.911	1.211			
대비단계 중요도	농업,공업,축산업 등 노동자	59	5.817	1.038	3.072	.012*	
	봉사,예술 체육	11	5.358	1.636			
	당,행정,교육기관 등 국가기관	18	6.122	0.84			
	군인	10	5.34	1.163			
	아동,학생	14	5.819	1.179			
	무직,기타	34	5.088	1.067			
	합계	146	5.618	1.137			
대비단계 현재수준	농업,공업,축산업 등 노동자	59	2.721	1.159	2.937	.015*	
	봉사,예술 체육	11	2.127	0.53			
	당,행정,교육기관 등 국가기관	18	2.456	0.737			
	군인	10	3.46	1.58			
	아동,학생	14	3.071	1.548			
	무직,기타	34	3.38	1.548			
	합계	146	2.881	1.303			

대응단계 중요도	농업,공업,축산업 등 노동자	59	5.874	1.146	2.615	.027*	
	봉사,예술 체육	11	5.314	1.594			
	당,행정,교육기관 등 국가기관	18	6.258	0.8			
	군인	10	5.535	0.946			
	아동,학생	14	5.804	1.122			
	무직,기타	34	5.274	0.961			
	합계	146	5.709	1.123			
대응단계 현재수준	농업,공업,축산업 등 노동자	59	2.915	1.23	3.545	.005**	
	봉사,예술 체육	11	2.205	0.661			
	당,행정,교육기관 등 국가기관	18	2.769	0.847			
	군인	10	3.82	1.32			
	아동,학생	14	3.039	1.467			
	무직,기타	34	3.64	1.483			
	합계	146	3.086	1.309			
복구단계 중요도	농업,공업,축산업 등 노동자	59	5.87	1.16	2.465	.036*	
	봉사,예술 체육	11	5.218	1.714			
	당,행정,교육기관 등 국가기관	18	6.211	0.845			
	군인	10	5.647	0.691			
	아동,학생	14	6.09	0.733			
	무직,기타	34	5.398	0.87			
	합계	146	5.759	1.081			
복구단계 현재수준	농업,공업,축산업 등 노동자	59	2.496	1.125	2.406	.040*	
	봉사,예술 체육	11	2.097	0.49			
	당,행정,교육기관 등 국가기관	18	2.478	0.794			
	군인	10	3.207	1.012			
	아동,학생	14	2.843	1.244			
	무직,기타	34	3.075	1.321			
	합계	146	2.68	1.14			

* p〈.05 **p〈.01 ***p〈.001
a(농업,공업,축산업 등 노동자), b(봉사,예술 체육), c(당,행정,교육기관 등 국가기관), d(군인), e(아동,학생), f(무직,기타)

(4) 출신지역 간

북한지역의 재난관리 각 단계의 중요도와 현재 수준에 대한 탈북민의 출신 지역 간 인식 차이를 ANOVA 분석한 결과는 다음의 〈표 6-14〉와 같다. 분석결과, 대비단계 현재 수준의 F값이 2.360(p〈.05)로서 출신 지역 간 유의미한 차이를 보였으나, 사후검정(scheffe) 결과 구체적인 출신 지역 간 차이는 나타나지 않았다. 이는 탈북민의 출신지역에 따른 재난관리의 단계별 인식의 차이는 나타나지 않고 있음을 보여주고 있다.

〈표 6-14〉 탈북민의 출신지역 간 인식 차이 검증

구분	지역	N	M	SD	F	P	Scheffe
예방단계 중요도	평양시	15	6.009	0.758	1.591	.154	
	평안도	22	5.661	1.111			
	황해도	12	5.200	1.231			
	강원도	6	4.656	1.278			
	함경도	68	5.635	1.254			
	자강도	5	6.280	0.242			
	양강도	18	5.385	1.237			
	합계	146	5.593	1.185			
예방단계 현재수준	평양시	15	2.467	0.846	2.129	.054	
	평안도	22	2.939	1.338			
	황해도	12	3.628	1.370			
	강원도	6	4.022	1.765			
	함경도	68	2.804	1.120			
	자강도	5	2.573	0.820			
	양강도	18	2.893	1.192			
	합계	146	2.911	1.211			

대비단계 중요도	평양시	15	5.956	0.967	.928	.477	
	평안도	22	5.591	1.055			
	황해도	12	5.428	1.199			
	강원도	6	4.978	1.042			
	함경도	68	5.676	1.207			
	자강도	5	6.093	0.161			
	양강도	18	5.356	1.210			
	합계	146	5.618	1.137			
대비단계 현재수준	평양시	15	2.351	0.781	2.360	.033*	
	평안도	22	2.945	1.430			
	황해도	12	3.356	1.602			
	강원도	6	4.367	1.718			
	함경도	68	2.787	1.226			
	자강도	5	2.280	0.892			
	양강도	18	2.956	1.211			
	합계	146	2.881	1.303			
대응단계 중요도	평양시	15	5.993	0.925	.976	.444	
	평안도	22	5.743	1.073			
	황해도	12	5.617	1.192			
	강원도	6	4.833	1.126			
	함경도	68	5.754	1.159			
	자강도	5	6.070	0.416			
	양강도	18	5.517	1.255			
	합계	146	5.709	1.123			
대응단계 현재수준	평양시	15	2.753	0.641	1.570	.160	
	평안도	22	2.961	1.536			
	황해도	12	3.538	1.608			
	강원도	6	4.383	1.820			
	함경도	68	3.018	1.248			
	자강도	5	2.680	0.697			
	양강도	18	3.153	1.238			
	합계	146	3.086	1.309			

복구단계 중요도	평양시	15	5.942	0.999	.723	.632	
	평안도	22	5.891	0.861			
	황해도	12	5.761	1.055			
	강원도	6	5.856	0.425			
	함경도	68	5.746	1.168			
	자강도	5	6.200	0.249			
	양강도	18	5.337	1.329			
	합계	146	5.759	1.081			
복구단계 현재수준	평양시	15	2.364	0.669	1.747	.114	
	평안도	22	2.706	1.034			
	황해도	12	3.222	1.496			
	강원도	6	3.733	1.506			
	함경도	68	2.615	1.168			
	자강도	5	2.227	0.640			
	양강도	18	2.574	1.013			
	합계	146	2.680	1.140			

*p〈.05 **p〈.01 ***p〈.001

(5) 학력 간

북한지역의 재난관리 각 단계의 중요도와 현재 수준에 대한 탈북민의 학력 간 인식 차이를 ANOVA 분석한 결과는 다음의 〈표 6-15〉와 같다. 분석 결과, 대비단계 현재 수준의 F값이 3.083(p〈.05)로서 학력 간 유의미한 차이를 보였으나, 사후검정 결과 구체적인 학력 간 차이는 나타나지 않았다. 그리고 대응단계 현재 수준의 F값이 2.860(p〈.05)로서 학력 간 유의미한 차이를 보였으나, 사후검정(scheffe) 결과 구체적인 학력 간 차이는 나타나지 않았다. 이 같은 이유는 탈북민들이 북한 거주 시 학력에 따른 차등화된 교육과 훈련을 받지 못한 나머지 중요도와 현재수준 간 차이를 인식하지 못한 것으로 분석된다.

〈표 6-15〉 학력 간 인식 차이 검증

구분	학력별	N	M	SD	F	p	Scheffe
예방단계 중요도	고졸 이하	92	5.479	1.236	1.962	.122	
	전문학교(2~3년) 졸업	22	5.430	1.187			
	대학교 졸업	26	6.067	0.969			
	대학원 이상	6	5.878	0.813			
	합계	146	5.593	1.185			
예방단계 현재수준	고졸 이하	92	3.054	1.407	1.189	.316	
	전문학교(2~3년) 졸업	22	2.712	0.852			
	대학교 졸업	26	2.632	0.622			
	대학원 이상	6	2.644	0.699			
	합계	146	2.911	1.211			
대비단계 중요도	고졸 이하	92	5.545	1.107	1.679	.174	
	전문학교(2~3년) 졸업	22	5.373	1.272			
	대학교 졸업	26	6.013	1.044			
	대학원 이상	6	5.922	1.298			
	합계	146	5.618	1.137			
대비단계 현재수준	고졸 이하	92	3.120	1.487	3.083	.029*	
	전문학교(2~3년) 졸업	22	2.418	0.820			
	대학교 졸업	26	2.585	0.762			
	대학원 이상	6	2.200	0.468			
	합계	146	2.881	1.303			
대응단계 중요도	고졸 이하	92	5.643	1.077	1.437	.234	
	전문학교(2~3년) 졸업	22	5.484	1.252			
	대학교 졸업	26	6.027	1.213			
	대학원 이상	6	6.167	0.695			
	합계	146	5.709	1.123			
대응단계 현재수준	고졸 이하	92	3.322	1.475	2.860	.039*	
	전문학교(2~3년) 졸업	22	2.711	0.946			
	대학교 졸업	26	2.621	0.781			
	대학원 이상	6	2.858	0.652			
	합계	146	3.086	1.309			

복구단계 중요도	고졸 이하	92	5.783	0.973	1.015	.388	
	전문학교(2~3년) 졸업	22	5.421	1.312			
	대학교 졸업	26	5.887	1.269			
	대학원 이상	6	6.067	0.835			
	합계	146	5.759	1.081			
복구단계 현재수준	고졸 이하	92	2.856	1.281	2.110	.102	
	전문학교(2~3년) 졸업	22	2.412	0.882			
	대학교 졸업	26	2.310	0.726			
	대학원 이상	6	2.578	0.565			
	합계	146	2.680	1.140			

*p〈.05 **p〈.01 ***p〈.001

(6) 북한이탈 시기 간

북한지역의 재난관리 단계별 중요도와 현재 수준에 대한 탈북민의 북한이탈시기 간 인식 차이를 ANOVA 분석한 결과는 다음의 〈표 6-16〉과 같다.

분석 결과, 재난관리 각 단계의 중요도와 현재 수준에 대해 탈북민의 북한이탈 시기 간에는 유의미한 차이(p〈0.05)가 나타나지 않았다. 이는 탈북민들이 김일성, 김정일, 김정은 시대 등 북한이탈 시기에 상관없이 각 단계의 중요도 및 현재 수준에 대해 비슷한 수준으로 인식하고 있다는 것을 알 수 있다. 이는 김일성 시대에서부터 김정은 시대까지 북한당국의 재난관리체계 개선이나 역량에 있어 큰 변화 없이 지속하여 왔다는 사실을 보여주고 있으며 정권별로 주민들이 실제 인지할 수 있는 정도의 차별성 있는 정책을 수립하거나 이행하지 않은 것으로 분석된다.

〈표 6-16〉 북한 이탈시기 간 인식 차이 검증

구분	북한이탈 시기별	N	M	SD	F	P	Scheffe
예방단계 중요도	김일성시대:1995년 이전	5	6.013	0.357	.652	.522	
	김정일시대:1995년~2011년	84	5.644	1.222			
	김정은시대:2012년 이후	57	5.480	1.175			
	합계	146	5.593	1.185			
예방단계 현재수준	김일성시대:1995년 이전	5	2.640	0.646	.515	.599	
	김정일시대:1995년~2011년	84	2.994	1.224			
	김정은시대:2012년 이후	57	2.811	1.233			
	합계	146	2.911	1.211			
대비단계 중요도	김일성시대:1995년 이전	5	5.773	1.048	.663	.517	
	김정일시대:1995년~2011년	84	5.700	1.100			
	김정은시대:2012년 이후	57	5.483	1.202			
	합계	146	5.618	1.137			
대비단계 현재수준	김일성시대:1995년 이전	5	2.800	0.826	.010	.990	
	김정일시대:1995년~2011년	84	2.887	1.374			
	김정은시대:2012년 이후	57	2.881	1.243			
	합계	146	2.881	1.303			
대응단계 중요도	김일성시대:1995년 이전	5	6.090	0.548	1.027	.361	
	김정일시대:1995년~2011년	84	5.790	1.028			
	김정은시대:2012년 이후	57	5.557	1.278			
	합계	146	5.709	1.123			
대응단계 현재수준	김일성시대:1995년 이전	5	2.980	0.427	.092	.912	
	김정일시대:1995년~2011년	84	3.126	1.366			
	김정은시대:2012년 이후	57	3.038	1.285			
	합계	146	3.086	1.309			
복구단계 중요도	김일성시대:1995년 이전	5	6.013	0.714	.260	.772	
	김정일시대:1995년~2011년	84	5.787	0.979			
	김정은시대:2012년 이후	57	5.696	1.249			
	합계	146	5.759	1.081			
복구단계 현재수준	김일성시대:1995년 이전	5	2.400	0.735	.170	.844	
	김정일시대:1995년~2011년	84	2.704	1.150			
	김정은시대:2012년 이후	57	2.670	1.165			
	합계	146	2.680	1.140			

*p〈.05 **p〈.01 ***p〈.001

5. 재난관리 단계별 · 항목별 인식의 우선순위

본 연구에서는 먼저 북한지역 재난관리 단계별 · 측정항목별 중요도와 현재 수준 값에 대한 차이의 통계적 유의성을 확인하기 위하여 대응표본 t-test를 실시하였으며, 통계적으로 유의미한 차이(p〈0.05)가 있는 경우 Borich 요구도 공식에 근거한 산출방식으로 요구도 값을 구하고 그 값의 크기에 따른 요구도 우선순위를 도출하였다.

또한 The Locus for Focus(LF) 그래프 도출을 위해서는 x축을 '중요도', y축을 '중요도-현재 수준'으로 설정하여 '중요도'와 '중요도-현재 수준'의 값을 좌표값으로 하는 산점도를 도출하였으며, 사분면을 구분하기 위하여 중요도의 평균값과, '중요도-현재 수준'의 평균값을 구하여 x, y의 축에 표시하였다.

그리고 LF 그래프에서 제1사분면(HH)에 표시된 항목 중에서 요구도 분석결과로 도출된 순위항목과 겹치는 항목을 '최우선순위 항목'으로 선정하였으며, 제2사분면(HL)에 표시된 항목 중에서 요구도 분석 결과로 도출된 순위항목과 겹치는 항목을 '차선순위 항목'으로 선정하였다.

1) 예방단계

예방단계에 대한 Borich 요구도 분석과 The Locus for Focus 그래프를 활용하여 최우선순위와 차선순위 항목을 도출한 결과는 다음과 같다.

(1) 요구도 분석결과

북한 재난관리 예방단계의 중요도(15개 항목)와 현재 수준(15개 항목) 간 차이를 분석한 결과 모든 항목에 대해 t〉 1.96(p〈.001)으로 나타나 유의미한 차이를 보였다. 전체 응답자의 중요도와 현재 수준의 평균(M)과 표준편차(SD)는 〈표 6-17〉과 같다. 전체 15개 항목에서 현재 수준보다 중요도가 더 높은 평균값을 가졌으며 이는 중요도에 대한 인식이 현재 수준의 인식보다 높은 것을 알 수 있었다.

Borich 요구도 값과 t 값을 비교해보면 대체로 t 값이 높은 항목들(중요도와 현재 수준의 차이가 큰 항목)이 Borich 요구도 값도 높게 나타나고 있으나 반드시 일치하는 것은 아니다. 즉 t 검정이 두 수준 간의 차이만 반영한 결과이나 Borich 요구도는 중요도에 가중치를 부여하여 분석한 결과이기 때문이다(조대연, 2009; 류마리아, 2019).

이러한 상태에서 Borich 공식을 활용하여 요구도 값이 큰 순서대로 항목별 순위를 조사하였다. 그 결과는 p9(9.재난재해 보험제도 구비)의 요구도가 0.073으로 1순위, p1(1.북한 당국의 재난의 심각성과 위험성에 대한 인식)의 요구도가 0.063으로 2순위, p13(13.일반 주민들의 재난안전 의식과 문화)의 요구도가 0.061로 3순위, p11(11.위험지도 제작)의 요구도가 0.059로 4순위, p2(2.재난안전법규(재해 및 구조, 복구법 등))의 요구도가 0.059로 5순위, p10(10.안전기준 설정)의 요구도가 0.058로 6순위, p4(4.북한 국가계획위원회의 재난방지 계획)의 요구도가 0.057로 7순위, p14(14.NGO · UN 등 국제사회의 예방분야 지원)의 요구도가 0.056으로 8순위, p12(12.재난업무의 전담요원 확보)의 요구도가 0.055로 9순위, p7(7.재난관련 과학적 연구)의 요구도가 0.053으로 10순위, p15(15.남한정부의 예방분야 지원)의 요구도가 0.053으로 11순위, p3(3.북한의 국가조직(당 · 군 · 행정부처)의 예방활동)의 요구도가 0.052로 12순위, p6(6.중앙부서간 및 중앙과 지방부처 협조 · 조정)의 요구도가 0.036으로 13순위, p8(8.토지사용 규제 및 관리)의 요구도가 0.033으로 14순위, p5(5.감시감독 및 조사)의 요구도가 0.033으로 15순위로 나타났다. 예방단계의 항목별 중요도 및 현재 수준에 대한 요구도 분석 결과는 다음 〈표 6-17〉과 같이 나타났다.

〈표 6-17〉 예방단계 항목별 중요도 및 현재 수준 요구분석 결과

예방단계(변수명)	변수	중요도		현재수준		t	p	Borich 요구도	
		M	SD	M	SD			값	순위
1.북한당국의재난의심각성과 위험성에 대한 인식	p1	6.027	1.220	2.890	1.355	19.198	.000***	0.063	2
2.재난안전법규(재해및구조, 복구법 등)	p2	5.664	1.411	2.719	1.269	16.635	.000***	0.059	5
3.북한의국가조직(당 · 군 · 행정부처)의 예방 활동	p3	5.610	1.501	2.986	1.545	13.183	.000***	0.052	12
4.북한국가계획위원회의재난방지계획	p4	5.692	1.392	2.815	1.385	15.645	.000***	0.057	7
5.감시감독 및 조사	p5	5.007	2.073	3.377	2.052	5.368	.000***	0.033	15
6.중앙부서간및중앙과 지방부처협조 · 조정	p6	5.240	1.862	3.411	1.978	6.841	.000***	0.036	13
7.재난관련과학적연구	p7	5.404	1.667	2.753	1.465	12.338	.000***	0.053	10
8.토지사용규제및관리	p8	5.164	1.926	3.486	1.977	6.063	.000***	0.033	14
9.재난재해보험제도구비	p9	5.801	1.451	2.144	1.365	19.712	.000***	0.073	1
10.안전기준설정	p10	5.552	1.500	2.621	1.323	15.705	.000***	0.058	6
11.위험지도제작	p11	5.336	1.524	2.370	1.344	15.423	.000***	0.059	4
12.재난업무의전담요원확보	p12	5.329	1.702	2.569	1.359	13.611	.000***	0.055	9
13.일반주민들의재난안전의식과문화	p13	5.877	1.369	2.795	1.419	18.605	.000***	0.061	3
14.NGO · UN등국제사회의 예방분야지원	p14	6.131	1.271	3.317	1.798	16.854	.000***	0.056	8
15.남한정부의예방분야 지원	p15	6.082	1.367	3.432	1.830	15.400	.000***	0.053	11

*p〈.05 **p〈.01 ***p〈.001

(2) The Locus for Focus 그래프와 우선순위 항목 도출

The Locus for Focus 그래프에서 제1사분면으로 도출되었고, Borich 요구도 상위 순위로 도출된 '최우선 항목'은 6개 항목(p9, p1, p13, p2, p4, p14)이며, The Locus for Focus 그래프에서 제2사분면으로 도출되었고 요구도 상위 순위로 도출된 '차선순위 항목'은 3개 항목(p11, p10, p12)인 것으로 나타났다. 그리고 The Locus for Focus 그래프에서 중요도 값과 중요도와 현재 수준의 차이값이 낮아 제3사분면으로 도출되었고, 요구도 하위 순위로 나타나 역량투입이 상대적으로 불필요한 항목은 4개 항목(p5, p6, p7, p8)인 것으로 나타났다. 중요도의 평균값(x축)은 5.59이며 중요도와 현재 수준 차이의 평균값(y축)은 2.68로 이를 축으로 좌표평면을 구분하였다. 예방단계의 The Locus for Focus 그래프 도출 결과는 다음 〈그림 6-3〉과 같다.

〈그림 6-3〉 예방단계의 The Locus for Focus 그래프

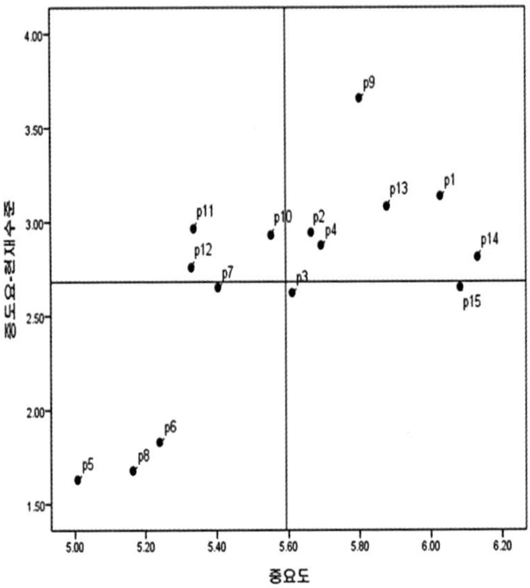

p1. 북한당국의 재난의 심각성과 위험성에 대한 인식
p2. 재난안전 법규('재해 및 구조, 복구법' 등)
p3. 북한의 국가조직 (당 · 군 · 행정부처)의 예방활동
p4. 북한 국가계획위원회의 재난 방지계획
p5. 감시감독 및 조사
p6. 중앙부서간 및 중앙과 지방부처 협조 · 조정
p7. 재난관련 과학적 연구
p8. 토지사용 규제 및 관리
p9. 재난재해 보험 제도 구비
p10. 안전기준 설정
p11. 위험지도 제작
p12. 재난업무의 전담 요원 확보
p13. 일반 주민들의 재난안전 인식과 문화
p14. NGO, UN 등 국제사회의 예방분야 지원
p15. 남한 정부의 예방분야 지원

이처럼 Borich 요구분석과 LF 모델을 활용하여 도출된 예방단계의 항목별 우선순위 분석결과를 최종 정리하면 다음 〈표 6-18〉과 같이 나타낼 수 있다.

〈표 6-18〉 예방단계의 항목별 우선순위 분석결과

항목	요구도		우선순위 분석결과			
	Borich	LF	최우선	차선	3순위	4순위
1. 북당국의재난심각성위험성인식	2	HH	o			
2. 재난안전법규(재해및 구조,복구법 등)	5	HH	o			
3. 국가조직(당,군,행정) 예방활동	12	LH			o	
4. 국가계획위원회의재난방지계획	7	HH	o			
5. 감시감독 및 조사	15	LL				o
6. 중앙부서및지방부처협조, 조정	13	LL				o
7. 재난관련 과학적 연구	10	LL				o
8. 토지사용 규제 및 관리	14	LL				o
9. 재난재해 보험제도 구비	1	HH	o			
10. 안전기준 설정	6	HL		o		
11. 위험지도 제작	4	HL		o		
12. 재난업무의 전담요원 확보	9	HL		o		
13. 일반주민의재난안전의식문화	3	HH	o			
14. NGO, UN 등 국제사회 지원	8	HH	o			
15. 남한정부의 예방분야 지원	11	LH			o	

예방단계의 최우선 항목은 1. 재난재해 보험제도 구비(p9) 2. 북한당국의 재난의 심각성과 위험성에 대한 인식(p1) 3. 일반 주민들의 재난안전 의식과 문화(p13) 4. 재난안전 법규(p2) 5. 북한 국가계획위원회의 재난방지 계획(p4) 6. NGO · UN 등 국제사회의 예방분야 지원(p14) 순이다. 즉 LF 모델 HH 사분면에 포함되어 최우선순위로 분석된 6개 항목은 예방단계에서 중요도와 요구도가 높은 항목이며 요구도가 높다는 의미는 현재 북한의 예방단계 재난관리 수준이 낮으므로 가장 우선적으로 지원역량을 투입해야 하는 항목

들이다. 예방단계의 차선순위 항목은 1. 위험지도 제작(p11) 2. 안전기준 설정(p10) 3. 재난업무의 전담요원 확보(p12) 순으로 나타났다. LF 모델 HL 사분면에 속한 차선순위 3개 항목은 상대적으로 중요도는 낮지만, 요구도 값이 높기 때문에 예방단계의 지원역량 투입 시 차선순위로 고려해야 할 항목들이다.

반면에 Borich 요구도의 하위순위와 LF 모델의 LH 사분면에 위치하는 3순위는 1. 남한정부의 예방분야 지원(p15), 2. 국가조직(당군정)의 예방활동(p3) 순이다. 3순위는 중요도는 높으나 요구도가 낮아 차선순위에서 배제한다. 그다음으로 Borich 요구도의 하위순위와 LF 모델의 LL 사분면에 도출되었고 중요도와 현재 수준의 값이 가장 낮아 역량투입이 필요성이 낮은 4순위는 1. 재난관련 과학적 연구(p7) 2. 중앙부서 및 지방부처 간 협조 · 조정(p6) 3. 토지사용 규제 및 관리(p8) 4. 감시감독 및 조사(p5) 순이다. 4순위는 그 중요도나 관심이 낮으며 현재 북한당국이 적절히 대처하고 있어 요구수준이 낮음을 의미한다.

2) 대비단계

대비단계의 Borich 요구도 분석과 The Locus for Focus 그래프를 활용하여 최우선순위와 차선순위 항목을 도출한 결과는 다음과 같다.

(1) 요구도 분석결과

대비단계의 중요도(15개 문항)와 현재 수준(15개 문항) 간 인식 차이를 분석한 결과, 모든 항목에 대해 t〉 1.96(p〈.001)로 나타나 유의미한 차이를 보였다. 전체 응답자의 중요도와 표준편차는 〈표 6-19〉와 같다. 전체 15개 항목에서 현재 수준보다 중요도가 더 높은 평균값을 가졌으며 이는 중요도에 대한 인식이 현재 수준의 인식보다 높은 것을 알 수 있었다. Borich 요구도 값과 t 값을 비교해보면 대체로 t 값이 높은 항목들(중요도와 현재 수준의 차이가 큰 항목)이 Borich 요구도 값도 높게 나타나고 있다.

이러한 상태에서 Borich 공식을 활용하여 요구도 값이 큰 순시대로 항목별 순위를 조사하였다. 그 결과는 p8(8.재해보험 가입)의 요구도가 0.073으로 1순위, p11(11.재난대비예산 확보)의 요구도가 0.071로 2순위, p9(9.중요자원(물자 · 장비 등)의 비축)의 요구도가 0.069로 3순위, p10(10.재난관련 데이터베이스 구축)의 요구도가 0.065로 4순위, p12(12.재난위험성 분석)의 요구도가 0.061로 5순위, p15(15.남한정부의 대비분야 지원)의 요구도가 0.056으로 6순위, p14(14.NGO · UN 등 국제사회의 대비분야 지원)의 요구도가 0.056으로 7순위, p13(13.위기상황 매뉴얼 작성 및 훈련)의 요구도가 0.056으로 8순위, p6(6.긴급통신, 비상방송 시스템 구축)의 요구도가 0.051로 9순위, p2(2.재난대비 조기경보체계 구축)의 요구도가 0.049로 10순위, p5(5.재난대비 방송(TV,라디오) 및 정보자료(신문 등))의 요구도가 0.047로 11순위, p7(7.대응요원들에 대한 재난안전 교육 · 훈련)의 요구도가 0.044로 12순위, p3(3.부처 및 지역 간 조정과 협조,네크워크 구축)의 요구도가 0.039로 13순위, p4(4.대응조직, 인력 및 기구관리)의 요구도가 0.036으로 14순위, p1(1.북한당국의 주민 안전교육 · 훈련 실시)의 요구도가 0.036으로 15순위로 나타났다. 대비단계의 항목별 중요도 및 현재 수준에 대한 요구도 분석 결과는 다음 〈표 6-19〉와 같이 나타났다.

〈표 6-19〉 대비단계 항목별 중요도 및 현재 수준 요구분석 결과

대비단계(변수명)	변수	중요도		현재수준		t	p	Borich 요구도	
		M	SD	M	SD			값	순위
1.북한당국의 주민안전 교육 · 훈련실시	p1	5.288	1.812	3.466	1.782	6.814	.000***	0.036	15
2.재난대비 조기경보체계 구축	p2	5.548	1.527	3.041	1.562	11.508	.000***	0.049	10
3.부처 및 지역간 조정과 협조,네크워크구축	p3	5.164	1.890	3.164	1.872	7.208	.000***	0.039	13

4.대응조직, 인력 및 기구관리	p4	5.151	1.984	3.322	1.933	6.270	.000***	0.036	14
5.재난대비방송(TV,라디오)및 정보자료(신문등)	p5	5.740	1.439	3.363	1.656	11.944	.000***	0.047	11
6.긴급통신,비상방송 시스템 구축	p6	5.705	1.453	3.103	1.647	12.759	.000***	0.051	9
7.대응요원들에 대한 재난안전교육 · 훈련	p7	5.342	1.928	3.110	1.876	8.022	.000***	0.044	12
8.재해보험 가입	p8	5.658	1.506	1.973	1.323	21.681	.000***	0.073	1
9.중요자원(물자 · 장비 등)의 비축	p9	5.979	1.387	2.486	1.468	20.951	.000***	0.069	3
10.재난관련데이터 베이스구축	p10	5.603	1.492	2.301	1.299	18.438	.000***	0.065	4
11.재난대비 예산 확보	p11	5.890	1.360	2.274	1.235	23.905	.000***	0.071	2
12.재난위험성 분석	p12	5.479	1.439	2.397	1.251	17.035	.000***	0.061	5
13.위기상황 매뉴얼 작성 및 훈련	p13	5.514	1.678	2.699	1.767	12.185	.000***	0.056	8
14.NGO · UN 등 국제사회의 대비분야 지원	p14	6.027	1.452	3.192	1.786	15.963	.000***	0.056	7
15.남한정부의 대비 분야 지원	p15	6.178	1.173	3.329	1.738	17.294	.000***	0.056	6

*p〈.05 **p〈.01 ***p〈.001

(2) The Locus for Focus 그래프와 우선순위 항목 도출

대비단계의 The Locus for Focus(LF) 그래프에서 제1사분면으로 도출되었고, Borich 요구도 상위 순위로 도출된 '최우선 항목'은 5개(p8, p9, p11, p15, p14)이며, LF 그래프에서 제2사분면으로 도출되었고, 요구도 상위 순위로 도출된 '차선순위 항목'은 3개 항목(p10, p12, p13)인 것으로 나타났다. 그리고 LF 그래프에서 중요도의 값과 중요도와 현재 수준의 차이값이 낮아 제3사분면으로 도출되었고, 요구도 하위 순위로 나타나 지원역량 투입이 상대적으로 불필요한 항목은 5개 항목(p1, p2, p3, p4, p7)인 것으로 나타났다.

중요도의 평균값(x축)은 5.61이며 중요도와 현재 수준 차이의 평균값(y축)은 2.73으로 이를 축으로 좌표평면을 구분하였다. 대비단계의 The Locus for Focus 그래프 도출 결과는 다음 〈그림 6-4〉와 같이 나타났다.

〈그림 6-4〉 대비단계의 The Locus for Focus 그래프

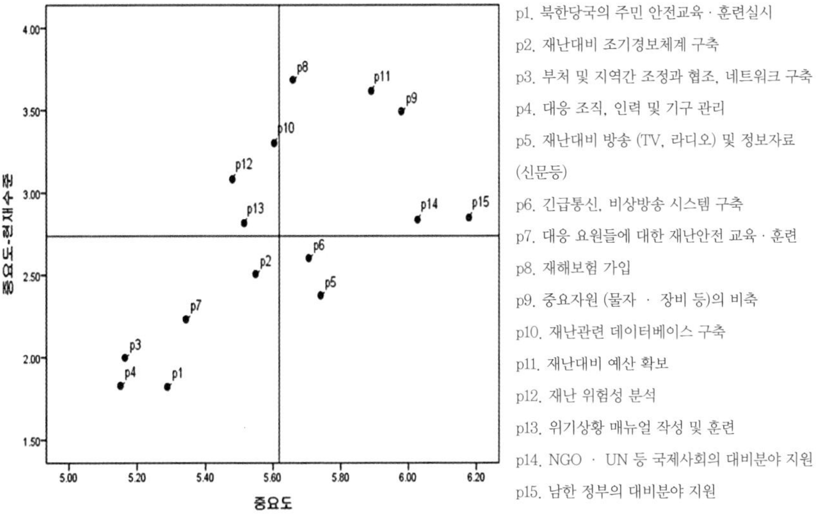

이와 같이 Borich 요구분석과 LF 모델을 활용하여 도출된 대비단계의 항목별 우선순위 분석결과를 최종적으로 정리하면 다음 〈표 6-20〉과 같이 나타낼 수 있다.

〈표 6-20〉 대비단계의 항목별 우선순위 분석결과

항목	요구도		우선순위 분석결과			
	Borich	LF	최우선	차선	3순위	4순위
1. 북한당국의 주민안전교육,훈련	15	LL				o
2. 재난대비 조기경보체제 구축	10	LL				o

3.부처및지역간조정협조네트워크	13	LL				o
4. 대응조직, 인력 및 기구관리	14	LL				o
5. 재난대비방송 및 정보자료	11	LH			o	
6. 긴급통신,비상방송시스템구축	9	LH			o	
7. 대응요원 재난안전교육, 훈련	12	LL				
8. 재해보험 가입	1	HH	o			
9. 중요자원(물자,장비 등) 비축	3	HH	o			
10. 재난관련 데이터베이스 구축	4	HL				
11. 재난대비 예산확보	2	HH	o			
12. 재난 위험성 분석	5	HL		o		
13. 위기상황매뉴얼작성 및 훈련	8	HL		o		
14. NGO, UN 등 국제사회 지원	7	HH	o			
15. 남한정부의 대비분야 지원	6	HH	o			

대비단계의 최우선 항목은 1. 재해보험 가입(p8) 2. 재난대비 예산확보(p11) 3. 중요자원의 비축 (p9) 4. 남한정부의 대비분야 지원(p15) 5. NGO · UN 등 국제사회의 대비분야 지원(p14) 순이다. 차선순위 항목은 1. 재난관련 데이터베이스 구축(p10) 2. 재난위험성 분석(p12) 3. 위기상황 매뉴얼 작성 및 훈련(p13) 순으로 나타났다. LF 모델 HH 사분면에 포함되어 최우선 순위로 분석된 5개 항목들은 대비단계에서 중요도와 요구도가 모두 높은 항목이며 요구도가 높다는 의미는 현재 북한의 대비단계의 재난관리 수준이 낮으므로 가장 우선적으로 지원역량을 투입해야 하는 항목들이다. 대비단계의 차선순위 항목은 1. 재난 위험성 분석(p12) 2. 위기상황매뉴얼 작성 및 훈련(p8) 순이며 상대적으로 중요도는 낮지만, 요구도 값이 높기 때문에 대비단계의 지원역량 투입 시 차선순위로 고려해야 할 항목들이다.

반면에 Borich 요구도의 하위순위와 LF 모델의 LH 사분면에 위치하는 3순위는 1. 긴급통신, 비상방송시스템 구축(p5) 2. 재난대비방송 및 정보자료

(p5) 순이다. 3순위는 중요도는 높으나 요구도가 낮아 차선순위에서 배제한다. 그다음으로 Borich 요구도의 하위순위와 LF 모델의 LL 사분면에 도출되었고 중요도와 현재 수준의 값이 가장 낮아 역량투입 필요성이 낮은 4순위는 1. 재난관련 과학적 연구(p7) 2. 중앙부서 및 지방부처 간 협조 · 조정(p6) 3. 토지사용 규제 및 관리(p8) 4. 감시감독 및 조사(p5) 순이다. 4순위는 그 중요도가 낮으며 현재 북한당국이 적절히 대처하고 있어 요구수준이 낮다는 것을 의미한다.

3) 대응단계

대응단계에 대한 Borich 요구도 분석과 The Locus for Focus 그래프를 활용하여 최우선순위와 차선순위 항목을 도출한 결과는 다음과 같다.

(1) 요구도 분석결과

북한 재난관리 대응단계의 중요도(20개 항목)와 현재 수준(20개 항목) 간 차이를 분석한 결과 모든 항목에 대해 t〉 1.96(p〈.001)로 나타나 유의미한 차이를 보였다. 전체 응답자의 중요도와 현재 수준의 평균과 표준편차는 〈표 6-21〉과 같다. 전체 20개 항목에서 현재 수준보다 중요도가 더 높은 평균값을 가졌으며 이는 중요도에 대한 인식이 현재 수준의 인식보다 높은 것을 알 수 있었다. 대응단계에서는 Borich 요구도 값과 t 값을 비교해보면 대체로 t 값이 높은 항목들이 요구도 값도 높게 나타났다.

이러한 상태에서 Borich 공식을 활용하여 요구도 값이 큰 순서대로 항목별 순위를 조사하였다. 그 결과는 p7(7.구호물품보급(식량 · 의류 · 물 등))의 요구도가 0.078로 1순위, p16(16.의료장비, 치료(의사) 수준)의 요구도가 0.076으로 2순위, p9(9.장비, 설비투입)의 요구도가 0.073으로 3순위, p6(6.긴급의료 및 응급의료소 운영(응급처치 등))의 요구도가 0.072로 4순위, p10(10.초기 현장대응력)의 요구도가 0.071로 5순위, p17(17.응급복구 및 피해조사)

의 요구도가 0.071로 6순위, p8(8.인명수색과 구조활동)의 요구도가 0.069로 7순위, p19(19.NGO · UN 등 국제사회의 대응분야 지원)의 요구도가 0.063으로 8순위, p5(5.긴급대피 및 대피소 운영)의 요구도가 0.061로 9순위, p20(20.남한정부의 대응분야 지원)의 요구도가 0.06으로 10순위, p18(18.대응기관별 활동목표와 역할의 명확화)의 요구도가 0.058로 11순위, p14(14.재난상황 정보수집 및 분석)의 요구도가 0.054로 12순위, p15(15.현장대응 및 지도요원들의 전문성)의 요구도가 0.053으로 13순위, p12(12.도로 · 철도 등 교통수송망 확보)의 요구도가 0.052로 14순위, p13(13.통신 및 의사전달 체계)의 요구도가 0.042로 15순위, p3(3.대책본부 및 긴급 구조통제단 가동)의 요구도가 0.036으로 16순위, p2(2.비상방송, 보도시스템 가동(주민경고활동)의 요구도가 0.036으로 17순위, p11(11.통행제한 등 치안질서 유지)의 요구도가 0.034로 18순위, p4(4.민간 · 군 · 당 · 정부 간 협조체재)의 요구도가 0.027로 19순위, p1(1.총괄지시, 통제 · 조정체재)의 요구도가 0.025로 20순위로 나타났다. 대응단계의 항목별 중요도 및 현재 수준에 대한 요구도 분석 결과는 다음의 〈표6-21〉과 같이 나타났다.

〈표 6-21〉 대응단계 항목별 중요도 및 현재 수준 요구분석 결과

대응단계(변수명)	변수	중요도		현재수준		t	p	Borich 요구도	
		M	SD	M	SD			값	순위
1.총괄지시,통제 · 조정체재	p1	5.185	2.084	4.000	1.955	4.061	.000***	0.025	20
2.비상방송,보도시스템가동 (주민경고활동)	p2	5.432	1.734	3.740	1.827	6.516	.000***	0.036	17
3.대책본부 및 긴급구조 통제단가동	p3	5.260	1.861	3.562	1.905	6.359	.000***	0.036	16
4.민간 · 군 · 당 · 정부간 협조체재	p4	5.185	1.983	3.911	1.853	4.486	.000***	0.027	19
5.긴급대피 및 대피소 운영	p5	6.116	1.105	3.247	1.651	17.574	.000***	0.061	9

6.긴급의료 및 응급의료소 운영(응급처치등)	p6	6.144	1.237	2.740	1.541	20.406	.000***	0.072	4
7.구호물품보급(식량 · 의류 · 물 등)	p7	6.212	1.182	2.527	1.435	22.388	.000***	0.078	1
8.인명수색과 구조활동	p8	6.034	1.267	2.788	1.401	20.894	.000***	0.069	7
9.장비, 설비투입	p9	5.966	1.267	2.527	1.458	20.459	.000***	0.073	3
10.초기현장대응력	p10	5.986	1.318	2.644	1.398	20.248	.000***	0.071	5
11.통행제한 등 치안 질서 유지	p11	5.151	1.917	3.541	2.055	5.467	.000***	0.034	18
12.도로 · 철도 등 교통수송망 확보	p12	5.384	1.727	2.945	1.503	10.471	.000***	0.052	14
13.통신 및 의사전달체계	p13	5.281	1.765	3.274	1.744	7.582	.000***	0.042	15
14.재난상황정보수집 및 분석	p14	5.384	1.658	2.829	1.454	11.910	.000***	0.054	12
15.현장대응 및 지도요원들의 전문성	p15	5.315	1.721	2.822	1.353	11.969	.000***	0.053	13
16.의료장비,치료(의사)수준	p16	6.233	1.292	2.623	1.244	23.708	.000***	0.076	2
17.응급복구 및 피해 조사	p17	5.925	1.405	2.582	1.393	20.390	.000***	0.071	6
18.대응기관별 활동목표와 역할의 명확화	p18	5.671	1.615	2.932	1.803	11.986	.000***	0.058	11
19.NGO · UN등국제사회의 대응분야지원	p19	6.096	1.440	3.116	1.708	17.924	.000***	0.063	8
20.남한정부의 대응분야지원	p20	6.226	1.307	3.377	1.690	17.204	.000***	0.060	10

*p〈.05 **p〈.01 ***p〈.001

(2) The Locus for Focus 그래프와 우선순위 항목 도출

대응단계의 The Locus for Focus 그래프에서 제1사분면으로 도출되었고, 요구도 상위 순위로 도출된 '최우선 항목'은 p7, p16, p9, p6, p10, p17, p8, p19, p5, p20 항목이며, 그래프에서 제2사분면으로 도출되었고, 요구도 상위 순위로 도출된 '차선순위 항목'은 p18 항목인 것으로 나타났다. 그리고 LF 그래프에서 중요도의 값과 중요도와 현재 수준의 차이값이 낮아 제3사분면으로 도출되었고, 요구도 하위 순위로 나타나 지원역량 투입이 상대적으로 불필요한 항목은 9개 항목(p1, p2, p3, p4, p11, p12, p13, p14, p15)인 것으로 나타났다. 중요도의 평균값(x축)은 5.70이며 중요도와 현재 수준 차이의 평균값(y축)은 2.62로 이를 축으로 좌표평면을 구분하였다. 대응단계의 The Locus for Focus 그래프 도출 결과는 다음의 〈그림 6-5〉와 같이 나타났다.

〈그림 6-5〉 대응단계의 The Locus for Focus 그래프

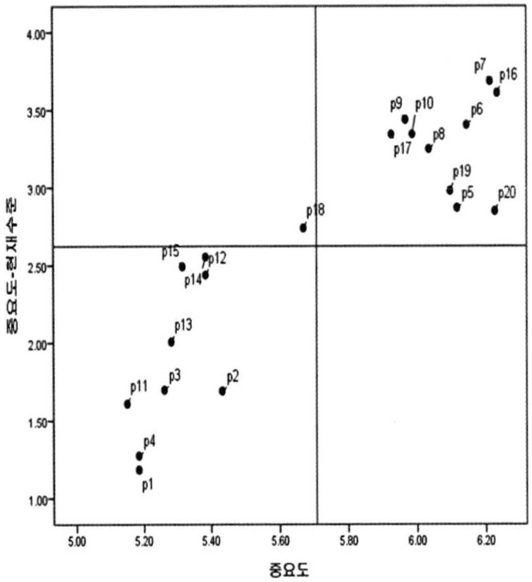

p1. 총괄 지시, 통제 · 조정 체재
p2. 비상방송, 보도 시스템 가동 (주민 경고활동)
p3. 대책본부 및 긴급 구조 통제단 가동
p4. 민간 · 군 · 당 · 정부간 협조 체재
p5. 긴급대피 및 대피소 운영
p6. 긴급 의료 및 응급 의료소 운영 (응급처치 등)
p7. 구호물품 보급 (식량 · 의류 · 물 등)
p8. 인명수색과 구조 활동
p9. 장비, 설비 투입
p10. 초기 현장 대응력
p11. 통행제한 등 치안질서 유지
p12. 도로 · 철도 등 교통수송망 확보
p13. 통신 및 의사전달 체계
p14. 재난 상황정보 수집 및 분석
p15. 현장 대응 및 지도요원들의 전문성
p16. 의료장비, 치료(의사) 수준
p17. 응급복구 및 피해조사
p18. 대응기관별 활동 목표와 역할의 명확화
p19. NGO · UN 등 국제사회의 대응분야 지원
p20. 남한 정부의 대응분야 지원

이상의 Borich 요구분석과 LF 모델을 활용하여 도출된 대응단계의 항목별 우선순위 분석결과를 최종적으로 정리하면 다음의 〈표 6-22〉와 같이 나타낼 수 있다.

〈표 6-22〉 대응단계의 항목별 우선순위 분석결과

항목	요구도		우선순위 분석결과			
	Borich	LF	최우선	차선	3순위	4순위
1. 총괄지시, 통제 · 조정체재	20	LL				o
2. 비상방송, 보도시스템 가동	17	LL				o
3. 대책본부및긴급구조통제단가동	16	LL				o
4. 민간,군,당,정부간 협조체제	19	LL				o
5. 긴급대피 및 대피소 운영	9	HH	o			
6. 긴급의료 및 응급의료소 운영	4	HH	o			
7. 구호물품보급(식량,의류,물 등)	1	HH	o			
8. 인명수색과 구조활동	7	HH	o			
9. 장비, 설비투입	3	HH	o			
10. 초기 현장 대응력	5	HH	o			
11. 통행제한 등 치안질서 유지	18	LL				o
12. 도로,철도등 교통수송망 확보	14	LL				o
13. 통신 및 의사전달 체계	15	LL				o
14. 재난상황 정보수집 및 분석	12	LL				o
15. 현장대응 및 지도요원 전문성	13	LL				o
16. 의료장비, 치료(의료) 수준	2	HH	o			
17. 응급복구 및 피해조사	6	HH	o			
18. 대응기관별 활동목표역할 명확화	11	HL		o		
19. NGO, UN 등 국제사회 지원	8	HH	o			
20. 남한정부의 대응분야 지원	10	HH	o			

대응단계의 최우선순위로 결정된 항목은 1. 구호물품 보급(p7) 2. 의료장비, 치료 수준(p16) 3. 장비, 설비투입(p9) 4. 긴급의료 및 응급의료소 운영(p6) 5. 초기 현장대응력(p10) 6. 응급복구 및 피해조사(p17) 7. 인명수색과 구조활동(p8) 8. NGO · UN 등 국제사회의 대응분야 지원(p19) 9. 긴급대

피 및 대피소 운영(p5) 10. 남한정부의 대응분야 지원(p20) 순이다. 우선순위 분석에서 Borich 요구도 공식에 우선순위가 높은 순서대로 LF모델의 제1사분면(HH)에 모두 해당되는 것으로 나타났다. LF 모델 HH 사분면에 포함되어 최우선순위로 분석된 10개 항목들은 대응단계에서 중요도와 요구도가 모두 높은 항목이며 요구도가 높다는 의미는 현재 북한의 대응단계의 재난관리 수준이 만족스럽지 못한 수준으로 가장 먼저 지원역량을 투입해야 하는 항목들임을 나타낸다. 대응단계의 차선순위 항목은 1. 대응기관별 활동목표와 역할의 명확화(p18)이다. LF 모델 HL 사분면에 속한 차선순위 1개 항목은 상대적으로 중요도는 낮지만, 요구도 값이 높기 때문에 대응단계의 지원역량 투입 시 차선순위로 고려해야 할 항목이다.

반면에 대응단계에서는 Borich 요구도의 하위순위와 LF 모델의 LH 사분면에 위치하는 3순위 항목은 나타나지 않았다. 그다음으로 Borich 요구도의 하위순위와 LF 모델의 LL 사분면에 도출되었고 중요도와 현재 수준의 값이 가장 낮아 역량투입 필요성이 없는 4순위는 1. 재난상황 정보수집 및 분석(p12) 2. 현장대응 및 지도요원 전문성(p13) 3. 도로철도 등 교통수송망 확보(p14) 4. 통신 및 의사전달 체계(p15) 5. 대책본부 및 긴급구조 통제단 가동(p3) 6. 비상방송, 보도시스템 가동(p2) 7. 통행제한 및 치안질서 유지(p11) 8. 민군당 정부 간 협조체제(p4) 9. 총괄지시 · 통제조정(p1) 순이다. 4순위는 그 중요도가 낮으며 현재 북한당국이 적절히 대처하고 있어 현재의 요구수준이 낮음을 의미한다.

4) 복구단계

복구단계의 Borich 요구도 분석과 The Locus for Focus 그래프를 활용하여 최우선순위와 차선순위 항목을 도출한 결과는 다음과 같다.

(1) 요구도 분석결과

북한지역 재난관리 복구단계의 중요도(15개 항목)와 현재 수준(15개 항목) 간 인식 차이를 분석한 결과, 모든 항목에 대해 t〉 1.96(p〈.001)로 나타나 유의미한 차이를 보였다. 전체 응답자의 중요도와 현재 수준의 평균과 표준편차는 〈표 6-23〉과 같다. 전체 15개 항목에서 현재 수준보다 중요도가 더 높은 평균값을 가졌으며 이는 중요도에 대한 인식이 현재 수준의 인식보다 높은 것을 알 수 있었다. Borich 요구도 값과 t 값을 비교해보면 대체로 t 값이 높은 항목들(중요도와 현재 수준의 차이가 큰 항목)이 Borich 요구도 값도 높게 나타나고 있다.

이러한 상태에서 Borich 공식을 활용하여 요구도 값이 큰 순서대로 항목별 순위를 조사하였다. 그 결과는 p7(7.보험금지급)의 요구도가 0.075로 1순위, p5(5.국가 보조금지원 및 보상)의 요구도가 0.071로 2순위, p6(6.피해자 심리상담 치료(스트레스 · 트라우마 등))의 요구도가 0.069로 3순위, p13(13.복구예산 확보)의 요구도가 0.065로 4순위, p12(12.장기적 원상복구)의 요구도가 0.057로 5순위, p10(10.재발 방지대책 수립)의 요구도가 0.056으로 6순위, p8(8.피해규모 평가)의 요구도가 0.056으로 7순위, p1(1.이재민 임시 거주지 마련)의 요구도가 0.055로 8순위, p14(14.NGO · UN 등 국제사회의 복구분야 지원)의 요구도가 0.052로 9순위, p9(9.복구계획 수립을 위한 원인조사)의 요구도가 0.05로 10순위, p11(11.대응계획, 결과평가 및 수정)의 요구도가 0.05로 11순위, p15(15.남한정부의 복구분야 지원)의 요구도가 0.05로 12순위, p4(4.전기, 통신복구)의 요구도가 0.049로 13순위, 2(2.핵심도로 · 철도 등 교통시설 복구)의 요구도가 0.048로 14순위, p3(3.잔해물 및 장애물 제거)의 요구도가 0.045로 15순위로 나타났다. 복구단계의 항목별 중요도 및 현재 수준에 대한 요구도 분석 결과는 다음의 〈표 6-23〉과 같이 나타났다.

〈표 6-23〉 복구단계 항목별 중요도 및 현재 수준 요구분석 결과

복구단계(변수명)	변수	중요도		현재수준		t	p	Borich 요구도	
		M	SD	M	SD			값	순위
1.이재민임시거주지마련	p1	5.993	1.278	3.021	1.671	16.491	.000***	0.055	8
2.핵심도로 · 철도 등 교통시설복구	p2	5.815	1.254	3.185	1.467	14.242	.000***	0.048	14
3.잔해물 및 장애물제거	p3	5.623	1.271	3.178	1.432	13.314	.000***	0.045	15
4.전기, 통신복구	p4	5.733	1.304	3.089	1.481	15.002	.000***	0.049	13
5.국가보조금지원 및 보상	p5	6.007	1.295	2.116	1.321	24.628	.000***	0.071	2
6.피해자심리상담치료(스트레스 · 트라우마 등)	p6	5.678	1.448	1.897	1.029	25.790	.000***	0.069	3
7.보험금지급	p7	5.747	1.717	1.671	0.948	26.948	.000***	0.075	1
8.피해규모평가	p8	5.514	1.371	2.480	1.335	17.550	.000***	0.056	7
9.복구계획수립을 위한 원인조사	p9	5.486	1.459	2.753	1.621	14.196	.000***	0.050	10
10.재발방지대책수립	p10	5.651	1.378	2.596	1.397	17.359	.000***	0.056	6
11.대응계획,결과평가 및 수정	p11	5.411	1.461	2.685	1.530	13.302	.000***	0.050	11
12.장기적 원상복구	p12	5.671	1.292	2.582	1.413	18.170	.000***	0.057	5
13.복구예산확보	p13	5.911	1.334	2.384	1.340	24.625	.000***	0.065	4
14.NGO · UN 등 국제사회의 복구분야지원	p14	6.068	1.322	3.212	1.674	17.593	.000***	0.052	9
15.남한정부의 복구분야 지원	p15	6.075	1.385	3.356	1.647	17.358	.000***	0.050	12

*p〈.05 **p〈.01 ***p〈.001

(2) The Locus for Focus 그래프와 우선순위 항목 도출

복구단계의 The Locus for Focus 그래프에서 제1사분면으로 도출되었고, 요구도 상위 순위로 도출된 '최우선 항목'은 총 15개 항목 중 p5, p13으로 2개 항목이며, 그래프에서 제2사분면으로 도출되었고, 요구도 상위 순위로 도출된 '차선순위 항목'은 p7, p6, p10으로 3개 항목인 것으로 나타났다. 그리고 LF 그래프에서 중요도의 값과 중요도와 현재 수준의 값이 낮아 제3사분면으로 도출되었고, 요구도 하위 순위로 나타나 지원역량 투입이 상대적으로 불필요한 항목은 6개 항목(p3, p4, p8, p9, p11, p12)인 것으로 나타났다. 중요도의 평균값(x축)은 5.75이며 중요도와 현재 수준 차이의 평균값(y축)은 3.07로 이를 축으로 좌표평면을 구분하였다. 복구단계의 The Locus for Focus 그래프 도출 결과는 다음의 〈그림 6-6〉과 같이 나타났다.

〈그림 6-6〉 복구단계의 The Locus for Focus 그래프

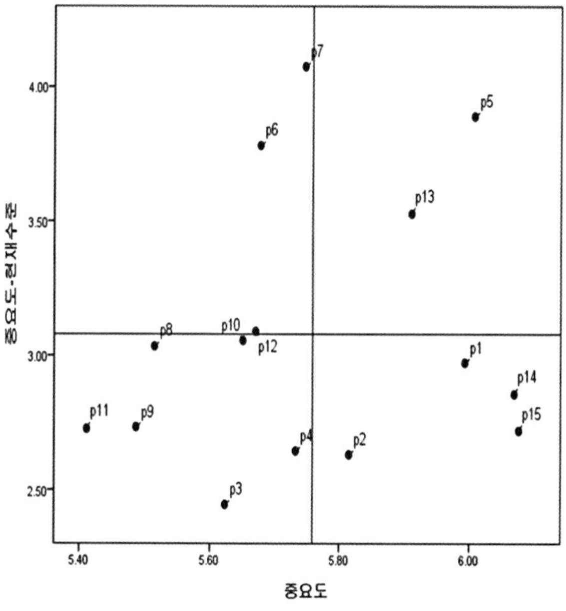

p1. 이재민 임시 거주지 마련
p2. 핵심 도로 · 철도 등 교통시설 복구
p3. 잔해물 및 장애물 제거
p4. 전기, 통신 복구
p5. 국가보조금 지원 및 보상
p6. 피해자 심리상담 치료 (스트레스 · 트라우마 등)
p7. 보험금 지급
p8. 피해규모 평가
p9. 복구계획 수립을 위한 원인 조사
p10. 재발방지 대책 수립
p11. 대응계획, 결과 평가 및 수정
p12. 장기적 원상복구
p13. 복구 예산 확보
p14. NGO · UN 등 국제사회의 복구분야 지원
p15. 남한 정부의 복구분야 지원

이와 같이 Borich 요구분석과 LF 모델을 활용하여 도출된 복구단계의 항목별 우선순위 분석결과를 최종적으로 정리하면 다음의 〈표 6-24〉와 같이 나타낼 수 있다.

〈표 6-24〉 복구단계의 항목별 우선순위 분석결과

항목	요구도		우선순위 분석결과			
	Borich	LF	최우선	차선	3순위	4순위
1. 이재민임시거주지마련	8	LH			o	
2. 핵심도로철도등 교통시설복구	14	LH			o	
3. 잔해물 및 장애물 제거	15	LL				o
4. 전기통신복구	13	LL				o
5. 국가보조금지원 및 보상	2	HH	o			
6. 피해자심리상담 치료	3	HL		o		
7. 보험금 지급	1	HL		o		
8. 피해규모 평가	7	LL				o
9. 복구계획수립을 위한 원인조사	10	LL				o
10. 재발방지 대책수립	6	HL		o		
11. 대응계획, 결과 평가 및 수정	11	LL				o
12. 장기적인 원상복구	5	LL				o
13. 복구예산 확보	4	HH	o			
14. NGO, UN 등 국제사회 지원	9	LH			o	
15. 남한정부의 복구분야 지원	12	LH			o	

복구단계의 최우선 항목은 1. 국가 보조금지원 및 보상(p5) 2. 복구예산 확보(p13) 순이다. LF 모델 HH 사분면에 포함되어 최우선순위로 분석된 2개 항목들은 복구단계에서 중요도와 요구도가 높은 항목이며 요구도가 높다는 의미는 현재 북한의 복구단계 재난관리 수준이 형편없음으로 가장 우선하여 지원역량을 투입해야 하는 항목들임을 나타낸다. 복구단계의 차선순위

항목은 1. 보험금 지급(p7) 2.피해자 심리상담 치료(p6) 3.재발 방지대책 수립 (p10) 순으로 나타났다. LF 모델 HL 사분면에 속한 차선순위 3개 항목은 상대적으로 중요도는 낮지만, 요구도 값이 높기 때문에 복구단계의 지원역량 투입 시 차선순위로 고려해야 할 항목들이다.

반면에 Borich 요구도의 하위순위와 LF 모델의 LH 사분면에 위치하는 3순위는 1. 이재민 임시거주지 마련(p1) 2. NGO, UN 등 국제사회 지원(p15) 3. 남한정부의 지원(p15) 순이다. 3순위는 중요도는 높으나 요구도가 낮아 우선순위에서 배제한다. 그다음으로 Borich 요구도의 하위순위와 LF 모델의 LL 사분면에 도출되었고 중요도와 현재 수준의 값이 가장 낮아 역량투입이 필요성이 낮은 4순위는 1. 장기적인 원상복구(p12) 2. 대응계획 결과 평가 및 수정(p11) 3. 피해규모 평가(p8) 4. 복구계획 수립을 위한 원인조사(p9) 5. 잔해물 및 장애물 제거(p3) 6. 전기 통신 복구(p4) 순이다. 4순위는 그 중요도가 낮으며 현재 북한당국이 적절히 대처하고 있어 요구가 낮다는 것을 의미한다.

6. 분석결과의 종합

1) 신뢰도 분석 결과

북한지역의 재난관리 단계별 중요도와 현재 수준에 대한 탈북민의 인식 차이 분석을 위해 예방 · 대비 · 대응 · 복구의 총 130개 항목에 대해 신뢰도(reliability)를 측정하였다. Cronbach's α 계수 조사 결과, 예방단계의 중요도 15문항은 0.939, 현재 수준 15문항은 0.941, 대비단계의 중요도 15문항은 0.935, 현재 수준 15문항은 0.944, 대응단계의 중요도 20문항은 0.951, 현재 수준 20문항은 0.965, 복구단계의 중요도 15문항은 0.951, 현재 수준 15문항은 0.951로 나타났다. 이는 전체적으로 매우 높은 신뢰도를 보인 것이다.

2) 인구사회학적 특성에 따른 집단 간의 인식 차이

인구사회학적 특성에 따른 재난관리 각 단계의 중요도와 현재 수준에 대해 탈북민 집단 간 인식 차이를 t-test와 ANOVA를 실시하였다.

분석한 결과, 탈북민들은 남녀 성별과 북한이탈 시기 간에는 통계적으로 유의미한 차이를 보이지 않았다. 즉, 남녀 성별이나 북한 정권별 이탈 시기는 탈북민들의 재난관리 인식에 영향을 미치지 못한 것이다. 이는 남녀간 또는 정권별 특성과 무관하게 광범위하게 유포된 위험추구 경향, 차등화된 교육체계의 부재, 재난 및 재난관리 개념의 부재, 북한 당국의 재난관리 체계의 미비 등이 요인으로 작용한 결과로 분석된다.

한편, 북한 주민들의 연령, 직업, 학력 및 출신지역 간에는 유의미한 차별화가 제한적으로 나타났다. 연령 면에서 보면 31세~40세가 이후 연령대보다 더욱 차이점을 높게 인식하고 있는데 이는 1980년대~1990년대 사이에 출생한 이들이 비교안목을 갖게 되었음을 의미한다. 직업 면에서 당 · 정 및 교육기관원들이 예방단계에서 무직자들보다 많은 문제의식을 느낀 것으로 나타난 것은 재난 관련 정보와 이로 인한 위험에 대한 정보를 접할 기회가 많기 때문으로 분석된다. 그리고 학력 및 출신지역 면에서는 폐쇄적인 북한체제의 특성상 정보접근이 제한된 만큼 구체적인 차이는 확인되지 않았다.

3) 재난 유형별 전반적 사항에 대한 인식 차이

과거 북한지역에서 발생한 재난(재해) 중 가장 피해 심각한 자연재난과 사회재난으로 자연재난의 경우 홍수(55.5%) 〉 가뭄(30.8%) 〉 태풍(7.5%) 〉 폭설(3.4%) 〉 지진화산(1.4%) 〉 황사(1.4%) 순으로 인식하였다. 이는 북한지역 자연재난에 대한 선행연구(임예준, 2017; 박소연, 2010)와 일치된 결과를 보여주고 있다. 사회재난의 경우 전염병 혹은 가축전염병(32.2%) 〉 산불(24%) 〉 도로 철도사고(20.5%) 〉 건물 붕괴(9.6%) 〉 화재(8.2%) 〉 폭발(4.8%) 〉 미세먼지(0.8%) 순으로 나타났다. 선행연구(노영선 외, 2018; 강경일, 2014)에서는 사회재난으로 열차 폭발 사고가 우선순위였지만 본 연구의 인식조사에서 전염병 혹은 가축전염병이 1순위로 나타난 것과는 차이가 있다. 이는 과거 북한당국이 체재 유지에 부정적인 전염병이나 가축전염병 발생에 대한 정보를 공개하지 않고 은폐해 왔기 때문인 것으로 해석된다.

한편, 미래 북한지역에서 발생 가능성이 가장 높은 재난으로 자연재난의 경우, 홍수(56.8%) 〉 가뭄(28.1%) 〉 태풍(9.6%) 〉 지진화산(2.1%) 〉 황사(2.1%) 〉 폭설(1.4%) 순이며 사회재난의 경우 전염병 혹은 가축전염병(41.8%) 〉 도로 철도사고(21.2%) 〉 산불(13.7%) 〉 건물붕괴(10.3%) 〉 화재(6.8%) 〉 폭발(4.1%) 〉 미세먼지(2.1%) 순으로 나타났다. 여기에서 자연재난의 경우 선행연구 결과와 비슷한 홍수 〉 가뭄 순이지만 사회재난의 경우 선행연구와 달리 전염병 혹은 가축전염병의 발생 가능성이 매우 높다(41.8%)고 인식하였다는 점이 주목된다. 이와 관련하여 향후 국제사회와 우리 정부는 북한과의 긴밀한 협력을 통해 신종플루 · 결핵 · 말라리아 · B형 간염, COVID-19 등 전염병 치료제 지원과 구제역 · ASF 등 가축전염병 정보공유체계 구축 등 선제적 예방정책과 대책 수립이 긴요한 사안으로 판단된다.

그리고 북한에서 재난 발생 시 최우선 지원 분야로 탈북민들은 식량 · 의약품 · 의류 등 구호물품 지원이 76.6%로 가장 높은 비중을 차지한 것으로 나타났다. 그다음으로 도로 · 건물 등 피해지역 복구 13% 〉 주택 등 임시거소 마련 9.6% 〉 트라우마 등 재난심리치료 0.7% 순이다. 식량 · 의류 등 구호물품은 본 연구의 요구분석 우선순위 도출 결과에서도 대응단계 1순위로 나타나고 있어 일치된 결과임을 알 수 있다.

마지막으로 북한의 재난관리 단계 중 가장 미흡한 단계로 탈북민들(41.8%)은 예방단계라고 인식하고 있는 것으로 나타났다. 지금까지 국제사회와 우리나라는 북한지역에 대해 재난 발생 이후 대응과 복구단계를 중점적으로 지원해온 사실을 감안할 때 앞으로의 지원정책 검토에서는 깊이 있게 고려해볼 사안이다. 북한지역이 전 세계에서 재난으로 인한 피해가 가장 심각한 지역 중의 하나인 것으로 알려진 만큼 북한지역의 재난관리 단계 중 가장 미흡한 단계로 인식되고 있는 예방단계의 지원사업 프로그램 구축이 절실히 요구되는 상황이라 하겠다.

4) 재난관리 단계별 · 항목별 우선순위

북한지역의 재난관리 단계별 각 측정항목의 중요도와 현재 수준 값에 대한 차이의 통계적 유의성을 확인하기 위하여 대응표본 t-test를 실시하였다. 통계적으로 유의미한 차이가 있는 경우 Borich 요구도 공식에 근거하여 요구도 값을 구하고 그 값의 크기에 따라 요구도 우선순위를 도출하였다. 그리고 LF(The Locus for Focus) 그래프 제1사분면(HH)에 표시된 항목 중에서 요구도 분석 결과로 도출된 순위항목과 겹치는 항목을 '최우선순위 항목'으로 선정하였으며, 제2사분면(HL)에 표시된 항목 중에서 요구도 분석 결과로 도출된 순위항목과 겹치는 항목을 '차선순위 항목'으로 선정하였다.

(1) 예방단계

북한지역 재난관리 예방단계의 15개 항목 중 최우선순위 항목은 1) 재난재해 보험제도 구비, 2) 당국의 재난의 심각성과 위험성에 대한 인식, 3) 일반 주민들의 재난안전 의식과 문화, 4) 재난안전 법규(재해 및 구조, 복구법 등), 5) 북한 국가계획위원회의 재난 방지계획, 6) NGO · UN 등 국제사회의 예방분야 지원 순이다. 최우선순위 6개 항목은 미래의 필요수준이 높으며 현재의 요구수준도 높으므로 북한지역 재난관리체계의 개선을 위해 가장 우선하여 가용역량을 투입해야 하는 항목들이다. 다음으로 차선순위 항목은 1) 위험지도 제작, 2) 안전기준 설정, 3) 재난업무의 전담요원 확보 순이다. 차선순위 3개 항목은 상대적으로 미래의 필요수준은 낮지만, 현재의 요구수준이 높이 때문에 예방단계의 지원역량 투입 시 차선순위로 고려해야 할 항목들이다.

한편, 3순위로 나타난 1) 남한 정부의 예방분야 지원, 2) 국가조직(당, 군, 행정)의 예방활동은 중요도는 높으나 현재의 요구수준이 낮아 차선순위에서 배제한다. 그다음으로 4순위로 나타난 1) 재난대비 조기경보체제 구축, 2) 부처 및 지역 간 조정과 협조 네트워크 구축, 3) 대응조직 인력 및 기구 관리 등의 항목은 시급성 등 미래의 필요수준이 낮으며 현재 북한당국이 적절히 대처하고 있는 분야를 의미한다.

전체적으로 예방단계에서는 감시감독 조사, 토지사용 규제 및 관리, 중앙과 지방의 협조 등 국가기관의 제도적인 측면보다는 보험제도 구비, 재난의 심각성과 위험성 인식 등 개인적 차원의 손해 예방적 안전의식과 구제제도 마련 및 활용을 더 우선시하고 있음으로 이 분야에 대한 집중적인 지원과 역량 투입을 선제적으로 고려해야 한다.

(2) 대비단계

대비단계의 15개 항목 중 최우선순위 항목은 1) 재해보험 가입, 2) 재난대비 예산확보, 3) 중요자원(물자 · 장비 등)의 비축, 4) 남한 정부의 지원, 5)

NGO · UN 등 국제사회의 지원 순이다. 차선순위 항목은 1) 재난관련 데이터베이스 구축, 2) 재난 위험성 분석, 3) 위기상황 매뉴얼 작성 및 훈련 순이다. 3순위 항목은 1) 긴급통신, 및 비상방송시스템 구축, 2) 재난대비 방송 및 정보자료 순이며, 그다음으로 4순위 항목은 1) 재난대비 조기경보망 구축, 2) 부처 및 지역 간 조정과 협조 네트워크 구축, 3) 대응조직 인력 및 기구 관리, 4) 북한당국의 주민안전 교육 · 훈련 순이다.

이에 대한 의미를 정리해보면 북한지역 재난관리체계의 개선을 위해 대비단계에서는 조기경보체제 구축, 재난대비 방송, 안전교육 등 경보시스템이나 교육 측면보다는 예산확보, 중요자원의 비축, 재난관련 데이터베이스 구축 등의 분야에 먼저 지원역량을 투입해야 할 필요성을 의미하고 있다. 특히 재난관련 데이터베이스 구축은 비정치적 분야에 해당하므로 대한민국 기상청, 소방청, 통계청, 질병관리본부 등의 통일대비 남북협력 사업 검토 시 우선적 시행을 고려해 볼 수 있을 것으로 판단된다.

(3) 대응단계

대응단계 20개 항목 중 최우선순위 항목은 1) 구호품 보급(식량 · 의류 · 물 등), 2) 의료장비, 치료(의사) 수준, 3) 장비 · 설비 투입, 4) 긴급의료 및 응급의료소 운영, 5) 초기 현장 대응력, 6) 응급복구 및 피해조사, 7) 인명수색과 구조활동, 8) NGO · UN 등 국제사회의 지원, 9) 긴급대피 및 대피소 운영, 10) 남한정부의 지원 순이다. 최우선순위로 분석된 10개 항목들은 대응단계에서 중요도와 요구수준이 모두 높은 항목이며, 요구수준이 높다는 의미는 현재 북한의 대응단계의 재난관리 수준이 만족스럽지 못하므로 가장 우선하여 지원역량을 투입해야 하는 항목들임을 의미한다. 다음으로 차선순위 항목은 대응 기관별 활동목표와 역할의 명확화이다. 이는 상대적으로 중요도는 낮지만, 요구수준의 값이 높이 때문에 대응단계의 지원역량 투입 시 차선순위로 고려해야 할 항목이다.

한편, 대응단계의 3순위 항목은 나타나지 않았다. 그다음으로 4순위 항목은 1) 대책본부 및 긴급구조 통세난 가동, 2) 비상방송, 3) 통행제한 및 치안질서 유지, 4) 민 · 군 · 당 · 정부 간 협조체제, 5) 총괄지시 · 통제조정 등의 순이다. 4순위 항목은 현재 북한 정권이 적절히 대응하고 있는 분야임을 의미한다. 즉 북한 최고지도자의 지시에 의한 정부 기관과 군대 동원의 용이성, 치안질서 유지 등 통제적이고 폐쇄적인 북한체제의 특징이 본 연구의 인식조사에서도 잘 반영되고 있음을 알 수 있다.

특이점으로 대응단계의 최우선 순위가 식량 · 의류 · 물 등 구호물품으로 나타난 것은 '북한지역 재난 시 안정화를 위한 도시생명선 구축' 선행연구(강경일, 2014)와 일치된 결과(식량, 의류, 물)이며, 본 연구에서 보충적으로 시행한 북한 재난 발생 시 최우선 지원 분야 조사 시에도 식량, 의약품, 의복 등으로 유사한 결과임을 확인하였다. 따라서 향후 북한지역에서 재난 발생 시 대응단계에서 가장 우선적인 긴급지원 품목은 식량, 의류, 물 등임을 판단할 수 있다.

(4) 복구단계

복구단계의 15개 항목 중 최우선순위 항목은 1) 국가보조금 지원 및 보상, 2) 복구예산 확보 순이다. 차선순위 항목은 1) 보험금 지급, 2) 피해자 심리상담 치료(스트레스 · 트라우마 등), 3) 재발방지 대책 수립 순이다. 다음으로 3순위는 1) 이재민 임시거주지 마련, 2) 국제사회와 남한정부의 지원, 3) 핵심 도로 철도 복구 순이며, 그다음으로 4순위는 1) 장기적인 원상복구, 2) 피해규모 평가, 3) 복구계획 수립을 위한 원인조사, 4) 대응계획 결과 평가 및 수정, 5) 전기통신 복구, 6) 잔해물 및 장애물 제거 순이다.

복구단계에서 주목해야 할 점은 잔해물 및 장애물 제거, 핵심 도로 · 철도 등 교통시설 복구, 전기 · 통신 복구와 같은 공공 사회적 피해복구에 대한 요구보다 국가보조금 지원 및 보상, 피해자 심리상담 치료, 보험금 지급 등과 같은 개인적 지원책과 보상을 더 선호하고 있는 것으로 나타났다는 사실이다. 이는 조사대상자인 탈북민들이 북한을 이탈한 이후 자유민주주의와 시장경제체제 속에서의 생활을 이미 경험해 본 사실과 무관하지는 않다고 볼 수 있다.

이와 비슷한 특이사항으로 재난관리 복구단계에서 세월호 참사 이후 이슈가 되었던 '심리적 스트레스와 안정을 위한 심리상담 치료'도 매우 중요하게 생각한다는 실증을 보여주고 있다.

5) 북한지역 재난관리 단계별 · 항목별 우선순위 결과 종합

Borich 요구도 분석과 LF 모델을 이용하여 탈북민이 인식한 북한지역의 재난관리 단계별 '최우선순위'와 '차선순위' 항목을 도출한 결과 종합은 다음 〈표 6-25〉와 같다.

〈표 6-25〉 북한지역의 재난관리 단계별 우선순위 결과 종합

단계	구분	순위	Borich 순위	LF 사분면	항목명
예방단계	최우선순위	1	1	HH	재난재해보험제도구비
		2	2	HH	북한당국의재난의심각성과위험성 인식
		3	3	HH	일반주민들의재난안전의식과문화
		4	5	HH	재난안전법규('재해및구조,복구법'등)
		5	7	HH	북한국가계획위원회의재난방지계획
		6	8	HH	NGO · UN등국제사회의예방분야지원
	차선순위	1	4	HL	위험지도제작
		2	6	HL	안전기준설정
		3	9	HL	재난업무의전담요원확보

대비 단계	최우선 순위	1	1	HH	재해보험가입
		2	2	HH	재난대비예산확보
		3	3	HH	중요자원(물자 · 장비등)의비축
		4	6	HH	남한정부의대비분야지원
		5	7	HH	NGO, UN등국제사회의대비분야지원
	차선 순위	1	4	HL	재난관련데이터베이스구축
		2	5	HL	재난위험성분석
		3	8	HL	위기상황매뉴얼작성및훈련
대응 단계	최우선 순위	1	1	HH	구호물품보급(식량 · 의류 · 물 등)
		2	2	HH	의료장비, 치료(의사)수준
		3	3	HH	장비, 설비투입
		4	4	HH	긴급의료및응급의료소운영(응급처치등)
		5	5	HH	초기현장대응력
		6	6	HH	응급복구및피해조사
		7	7	HH	인명수색과구조활동
		8	8	HH	NGO · UN등국제사회의대응분야지원
		9	9	HH	긴급대피및대피소운영
		10	10	HH	남한정부의대응분야지원
	차선 순위	1	11	HL	대응기관별활동목표와역할의명확화
복구 단계	최우선 순위	1	2	HH	국가보조금지원및보상
		2	4	HH	복구예산확보
	차선 순위	1	1	HL	보험금지급
		2	3	HL	피해자심리상담치료(스트레스 · 트라우마)
		3	2	HL	재발방지대책수립

6)시사점

본 조사에서 도출된 결과를 바탕으로 북한지역 재난안전 관리체계의 개선에 대한 정책적 함의는 다음과 같다.

첫째, 본 조사의 결과는 향후 통일대비 북한지역 재난관리 정책수립 시 남북 재난협력의 우선순위 선정과 북한의 재난안전 취약성 평가 및 재난지수 프로그램 개발을 할 때 기초적 자료로 활용이 가능할 것으로 본다. 즉 북한지역의 재난 · 재해 발생 관련 정부의 대응역량 제고와 재난분야 남북협력 모색을 위한 중장기 대북정책 수립 시 방향성을 제시하고 참고자료로 활용이 가능하다는 점에서 정책적 의의가 있다고 생각한다.

둘째, 본 조사의 결과는 북한지역의 재난 발생에 대비한 긴급구호에 관한 법률과 인도주의적 지원을 위한 근거 법안을 마련할 때 참고자료로 사용될 수 있을 것이며, 우리나라의「재난 및 안전관리 기본법」,「해외긴급구호에 관한 법」등 개정 시에도 유용한 자료로 사용될 수 있을 것이다.

셋째, 향후 북한의 재난 발생 전후 단계에서 세계 각국과 UN 산하 대북지원 기구, 국제구호 기구, 대북지원 NGO 등이 북한지역 재난관리 지원정책을 수립할 때 북한 주민의 기대와 필요항목이 어떤 것인지, 우선순위로 무엇을 먼저 투입해야 할지 등 실질적으로 도움이 되는 계획을 수립하고 지원해야 한다. 그러나 북한은 국가체제의 폐쇄성, 기밀유지, 통제시스템 강화 등으로 재난 발생 및 관리실태에 대한 대외 정보공개를 극도로 제한하고 있어서 과연 어떤 지원계획이 바람직한지 판단하기 어렵다. 본 조사의 요구분석 결과는 북한 재난관리 지원계획을 수립할 시 북한 주민의 만족도를 높이는 방향으로 결정하는데 이바지할 수 있을 것이다.

제7장

북한의 재난관리체계 개선 협력

나 어릴 적 소망하던 소박한 꿈은 이루었는데
지금 또 다시 더 큰 새로운 꿈을 꾸어야 하나요?

제7장 북한의 재난관리체계 개선 협력

북한은 위험 사회적 특성뿐만 아니라 높은 군사적 위험 추구, 긴급구조체계의 미비, 관료의 부패, 체제와 이념의 경직성, 국가 주도의 돌진적 성과추구 경향 등 다양한 요인들이 북한 사회를 재난으로부터 자유롭지 못하게 만들고 있다. 북한에서 발생하는 재난의 원인과 양상은 복합적이면서 이중적 특성을 보여주고 있다. 다시 말해서 근대화 과정에서 양산되고 있는 재난과 전근대 사회에서 보여주는 안전 불감증과 같은 위험추구 경향에 의해 재난이 발생하고 있다. 과거 김정일 시대 이른바 '고난의 행군' 시기부터 시작된 자연재난으로 인한 북한의 피해와 이로 인한 주민의 이탈로 이들의 한국 및 국제사회로의 유입은 북한 체제의 견고성의 약화를 초래하는 한편 수용국가들의 안보 · 경제 등 제반 측면에서 갈등과 부담을 야기시켰기 때문이다.

김정은 시대에도 열악한 재정난 등으로 정부 차원의 현대적인 재난관리시스템은 만족할 만한 정도로 구비되어 있지 않으며 재난단계별 체계적인 분석이나 대응활동도 미흡한 편이다. 특히 방재시스템 분석에 기초가 되는 재난데이터, 대응 매뉴얼, 위험지도 제작 등은 체계화되어 있지 않은 상황이다.

이 장에서는 북한지역의 재난관리체계 개선과 협력 방향에 대하여 먼저 동서독의 통합 전 단계에서 재난개선 협력 사례를 검토해 보고자 한다. 그리고 과거 남북한이 협력한 재난관리 협력 여건을 살펴보고 향후 북한의 재난관리 개선전략과 관련하여 남북한 및 국제사회의 협력 방향을 기술하고자 한다.

1. 동서독의 재난관리 협력 사례

1) 재난관리 협정 및 합의서

(1) 재난공동대응협정 체결

동서독 정상은 1970년 두 차례 정상회담을 통해 관계 정상화를 약속하고 1972년 관계 정상화를 위한 기본조약을 체결하였다. 이후 1990년 동서독이 통합되기 17년 전인 1973년 9월 20일 서독(독일연방공화국)과 동독(독일민주공화국)은 본(Bonn)에서 총5조로 구성된 "동서독 간 접경지역에서의 피해 대응의 원칙에 관한 서독 정부와 동독 정부 간의 협정(재난공동대응협정 또는 재난공동방지협정)[65]"을 체결하였다. 서독을 대표하여 「파겔」 박사가 서명하고 동독을 대표하여 「클롭스」가 서명하였다. 상호 정치적인 논쟁이나 이념을 배제하고 순수한 재난문제에 대한 본질적인 의제만을 논의함으로써 실질적인 협상의 결실을 맺었다고 평가할 수 있다. 민족의 공동선을 추구하는 재난 대응을 체제와 이념보다 우선시한 좋은 협력사례이다.

동 협정에서 동서독은 접경지역 내의 재난의 범위에 대해 화재, 홍수, 빙해, 하수로 폐쇄, 폭풍, 광해, 야생 전염성 질병, 병해충, 유류오염, 대기오염, 폭발 등과 함께 교통사고와 방사선 위험까지도 포함(제2조) 하였다. 그리고 각자의 지역에서 발생한 재난이 상대측의 지역으로 침범하는 것을 저지하고(제4조 제1항), 재난 및 화재 대응 조직과 차량, 장비는 원칙적으로 자신의 지역에만 투입하지만(제2항), 접경지역에 인접한 지역에서 재난상황이 발생하고 이 재난이 상대 지역으로 넘어가는 것을 효과적으로 대응하는 것이 일방의 측면에서 시행이 불가능할 경우 공동으로 재난방지 활동을 하기 위하여 협력(제3항) 할 수 있도록 하였다. 또한 위험성이 높은 재난에 대해서는 최단시간 내에 상주대표에게 정보를 제공(제3조 제1항)하고 지체 없이 즉각 대응함으로써 다른 국가의 지역으로 손해가 확산되는 것을 막을 수 있는 경우 정

65) 부록4 : '동서독 정부 간 재난공동대응협정 및 접경수로협정' 참조

보의 교환은 국경경비대 사이에서 구두 또는 통화상으로도 전달(제3조 제2항)하도록 하였다. 이외 재난 발생 사후 결과 조사보고서를 작성하는 조항(제5조)도 규정하였다. 양국은 협정의 즉각적인 효력 발생을 확약하기 위해 부속 합의서에 "양국 정부는 동 협정이 비준일부터 효력을 가지는 것 이전에 미리 적용하는 것에 대하여 합의" 하였다. 통상의 국가 간의 협정체결 관례를 뛰어 넘는 가히 파격적인 협정이었다. 향후 재난관련 남북 간의 합의 시에 반드시 참고해야 할 조항이다.

상기 협정은 이후 동서독 간의 이루어진 접경지역 수로협정, 의료보건 합의서 등 개별적인 재난관련 협정서 및 합의서 체결의 기초가 되었다.

(2) 접경지역 수로협정 체결

이 협정은 재난공동대응협정과 함께 1973년 9월 20일 "접경지역 수로 및 부속 수계시설의 유지 및 확장의 원칙에 관한 서독정부와 동독정부 간의 협정(접경지역 수로협정)"이라는 명칭으로 체결되었다. 협정은 전문 및 본문 2조와 함께 부속합의서로 구성되어 있다.

협정 전문에는 접경지역 수로의 유지관리, 건설과 하상침식 및 하천 범람 방지, 하천관리 시설의 유지, 건설, 운영에 관한 것을 주목적으로 규정하고 있다. 협정 본문에는 접경지역 수로의 현상유지를 기조로 하고 예외적으로 사전 협의를 통해 수로 변경 등 작업이 가능(제1조 제2항)하도록 하였다. 즉 접경지역 수로 공사 시 상대국에 대한 사전 통보(제1조 제5항), 상대국에 대한 손해배상(제1조 제8항) 등의 내용을 명기하였다. 그리고 "접경지역 수로 및 부속 수로관련 시설의 정비와 건설의 원칙에 관한 부속협의서"를 별도 작성하여 용어(지표 하천, 접경지역 수로, 수로시설, 관리, 건설)의 개념 정의를 통해 차후 이에 대한 분쟁을 미연에 방지하였다.

(3) 의료보건 합의서 체결

동서독 정부는 재난대응공동협정서를 체결한 후 상호 신뢰를 바탕으로 이듬해인 1974년 4월 25일 의료보건 분야에 관한 합의서를 체결하였다. 합의서는 전문과 본문 9조로 구성되어 있다.

의료보건 분야 합의서는 감염병 발생 시 정보교류 등 감염병 분야에 대해 전반적으로 규정하고 있다. 전문에는 세계보건기구(WHO)의 목표와 원칙에 부합하는 보건의 유지, 진흥 및 회복이라는 의미에서 동서독은 의료보건 영역에서 긴장완화와 유럽의 우호적인 협력관계를 명시하였다.

본문에서는 감염병의 예방과 대응을 관할하는 부처 간의 정보교환(제2조)에 대해 ① 세계보건기구의 세계보건협정(IGV)에 따른 정보교환과 병행하여 양국의 접경지역에 관한 합의를 이행하는 보건조치를 세계보건협정에서 정하는 감염병의 발병, ② 매 분기로 양국은 통보의무가 정해진 질병에 관한 정보교환, ③ 감염병의 유행상황과 지역적 개별사례, ④ 감염병 보균자 개인에 관한 정보제공(전염성 장 질환, 성병, 활동성 결핵 정보와 장소 정보) 등에 대해 합의하였다. 그리고 감염병과 같은 재난 발생 시 의약품, 의료용품 교환 · 지원과 휴대 통행 및 정보교환도 실시하기로 합의하였다.

(4) 기타 합의서

이후 동서독은 1979년 가축 질병의 예방 및 퇴치, 동물가공 식료품의 안전기준 마련 등 수의 분야 합의서를 체결하였으며 1987년 9월 9일 동서독 간의 "환경보호분야에서 포괄적인 관계 형성에 관한 합의서(환경보호기본협정)" 등을 체결하였다.

2) 재난관리 협정 이행 방식

(1) 구속력 있는 협정 방식

서독과 동독은 1973년 재난공동대응협정 체결 시 완전한 재난관리 분야 협력 이행을 보장하기 위해 단순한 합의서 형식이 아니라 책임성 있고 구속력이 있는 협정서 방식을 선택하였다. 또한 협정서의 추상적인 문구에 대해서는 부속합의서를 별도 작성하여 각 조문의 포괄적이고 불분명한 용어에 대한 개념 정의를 명확히 하였다.

그리고 재난협정의 확실한 이행을 위해 동독은 1973년 11월 23일 서독과 서베를린 지역과의 접경지역에서 재난이 발생할 경우 내무성의 임무를 명시하고 인민경찰과 소방대는 접경지역에서 발생한 재난, 화재 사고 등에 대응하는 임무를 규정하는 등 복무규칙을 규정하였다. 이는 서독 또는 동독의 내부적인 정권 변화가 일어날 경우 정권의 목적과 이해관계에 맞추어 재난공동대응협정을 이행하지 않거나 번복 또는 무효화시키는 것을 미연에 방지하는 역할을 하였다.

(2) 협정의 구체성 명시

동서독 간 재난관리 협정 체결 조항에는 추상적이고 정치적인 선언뿐만 아니라 구체적이고 전문적인 기술 분야에 대한 규정을 상세히 명시하였다. 또한 동서독은 재난 담당기관 간의 상호 연락체계를 구축하여 적시에 재난발생 정보를 교환하는 등 상호신뢰를 형성하고 효과적인 재난관리 개선 협력을 이루어 냈다.

(3) 협정 이행기관 설치

동서독은 재난관리 개선을 위한 공동협정의 이행을 위한 1974년 3월 14일 "상주대표부 설치에 대한 동서독 정부 간의 의정서"를 체결한 후 상주대표부를 설치하여 관련 업무를 수행토록 하였으며 상주대표부가 설치되기 전까지 "접경위원회"를 구성하여 양국 간의 현안 논의와 함께 재난과 관련한 정보를 교환하였다. 이를 통해 점차 여타 사안을 해결하기 위한 협력을 지속해 나갔다. 이처럼 상호 합의도출이 가능한 부분부터 출발하여 점진적으로 협력을 강화해나간 것이 동서독이 재난대응 관련 협력에서 취한 방식이다(박훈민, 2016: 55).

2. 남북한 재난부문 협력 여건

1) 정치적 부문

1953년 6·25 전쟁이후 남북한 당국이 통일문제와 관련하여 공동성명을 최초로 발표한 것은 1972년 7월 4일 이후락 중앙정보부장과 북한 노동당조직지도부장 김영주가 서명한 「7 · 4 공동성명」이 최초이다. 그리고 약 12년이 지난 1984년 9월 서울과 중부지방에 큰 수해가 발생하자 북한은 북한적십자회를 통해 구호물자(쌀, 시멘트, 옷감, 의약품)를 보내왔다.

이후 우리 정부가 북한당국과 북한의 재난관리 부문에 대한 공식 협력을 논의하기 시작한 시기는 김일성 주석 집권 말기인 1991년 남북고위급 간의 「남북 사이의 화해와 불가침 및 교류협력에 관한 합의서」를 체결한 이후부터 시작되었다. 동 합의서(제4항 남과 북은 사회, 문화, 체육, 보건, 환경, 등 제반 분야의 협력과 교류를 활성화)와 부속합의서에 쌍방의 지역에서 자연재난이 발생할 경우 인도주의적 차원에서 지원함을 명기하고 있기 때문이다. 그러나 1994년 7월 25일 김영삼 대통령과 김일성 주석이 평양에서 남북정상회담을 열기로 합의되어 있었지만 7월 8일 김일성 주석이 급사하면서 역사적인 정상회담은 성사되지 못하고 여타의 사항들도 진척되지 못하였다.

다음으로 2000년 6월 15일 김대중 대통령과 김정일 국방위원장이 분단된 지 55년 만에 평양에서 만나 회담을 개최한 후 발표한 「6·15 남북공동선언」이다. 이 당시 우리 정부는 북한당국과 「6·15 남북공동선언」 이행을 위한 실천과제로 임진강 공동수해 방지사업, 대북 식량차관제공 사업, 남북 농업협력 사업, 자연재난 방지협력 사업, 의료보건협력 사업, 환경보호협력 사업, 백두산 화산공동연구 사업, 한반도 생물지 사업, 산림녹화 및 산림병해충협력 사업 등을 활발히 진행하였다. 그리고 김대중 정부와 맥을 같이 하는 노무현 정부는 2007년 10월 4일 평양에서 김정일 국방위원장과 「10.4 남북공동선언(남북관계 발전과 평화번영을 위한 선언)」을 발표하였으며, 동 선언 제7항에서 “남과 북은 자연재해를 비롯하여 재난이 발생하는 경우 동포애와 인도주의, 상부상조의 원칙에 따라 적극 협력"해 나갈 것을 합의하였다.

그러나 이명박 대통령과 박근혜 대통령의 보수정권 집권시기 하에서는 2008년 7월 11일 금강산 관광객(박왕자) 총격사망 사건발생과 2009년 북한의 제2차 핵실험, 2010년 천안함 폭침사건, 2013년 제3차 핵실험, 2016년 제4차 · 제5차 핵실험 등으로 남북관계는 급속하게 경색되었다.

세월은 흘러 2017년 진보정권으로 교체된 뒤 문재인 정부는 김정은과 3차례에 걸쳐 남북정상회담을 개최하였다. 첫 번째는 2018년 4월 27일 판문점 평화의 집에서 문재인 대통령과 김정은 국무위원장이 만난 「4.27 정상회담」에서 "한반도의 평화와 번영, 통일을 위한 판문점선언"을 공동 발표하였다. 두 번째는 2018년 5월 27일 판문점 북측지역 통일각에서 문재인 대통령이 극비리에 소수 참모만 대동한 채 김정은 국무위원장을 만나 「6.12 싱가포르 북미 정상회담」 성공을 위한 협력을 논의하였다. 세 번째는 2018년 9월 18일에서 20일까지 평양에서 개최되었으며 두 정상은 역사적인 「9월 평양공동선언」을 발표하고 한반도의 전쟁위험 제거, 비핵화와 경제협력, 환경협력, 전염성 질병의 유입 및 확산 방지와 보건의료 분야 협력 사업 등을 시행하기로 합의하였다.

그러나 북한의 핵 문제로 인한 미국과 유엔의 대북 제재 하에서 많은 협력사업이 제대로 시행되지 못하였으며 2019년 2월 24일~25일간 베트남 하노이에서 개최된 제 2차 미북 회담이 결렬된 후 2019년 3월부터는 남북협력의 활력이 크게 줄어들었다.[66]

2) 산림 병해충 부문

우리 정부와 강원도, 민화협(민족화해협력범국민협의회)은 2000년대에 남북협력기금을 활용하여 북한의 산림 병해충 방제약을 지원하였다. 정부와 지자체는 2001년부터 2006년까지 약 16억 원의 예산을 투입하여 금강산 지역

66) 부록 2 「남북한 재난관련 주요협력 일지」 참조

(11ha)의 솔잎혹파리, 잣나무넓적잎벌 등 병해충방제 협력사업을 실시하였다. 2014년에는 경기도가 북한지역 산림회복을 위해 민간단체(겨레의 숲)를 통해 5억 원 규모의 솔잎혹파리 방제약품인 포스팜 2만8천800리터, 동력천공기 126개, 약제주입기 252개 등 병해충 방제약품 및 방제도구를 대북 지원하였다. 방제지역은 경기도의 옛 지역인 개성, 개풍, 장단 등 황해도 지역과 평양 대성산, 묘향산, 금강산 일대 7,100ha이다. 국립산림과학원의 연구자료에 따르면 북한 전체 산림(889만 ha)의 32%인 284만 ha의 산림이 황폐해 진 것으로 알려졌다.

이후 2018년 "9월 평양공동선언"의 이행을 위해 동년 10월 남북고위급회담과 「제2차 남북 산림협력 분과회담」을 개최(개성 남북공동연락사무소)하여 소나무 재선충병 등 산림병해충방제사업(방제약품 제공 및 공동방제) 진행을 협의하였다. 이에 따라 11월 29일 동 분과회담 합의사항의 첫 번째 이행 차원에서 개성시 왕건왕릉 일대에서 소나무재선충병 공동방제를 실시하였고 방제약제 50톤을 북한에 전달하였다(통일부 통일백서, 2019: 155).[67]

2019년 3월에는 북한의 산림병해충 공동방제를 위해 북한의 주요 병해충별 약품 및 방제일정에 관한 "2019년도 산림병해충 공동방제 계획"을 수립하였다(통일부 통일백서, 2020: 79).

이외 북한은 농경지 병해충, 개마고원 지역의 병해충 등 주요지역에 대해 비공식적 차원의 협력 의사를 구할 여지가 많다. 이 분야에 대한 국내 연구기관, 농약제조회사, NGO 등 비정부 기관 및 민간업체를 활용한 여건을 꾸준히 개척해 나가야 한다. 다만 여기서 한 가지 특별히 제언하고자 하는 점은 앞서 언급한 강원도와 경기도의 대북지원사업 사례와 같이 지역적 재난대응을 위한 비정치적 지원사업의 경우에는 중앙정부가 직접 나서기보다는 유관 지자체가 나설 경우 실현 가능성이 훨씬 크다는 점이다. 마찬가지로 여타 재난대응을 남북 간 협력사업도 유관 NGO나 비정부 기구를 적극 활용할 필요가 있다.

---

67) 소나무재선충병은 나무를 갉아먹는 선충으로 전염 가능성이 높고 감염 시 소나무가 100% 고사하는 특징이 있는 산림병해충이다.

3) 풍수해 부문

풍수해 부문의 재난과 관련하여 남북 간의 직접적인 이해관계가 상충되고 있는 사안은 주로 접경지역의 공유 하천[68]에서 발생하고 있다. 특히 임진강 유역에서 매년 수해가 반복되고 있다.

이의 해결을 위해 남북 간은 2000년 8월 제2차 남북 장관급 회담에서 DMZ[69]를 가로지르는 임진강 수해방지사업을 공동 추진키로 합의하고 공유 하천[70] 수해 방지를 위해 여러차례 회의를 개최하였다. 2009년 10월 14일 개성공단 내 남북경제협력 협의사무소에서 통일부 교류협력국장(김남식)과 북한 민족경제협력연합회 회장(리영호)은 황강댐[71] 무단방류 사건의 재발방지와 경위파악 등 의제로 회담을 실시하였다. 이 회담은 북한이 2009년 9월에 예고 없이 황강댐 방류로 인해 임진강의 수위가 갑자기 상승하여 우리 국민 6명(야영객)이 사망하는 인명피해를 입었기 때문이다. 이에 대해 북한 측 대표단은 황강댐의 방류에 대해 해당기관에서 더 큰 피해를 방지하기 위해 불가피하게 긴급 방류하였다며 임진강 사고에 대해 사과를 하고 향후로는 댐 방류 시 사전 통보하는 문제에 대해 합의하였다.

파주와 문산 등 임진강 하류지역은 장마철마다 홍수를 겪고 있지만, 강 유역 대부분(3분의 2, 총연장 254km 중 93km만 우리 측이 관할)이 북한지역에 있어 수해방지 대책을 마련하기가 쉽지 않았다. 이 지역에서는 98년에도 99명이 사망하였으며 99년 집중호우시 11명의 목숨을 잃었다. 남과 북은 임진강 수해방지 협력사업과 관련하여 2000년 제2차 남북장관급회담시 임진강

68) 공유하천(국제하천)에 대한 국제관습법은 상류하천국은 하류하천국에 심각한 손해를 미칠 우려가 있을 경우 하류하천국에 적시 통보해 주어야 할 의무가 있다.

69) UN군과 북한군은 1953년 7월 27일 '한국군사정전협정' 체결 시 군사분계선과 인접지역 남북 각 2Km씩 비무장지대를 설정할 것을 합의하였다.

70) 남북한 접경지역에는 임진강, 북한강 등 국가하천 2개 외에도 사미천, 한탄강, 인북천, 서화천, 금성천, 역곡천, 쌍룡천 등 14개 공유하천들이 있다.

71) 황강댐(黃江)은 북한이 2002년 착공하여 2007년 준공한 다목적 댐으로 DMZ에서 북쪽으로 42km 떨어진 임진강 본류에 위치하며 저수량 3억 5천만 톤의 소형댐이다(높이 34m, 길이 880m).

수해방지사업을 남북경제협력사업으로 추진하기로 합의한 후 2001년, 2004년, 2006년, 2007년, 2009년에도 남북공동 수해방지 사업을 위해 임진강수해방지실무협의회를 구성, 남북 당국자 간 접촉을 통해 비무장지대의 공동조사단 구성, 관측망 구성, 상호 기상수문 자료 제공, 공유하천 공동이용 방안 마련 등 '임진강 수해방지와 관련한 합의서'를 체결하였다. 북한은 임진강 상류지역에 황강댐 이외에 '4월5일댐' 등을 건설해 두었는데 폭우, 홍수 등으로 댐의 저수 물량을 대량으로 방류하게 되면 임진강 수계의 특성상 하류지역의 수위가 급격히 상승하여 범람피해가 발생할 위험성이 매우 높다.

이후 남북은 2018년 9월 19일 「판문점 선언 이행을 위한 군사분야 합의서」에서 한강하구 공동이용을 위한 군사적 보호대책 강구 및 공동이용수역에 대한 현장조사를 합의한 후 2018년 11월 5일부터 12월 9일까지 남북 각각 10명씩으로 구성된 공동조사단이 6척의 선박을 이용하여 공동이용수역 70km에 대한 공동수로조사를 실시하였다(통일부 통일백서, 2019: 133). 조사결과에 의하면 암초 21개와 대형사주 5개를 확인하는 등 수로에 대한 다양한 정보를 얻게 되었으나 아쉽게도 재난방지와 관련된 협의나 조사는 실시하지 못하였다. 공동수로조사 결과는 2019년 1월 30일 판문점에서 개최된 남북군사실무접촉에서 한강하구 해도와 조사결과 보고서를 북측에 전달하였다. 이때 남북은 4월 1일부터 민간선박의 한강하구 자유항행을 시범적으로 허용하고 단계적으로 확대하기로 하였으나 2월 말에 개최된 북미정상회담(베트남 하노이)이 결렬되면서 2019년 3월 이후 남북관계가 소강 국면에 접어들게 되고 후속 실무접촉이 열리지 않아 민간선박 항행 등 시범 행사가 이루어지지 못하게 되었다(통일부 통일백서, 2020: 66).

향후 장기적인 풍수해 재난관리 차원에서 우리 정부는 북한에서 과거 태풍, 홍수 등으로 풍수해를 심각하게 입고 있는 국제하천인 압록강 하구와 두만강 하구 황금의 삼각주 지역에 대한 재난협력 여건도 국제기구와 중국, 러시아, 일본 등 역내 국가들을 참여시켜 이 지역에 대한 재난관리 여건을 성숙시켜 나가야 할 것이다.[72] 특히 두만강 하구지역은 1992년 유엔개발계획(UNDP)의 지원을 받아 북한, 중국, 러시아, 몽골, 한국, 일본(옵저버국)이 참여하여 출범한 광역두만강개발계획(GTI; Great Tumen Initiative)에 따라 교통물류 인프라 구축, 경제특구 조성 등이 추진되고 있으므로, 앞으로 이 지역 개발의 종합계획 수립을 위한 풍수해 재난 데이터와 위험지도 제작 등을 우선적으로 구축해나갈 필요가 있다.

4) 백두산 화산 부문

민족의 영산인 백두산(해발 2,750m, 북위 41도 01분 · 동경 128도 05분 위치, 칼데라호 천지)은 내부의 마그마 활동이 활발한 활화산이다. 백두산 화산이 폭발할 경우에는 북한의 두만강 및 압록강 일대의 지형변화와 화산쇄설물(pyroclastic flows), 용암류(lava flows), 지진 등으로 인해 북한 내부의 직접적인 피해뿐만 아니라 화산재(tephra) 강하, 대량 탈북민 발생 등으로 인접국인 중국, 러시아, 일본, 대한민국에도 커다란 피해를 미칠 것이다.

백두산 화산에 대한 남북 간 논의는 2007년 개성에서 보건의료 · 환경보호협력분과위에서 백두산 화산활동에 대한 공동연구를 합의하였으며 2011년 남북 민간 전문가 회담을 문산 남북출입사무소에서 개최하여 구체적인 협력사업을 논의하였다. 이 당시 백두산 화산 공동연구와 현지답사, 백두산 기상관측장비 설치, 학술토론회 등 남북협력 방안을 모색하였다.

북한은 백두산의 화산활동 징후가 포착된 2010년 이후 관심이 증대하여 2015년 2월 26일 조선과학기술총연맹 중앙위원회 주최로 '전국 지진 및 화산부문 과학기술발표회'가 평양에서 개최하였다. 백두산은 946년 대분화 이후

72) 압록강과 두만강은 빈번한 홍수 범람으로 인해 국경선의 변화가 많은 유역이다. 북한과 중국은 1964년 5월 5일「북 · 중간 국경하천 공동이용 관리에 관한 상호협조 협정」을 체결하여 압록강과 두만강의 평화적 이용을 합의하였다. 한편 북한과 러시아는 1985년 4월 17일 모스크바에서「조소국경조약」을 체결하였다. 북한과 중국과의 국경선 길이는 1,334km(백두산 구간 35km, 하천구간 1,289km) 이고 북한과 러시아와의 국경선 길이는 두만강을 따라 16.93km이다.

1100년이 지난 2002년부터 2005년 사이에 천지부근에서 약 3000회의 지진 활동과 천지가 수cm(천지 외륜산릉 부군 10.4cm) 부풀어 오르는 현상 등이 감지되어 심각한 화산분화의 전조현상이 나타나고 있다(윤성효, 2011: 13).

남북한(필요시 중국, 일본 등 포함)은 향후 백두산 화산폭발에 대비한 재난 피해 예방과 대응책 구축을 위해 백두산 화산에 대한 과학적 답사, 남북공동 연구소 설치 등 협력 활성화를 통해 체계적인 접근 노력이 필요한 부문이다. 백두산의 화산이 폭발하면 북한의 함경도, 양강도 지역의 주민 300만 명이 직접적 재난피해[73]를 입을 것이며(김남신, 2011:348) 남한도 화산재 강하, 미세먼지 농도 증가, 항공 및 반도체 산업피해, 농업분야 피해, 탈북이재민 수용 등 수십 조 원의 재난비용 지출이 예상된다.

따라서 남북은 백두산 화산 분화와 관련한 양측 국민들의 불안감 해소를 위해 조속한 시일 내에 양자협력뿐만 아니라 중국, 러시아, 일본 등 인접 당사국도 참여하는 다자적 국제협력 네트워크 구성을 통해 백두산 마그마 활동 감시 프로젝트 추진, 실시간 모니터링 시스템 구축, 화산폭발 시 화산재 이동 경로 분석 등 재난관리 체계를 수립해 나가야 한다. 현대 과학기술이 아무리 발달한다고 해도 화산폭발과 같은 자연재해를 예방할 방법은 없다. 그러나 언제 어떤 양상으로 발생할지 예측하고 발생 시 피해를 최소화 할 수 있는 대응책을 마련하는 일은 가능하다. 백두산 화산폭발을 소재로 한 영화 '백두산'을 800만 명이 넘는 관객이 보았을 정도로 백두산 화산폭발은 우리 국민에게도 큰 관심사인 만큼 정부는 이 문제에 대해 북한, 중국, 러시아, 일본 등 인접 국가들과는 물론이고 국제사회와 협력하여 필요한 인력과 예산을 투입하는 일에 적극적으로 나서야 한다.

---

73) 김남신(2011)의 연구에 의하면 화산폭발지수 7일 경우 북한의 27개 시 · 군 행정구역 중에서 61개 도시와 마을이 화산재의 영향을 받는 것으로 예측되었으며 많은 양의 화산재가 농경지, 도시지역, 산림지역에 퇴적되었고 9시간 만에 화산재는 울릉도까지 확산되었다.

5) 전염병 및 가축전염병 부문

남북한 간 국경(DMZ 및 동서해상)을 같이하고 있는 북한지역 내에서 전염병이나 가축전염병의 발생은 우리의 신안보적 개념으로 중요한 이슈가 되고 있다. 지금까지 북한지역에서 문제가 되고 있는 감염병의 대표적인 종류로는 열악한 위생환경 및 보건 인프라로 인해 말라리아, B형 간염, 결핵 등이 있다. 세계보건기구(WHO)는 2019년 북한을 결핵고위험국으로 재지정하였으며 2018년 기준 전체 결핵 환자 수는 약 13만 명이며 사망자도 약 2만 명으로 추산하고 있다. 그리고 세계보건기구(WHO)는 말라리아의 경우 2014년 10,535건, 2015년 7,010건, 2016년 4,890건, 2017년 4,463건 등으로 발병건수가 지속 감소세를 보인다고 보고하였으나 여전히 심각한 수준이다. B형 간염의 경우 유병률은 1980~1999년 10%에서 2000~2010년 4.7%로 감소한 것으로 나타나고 있으나 북한이탈주민 건강조사에 의하면 실질적인 유병률은 9%~11%로 훨씬 높게 나타나고 있다(아시아뉴스통신, 2020.4.5).

한편, 2000년 이후 사스(2003년), 신종인플루엔자(2009년), 에볼라(2014년), 메르스(2015년), 아프리카돼지열병(2019년), 신종코로나바이러스-19(2020년) 등 다양한 형태의 감염병이 북한지역에도 확산된 것으로 알려지고 있다.

그동안 감염병과 관련하여 남북기본합의서(1992년), 6·15 공동선언(2000년), 10·4 선언(2007년), 보건의료 환경보호 협력회담(2007년) 등 남북한 간 합의와 협력이 있었으나 직접적 지원보다는 대부분 장비와 의약품 지원이며, 이 또한 국제기구(WHO 등)를 경유하여 북한 보건성에 지원하는 형식의 제한적 범위 내에서 교류가 이루어졌다. 아래 〈표 7-1〉과 같이 2001~2010년간 우리 정부 차원에서 말라리아[74] 방역 치료제가 가장 많이 지원되었고 그다음

74) 우리나라는 1979년 말라리아 퇴치선언을 하였지만 1993년 파주에서 군장병이 말라리아에 감염되었고 2000년 휴전선 인근지역에서 군장병과 주민들이 말라리아에 감염된 사례가 발생하였다. 이의 원인으로 북한에서 말라리아를 전염시키는 모기가 휴전선을 넘어 온 것으로 추정되었다.

으로 성홍열, 홍역 등 치료제가 지원되었다. 2010년 이후에는 남북관계 경색으로 소규모의 말라리아 방역용품, 의료기기, 의료품 등을 간접 지원하였다.

〈표 7-1〉 2001~2010년간 정부차원의 감염병 관련 의료용품 지원내역 및 액수

년도	내역	금액(억원)	금액(만 달러)	비고
2001	말라리아 방역	6	52	WHO 경유
2002	말라리아 방역	8	69	WHO 경유
2003	말라리아 방역	8	69	WHO 경유
2004	말라리아 방역, 용천 구호세트	10	86	WHO 경유
2005	조류인플루엔자 방역	12	103	직접 지원
	말라리아 방역	9	76	WHO 경유
2006	말라리아 방역	116	999	WHO 경유
2007	성홍열 방역	4	34	직접 지원
	말라리아 방역	13	112	WHO 경유
	홍역 방역	9.9	85	WHO 경유
2008	말라리아 방역	10	86	WHO 경유
	의료장비 및 시약 지원	2.5	22	IVI[75] 경유
2009	신종플루 치료제 지원	167	1,439	직접 지원
	말라리아 방역	13	112	WHO 경유
2010	신종플루 손소독제 지원	7.8	67	직접 지원
합 계		396.2	3,413	

* 출처 : 임을출(2011)

2017년 문재인 정부 출범 이후 유진벨 재단의 말라리아 및 다제내성결핵 의약품 지원 등 민간단체를 통한 감염병 분야 협력이 재개되었다. 북한은 보

75) 국제백신연구소(International Vaccine Institute)

건성 산하 국가위생검열원이 위생과 방역 및 감염병 관리에 대한 총괄기능을 수행하고 있으며 남북협력에도 주도적으로 참여하고 있다. 2018년 9월 평양공동선언 제2조 제4항에서 "남과 북은 전염성 질병의 유입 및 확산 방지를 위한 긴급조치를 비롯한 보건 의료 분야의 협력을 강화"하기로 합의하였다. 이후 2018년 11월 7일 남북보건의료협력분과회담에 국가위생검열원장이 북측의 단장으로 참석하였고 2018년 12월 12일 개최된 남북 보건의료 실무회담에서는 인플루엔자 정보를 시범 교환하고 인플루엔자 및 결핵, 말라리아 등 감염병 정보를 정기 또는 수시로 교환하는 방안을 협의하였다(통일부 통일백서, 2019: 188~189). 그러나 북한의 핵 문제로 인한 UN의 대북제재와 북한의 비우호적인 태도로 인해 실질적 협력이나 교류가 이루어지지 못하고 있는 실정이다.

지난 2019년 12월 중국 우한(武漢)에서 발생한 신종코로나바이러스가 전세계적으로 확산되자 북한은 외국인들을 격리하고 주민들의 이동을 통제시키는 조치를 단행하였다. 그러나 북한은 아직 감염자가 발생하지 않았다고 공식 발표하고 있다. 실제로 과연 그러한지에 대해서는 많은 의문을 자아내고 있으며 향후 북한의 정확한 내부사정을 더 지켜보아야 알 수 있을 것으로 판단된다. 아무리 폐쇄적인 북한지역이라고 하더라도 감염병의 확산과 공포로부터 결코 자유로울 수 없으며 우리 국민들의 안전을 위해서라도 선제적이고 적극적으로 북한의 협력을 이끌어내야 하는 부문이다. 이런 연유로 우리 통일부는 2020년 3월과 4월에 국내 민간단체가 요청한 신종코로나바이러스-19 관련 손 소독제(1억 원 상당)와 방호복(2만 벌, 2억 원 상당)의 대북 지원물품 반출을 승인하였다.

6) 산불 등 기타 부문

산불과 관련하여 2005년~2015년 사이의 10년 동안 DMZ 지역 내에서 총 80회 가량의 산불이 발생하였지만 남북 간의 재난예방 및 대응 협력은 성사되지 못한 분야이다(임예준 외, 2017: 126).

이외 북한의 함경도 등 산간지역의 지반이 연약해지는 장마철이나 봄철 해빙기에 자주 발생하는 산사태와 열차 전복사고 등 재난예방에 대한 협력도 긴요하다.

또한, 대형 사회재난으로 분류되는 북한의 핵시설, 방사능, 화학무기 등 민감한 부문에 대해서는 지금까지 남북 간의 논의나 협의가 전혀 이루어지지 못하고 있는 상태이다. 북한의 영변 원전시설은 관리와 안전대책 미흡으로 방사능 누출 사고 가능성이 높으며 사고가 발생하면 우리나라뿐만 아니라 중국, 일본 등 주변국에도 그 피해가 예상된다. 북한의 핵보다 핵물질(플루토늄, 우라늄 등)에 의한 방사능 누출사고가 더 위험하다.

3. 북한의 재난관리 개선 협력 방향

분단된 지 75년이 지난 지금 한반도의 주변 정세는 두 개의 거대한 열차가 복선의 레일을 따라 힘겨루기를 하면서 평행선을 달리고 있는 형국이다. 하나의 열차는 미국을 주축으로 일본 등이 함께하는 해양세력이며 또 하나의 열차는 중국을 주축으로 러시아 등이 함께하는 대륙세력이다.

역사적으로 18C 이전 당, 원, 명, 청 등 대륙세력이 강하게 발호하던 시기에는 일방적 힘의 우위로 한반도의 평화가 상당히 오랜 기간 동안 지속하였지만 19C 이후 해양세력이 서서히 대두하기 시작한 다음부터는 한반도의 평화가 사실상 일방의 힘의 균형을 유지하기 어려운 시기였다. 한반도의 지정학적, 정치·군사적, 전략적 요충지로서의 역할로 인하여 어느 한 세력에게 일방적이고 연속적인 헤게모니를 허락하지 않았으며 양 세력 모두가 불완전한 힘의 균형을 유지하면서 한반도는 격동의 시기를 견디어 내어 왔다. 2차 대전 이후 분단된 독일, 베트남 등 여타의 지역도 대륙세력과 해양세력 간의 이러한 정치경제군사적 전략이 내재하여 있다.

이는 무엇을 의미하는가? 다시 말해서 한반도의 자주적인 평화와 통합에는 대륙세력과 해양세력의 보이지 않는 옵션이 작용하고 있다는 것이다. 그들은 지금까지 그래왔던 것처럼 자국의 유불리와 이해득실적 편향에 따라 대동북아 전략을 구상하고 현실적으로 적용하고 있다. 즉 이는 곧 두 세력이 내심으로는 한반도의 자주적인 평화와 통합을 원하지 않고 있다는 의미이다. 두 세력은 일방의 통합과 평화를 위해 무력 충돌을 하기에는 너무나 많은 희생이 따르리라는 것을, 상황이 꼬이면 대리전쟁이 아니라 직접 전쟁까지도 갈 수 있다는 것을 알기 때문에 그들이 선택할 수 있는 유일한 옵션은 현상유지 전략이었다. 잘 알다시피 6·25 전쟁 기간 동안 37,000여 명의 미군과 140,000여 명의 중국군이 사망하였다(국방부 군사편찬소, 2005). 이러한 한반도를 둘러싼 거대한 두 세력의 전략적 이해관계로 한반도는 외부세력에 의한 평화와 통합을 기대하는 것은 두 세력 중에 한 세력이 그 힘을 상실했을 때만 가능할 것이다.

따라서 우리는 이 복선의 거대한 철도 레일이 영원히 평행선을 달리지 않고 화합의 수레바퀴가 되어 평화의 정거장으로 들어와서 같은 레인을 타고 함께 달리도록 유도해야 한다. 이를 위해 시간이 걸리고 많은 자금이 투입되더라도 조금씩 조금씩 평화와 통합의 정거장으로 열차의 앞바퀴가 움직일 수 있도록 눈치 채지 못하게 방향타를 조종해 나가야 할 것이다. 불가능한 것처럼 보이는 한반도의 상황을 변화시키려면 외부의 환경을 바꾸어야 한다. 이런 거대한 두 개의 열차의 수레바퀴가 방향을 바꾸는 소리 없는 행동과 노력 중의 하나가 바로 남북한 간의 재난관리 분야 협력일 것이다. 대륙세력과 해양세력들이 방해하지 못하게, 다시는 후진하지 못하게, 계속하여 평행선을 달리지 못하게, 아주 조용히 아주 조금씩 열차 수레바퀴의 방향을 평화와 공존, 통합의 정거장으로 들어가도록, 상상의 지도가 현실의 지도가 될 수 있도록 국가위상 제고에 따른 균형 잡힌 외교와 함께 남북 간 이념의 조화를 이루어 내어야 할 것이다. 그리하여 북한 스스로가 사회주의 계획경제에서 사회주의 시장경제로 전환하든지 아니면 자본주의 시장경제를 받아들이더라도 체제안정과 경제개혁을 위한 바람직한 변화의 길을 가야 한다.

이와 같이 대륙세력과 해양세력의 이해관계와 전략을 고려해 볼 때 동북아의 화약고인 한반도의 항구적인 비핵화와 평화 공존을 위한 최적의 히든카드는 바로 남북한 모두 영세중립국[76]의 지위를 획득하는 것도 하나의 좋은 대응전략이 될 수 있을 것이다. 현재 지구상에서 영세중립국의 지위를 획득하고 있는 나라는 스위스(1815년), 오스트리아(1955년), 라오스(1962년)가 있다.

76) 자위의 경우를 제외하고 영구히 타 국가 간의 전쟁에 참여하지 않을 의무를 부담하는 한편 타 국가에 의해 자국의 독립과 영토 보전이 보장된 국가이다.

1) 구속력 있고 항구적인 재난공동대응협정 체결

남북한 간에는 1972년 남한의 이후락 중앙정보부장과 북한의 김일성이 만나 합의한 7.4 공동성명 이후 정상간 회담, 총리급 회담, 고위급 회담, 장관급 회담, 각 분야 실무회담 등 수십 차례에 걸쳐 남북관계 개선을 위한 합의와 협력활동을 지속해오고 있지만, 현재까지 만족할 만한 성과를 내오지 못하고 있는 실정이다. 이러한 현실은 상호 신뢰를 바탕으로 하지 않은 남북한 당국자 모두에게 책임이 있으며 그 당시 주변 정세와 집권자의 정치적 목적에 따라 보여주기식의 회담과 협력을 하였기 때문이다.

반면, 동서독은 1973년 상호 신뢰에 바탕을 둔 「재난공동대응협정」을 체결하여 양국 간의 실질적 피해와 분쟁을 방지시킬 수 있는 접경지역의 재난관리 부문부터 시작하였다. 또한 신뢰의 형식으로 협정을 체결함으로써 단순한 합의서의 형식이 아니라 자국 의회의 동의나 승인이 필요하고 후속 법률의 개정이 필요한 구속력 있는 협정의 방식을 사용하였다. 그리고 부속합의서를 통해 각 조문의 애매한 표현을 실천 가능하고 정확하게 개념 정의함으로써 협정 내용에 대한 정치적 논란의 소지를 사전에 방지하였다. 동서독의 통일 전 체결한 「재난공동대응협정」 사례는 남북한의 향후 재난협력의 개선 방향에 대해 의미하는 시사점이 매우 크다.

통일 전 동서독과 같이 향후 남북 간 협력의 최우선 방향도 접경지역을 포함한 남북한의 재난대응 및 재난관리 개선 등 재난협력 분야부터 공감대를 형성하고 시작해야 한다. 즉 한반도 주변 정세와 남북 간에 상호 정치적 이해관계가 적은 재난관리체계 개선 분야의 협력을 우선 시행하여야 한다. 또한 남북한 당국의 정확한 협력 사항의 이행을 위해 '구속력이 없는 재난합의서 형식이 아니라 구속력이 있는 항구적인 재난협정서'를 체결해야 한다. 이를 위해 재난협정은 양국의 이행의지의 연속성을 위해 우리의 국회와 북한의 최고인민회의의 동의를 받아야 하며 협정의 조문에 업무수행 담당기관의 지정, 재난관련 담당자의 임무 및 책임부여, 복무규칙 규정, 소요비용 예산편성 등을 명확히 명시해야 한다.

2) 재난협력 상주대표부 설치

2018년 9월 14일 개성공단 내에 설치되어 운영 중인 남북공동연락사무소[77]는 일부 상징적 역할은 하고 있지만, 정치, 경제, 문화, 체육, 농업, 보건의료 등 전체적인 남북의 연락접촉 창구로 활용하고 있기 때문에 정치적 또는 군사적 이해관계의 충돌이 발생할 경우 남북 양측은 공히 적절한 구실을 마련하여 남북공동연락사무소를 폐쇄하거나 중단시킬 수 있다. 이러한 정치적 상황에 따라 사무소 폐지 또는 운영 중단 상황을 미연에 방지하기 위해「남북재난협력 및 정보공유 상주대표부(가칭)」를 별도로 서울과 평양에 설치하여 순수한 재난관리 및 관련정보 분야의 업무를 담당토록 제도적 장치를 마련하여야 한다.

이는 남북한 재난협력의 지속과 원활한 재난 정보 교환 등 의사소통을 위한 기구로써 실질적인 역할을 할 수 있기 때문이다. 재난협력 상주대표부의 주요활동 내용으로는 재난관리 개선과 관련한 남북한 민관차원의 협의, 접경지역의 재난관리, 재난협력 발전을 위한 공동연구 등을 들 수 있다. 남북당국은 일회성이 아닌 중장기적이고 안정적인 재난관리 로드맵을 제시해야 한다. 그리하여 남북의 주민들에게 재난대응에 대한 협력의 중요성을 인식시키고 국제사회와 긴밀한 재난분야 협력도 증가시킬 것이다.

현재 북한에 상주대표부를 설치 · 운영하는 유엔 기구로는 WHO, FAO, UNDP, WFP 등이 있으며 이외 개별기관 및 정부 간 기구로 IFRC, EUPS(European Union Programe Support), SDC(Swiss Agency for Development and Cooperation) 등이 있다. 따라서「남북재난정보공유 및 정보협력 상주대표부(가칭)」에 유엔 관련 기구와 재난 NGO 등 민간단체의 참여도 적극적으로 고려해야 한다.

---

77) 본서의 집필과 교정기간 중인 2020년 6월 18일 북한은 탈북자들의 대북전단살포와 북미회담 결과의 기대난망, 남북정상간 합의사항 이행의 지연 등에 대한 불만 표시로 개성 남북공동연락사무소를 폭파하였다.

3) 재난관련 법제 및 용어 정비

우리 헌법 제36조 제6항에는 대한민국이 재해예방 및 국민보호의 의무를 부담하여 이를 위하여 노력하여야 한다고 규정하고 있다. 그리고 헌법 제3조에서 대한민국의 영토는 한반도 및 그 부속도서 전체임을 명기하고 있다는 점에서 북한 주민도 역시 대한민국의 국민으로 간주하고 있다. 따라서 북한 주민들의 안전 확보 및 보호활동 역시 대한민국의 국가 임무이며 여기에는 재난에 대비하는 내용도 포함되어 있다고 보아야 할 것이다. 우리 국회에서 2016년 3월 3일 제정된 북한인권법 제2조에는 "국가는 북한 주민이 인간으로서의 존엄과 가치를 가지며 행복을 추구할 권리가 있음을 확인하고 북한 주민의 인권보호 및 증진을 위하여 노력할 책무를 부과"하고 있다. 또한, 시행령 제7조 제1항 제2호(인도적 지원)에는 "재해로 인한 지원" 이 명시적으로 규정되어 있다. 우리나라의 헌법, 소방법, 재난 및 안전관리 기본법, 북한인권법, 남북교류협력법, 자연재해대책법 등 재난관리와 연관성이 있는 법제의 내용을 북한의 재난관련법(인민보건법, 전염병방지법, 대기오염방지법, 지진, 화산피해방지 및 구조법 등)과 비교하여 통일성과 일관성을 가질 수 있도록 점차 개정해야 한다. 우선적으로 우리의 「재난 및 안전관리 기본법」 부칙조항으로 이 법의 적용 범위를 북한지역으로 확대하는 방안도 고려해 볼 수 있다.

또한, 남북한 간의 법제를 정비하면서 재난관련 용어에 대한 표준화도 필요하다. 북한의 「재해방지 및 구조, 복구법」과 우리의 「재난 및 안전관리 기본법」에 사용된 용어들의 개념과 차이점을 검토하여 용어를 표준화시켜야 한다. 일례로 북한은 「재해방지 및 구조, 복구법」에서 우리의 「재난 및 안전관리 기본법」 조문과 달리 '재난'을 '재해'라고 표기하고 있으며 자연재난과 사회재난을 명확히 구분하지 않고 있다. 그리고 북한의 「재해방지 및 구조, 복구법」 체계상에는 예방, 대비, 대응, 복구의 재난관리 4단계를 명확하게 규정하지 않고 예방과 대비, 대응과 복구의 관련 규정들이 혼합되어 사용되고 있다.

이외 북한 재난관리기금 조성을 위해 「재난 및 안전관리 기본법」(제67조,

제68조) 및 「남북관계발전법」, 「남북교류협력법」, 「남북협력기금법」 등도 개정을 검토하여야 할 것이다.

향후 재난관리 법제 및 용어 통일을 위해 국문학자, 재난관리 전문가, 법제 전문가, 북한 전문가 등 다양한 분야의 전문가들이 참여하여야 할 것이다.

4) 남북 재난협력 시범사업 추진

남북한이 재난분야의 협력을 위한 시범사업으로 정보교류, 공동연구, 통합시스템 구축, 법체계 정비 등을 우선 고려해 볼 수 있다. 지금까지 남북한 간에 협의해왔고 어느 정도 사업 추진 방향이 결정된 분야를 포함하여 남북 상호관심사로 대두되고 코로나바이러스-19와 같은 감염병, 보건의료 분야 협력 등 사회재난 대응 사업도 적극적으로 추진해야 한다. 이후 단계적으로 DMZ, 접경지역, 특정 관심지역 등 현장 중심의 사업과 최근 이슈화된 사업으로 그 범위를 확장해 나가야 할 것이다.

남북 간 재난협력 시범사업으로 고려해 볼 수 있는 분야로 ① 접경지역의 공유하천의 수해, 산불 및 말라리아 공동대응 사업, ② 전염병(다제내성 결핵, B형 간염 등) 또는 가축전염병 공동대응 사업, ③ 백두산 화산분출 공동대응 사업(화산학자들은 재분출 시점을 2025년으로 추정), ④ 황폐화된 북한 산림조림 사업, ⑤ 금강산 솔잎혹파리 공동방제 사업 ⑥ 미세먼지, 황사 등 대기오염 저감 사업 ⑦ 위험지도(risk mapping) 제작 사업, ⑧ 재난재해 보험제도 구비 사업 ⑨ 기상협력 사업 ⑩ 재난관리 자원 공동활용 사업 등이 있을 것이다. 또한 장기적으로는 남북 공유하천과 남북 접경 육상지역의 평화적 이용을 위한 시범 협력사업도 인내심을 가지고 추진해 나가야 한다.

위에 기술한 시범사업 중 특히 재난재해 보험제도 구비는 탈북민을 대상으로 북한 재난관리 단계별 인식조사에서 예방단계, 대비단계, 복구단계에서 최우선순위와 차선순위 항목 1순위를 차지(제6상 참조)하였다. 이는 대다수 북한 주민들이 재난 발생 후에 정부 기관의 보험제도 미비로 인하여 손실에 대한 보상을 받지 못하고 있음을 반영한 것이라 사료된다.

5) 재난 안정화를 위한 긴급구조노선 확보

재난 안정화를 위한 긴급구조노선(생명선) 확보란 북한지역에서 재난이 발생한 직후 재난의 대응 및 복구 등 신속한 안정화를 위해 공공조직이 투입되어 북한 주민들이 일상의 삶으로 되돌아갈 수 있도록 도로운송, 통신, 식수·용수, 에너지 보급 등과 같은 서비스 기반 시설을 복구하고 사용할 수 있도록 유지하는 것이며, 안정화는 재난지역의 피해를 최소화하려는 국가적인 공권력 투입을 전제로 하고 있다(강경일, 2014: 7). 또한 이의 중요성은 북한지역에서 재난 발생 시 인력, 물자, 장비, 긴급의료 및 구조체계가 재난발생 지역에 적기에 제공되지 못할 경우 재난으로부터 피해가 확대될 가능성이 높기 때문이다.

이와 관련하여 강경일(2014)은 "북한지역 재난 시 안정화를 위한 도시생명선 구축 연구"에서 물자운송 속도, 운송소요 시간, 운송 안정성 측면에서 볼 때 북한지역에 대규모 물자를 운송하기 위한 육상운송은 수송거리와 무관하게 도로가 철도보다 유리할 것이라고 판단하였다. 이에 대한 근거로 철도는 선로의 보수유지 측면에서 도로보다 열세이나, 도로는 해당 구간이 단절되더라도 통상적으로 수 시간 이내에 보통수준의 기술인력으로 복구나 우회도로 개설이 가능하지만, 철도는 일부 구간의 파손으로 전체가 폐쇄되는 것은 도로보다 쉬우나 복구 시에는 특별한 자재와 기술인력이 필요하며 우회로를 만들 수가 없어 단시간 내에 철로를 복구하는 것을 기대하기 어렵기 때문이다. 북한의 철도노선은 우회로 사용 측면에서 도로에 비하여 불리하다. 예컨대 도로와 철로의 물자운송 속도 비교 시 해주, 사리원, 신의주는 해당지역으로 진입하는 철도에 문제가 생기면 우회할 수 있는 노선이 없다. 게다가 북한 철도는 단선이 대부분이기 때문에 해당 노선에 문제가 발생하여 열차가 사고지점을 통과할 수 없을 경우 임시로 대체할 수 있는 노선이 없기 때문이다. 또한 탈북민 인터뷰 결과에 따르면(강경일, 2014) 도로뿐만 아니라 북한의 노후화된 철도 노선의 보수유지도 시급한 실정이다. 아래 〈표 7-2, 7-3〉

과 같이 북한의 일반도로의 운행속도를 약 30km/h로 평가했을 때 철도는 평균 28.35km/h로 추정되었다(강경일, 2014: 73~74). 북한의 철도와 도로의 구간별 운행속도를 살펴보면 북한의 지방에서 재난이 발생하였을 경우 긴급 구조 및 안정화를 위한 신속 접근이 불가능함을 쉽게 알 수 있다.

〈표 7-2〉 북한의 도로 종류별, 구간별 차량운행 속도

도로종류	구간	거리(km)	소요시간(h)	시속(km/h)
고속도로	북한전역	-	-	80.0
	평양-개성	191	-	100.0
	평양-남포	50	-	100.0
포장도로	북한전역	-	-	35.0
	덕천-안주	89.57	1	89.6
	안주-평성	67	1	67.0
일반도로	북한전역	-	-	35.0
	함흥-흥남	50	-	100.0
	회령-청진	171	4	42.6
	원산-함흥	103	3	34.4
	김책-청진	156	3	52.2
	김책-북청	143	6	23.9
	청진-혜산	345	48	7.2
	함흥-혜산	288	72	4.0
	평양-혜산	495	96	5.2
	순천-숙천	34	2	17.0
	대흥-숙천	207	8.5	24.4
흙도로	함경남도	-	-	65.0
	평안남도	-	-	50
산악도로	백두산-혜산	89	24	3.7
	자강-양강	-	-	5.0
	개천-덕천	-	-	25.0

* 출처 : 강경일(2014), 탈북민 경험(인터뷰) 결과 분석내용을 참조

〈표 7-3〉 북한의 철도 구간별 차량운행 속도

구간	철도역	거리(km)	소요시간(h)	시속(km/h)
평양-남포	서평양-남포	54.5	2시간 34분	21.22
평양-개성	서평양-개성	189.6	7시간 10분	26.45
평양-혜산	평양-혜산	685.6	22시간 16분	30.79
함흥-원산	함남-강원	117.8	5시간	23.55
함흥-덕천	함흥-신성천/신성-천덕천	261.3	10시간 3분	25.99
함흥-혜산	혜산-길주/길주-함흥	381.9	14시간25분	26.49
청진-김책	단천-길주/길주-청진	165.3	5시간 45분	28.74
청진-혜산	혜산-길주/길주-청진	255.1	9시간 56분	25.68
청진-회령	청진-회령	78.4	3시간 50분	20.44
평성-숙천	숙천-간리/간리-평성	70.2	1시간 44분	40.51
평성-안주	신안주-간리-평성	92.2	2시간 41분	34.35
숙천-순천	숙천-평성-신순천	82.8	2시간 19분	40.06
북청-김책	신북청-단천/단천-길주	112.6	3시간 54분	28.88
숙천-개천	평남-평남	52.2	1시간 47분	29.28
숙천-덕천	숙천-평성-신성천-덕천	181.4	5시간 3분	35.92
소계(평균)		2790.9	98시간 27분	28.35

* 출처 : 강경일(2014), 탈북민 경험(인터뷰) 결과 분석내용을 참조

북한지역 재난 발생 시 육로 이외 단기간내 빠른 대응과 예방 차원의 재난 문제를 해소하기 위해서는 기존 수도권 및 주요 대도시의 항만과 북한의 지정항만 간의 선박 운행을 활용하여야 한다(권영희, 2018: 94). 남북이 모두 바다를 접하고 있는 한반도의 지정학적 특성상 대륙교통망과 달리 해양교통망 연결은 용이한 접근성과 신속성 측면에서 매우 현실적인 긴급 구조노선이 될 수 있다. 동해 항로는 나진선봉항, 함흥항, 청진항, 원산항 등이 있으며, 서해항로는 신의주항, 남포항, 해주항 등이 비교적 항만시설이 갖추어진 항구로 긴급구조노선항만으로 우선 고려해 볼 수 있을 것이다.

결론적으로 북한지역에서 재난이 발생하였을 경우 최단 시간 내에 긴급 의

료 및 구조대 등 재난대응 역량을 투입하여 원활한 재난 복구활동을 수행하기 위해서는 사전에 수송로(육로, 해로, 공로 등)에 대한 이용 노선도 확보 등 재난지역 안정화를 위한 긴급구조노선 구축사업이 시급한 실정이다.

6) 북한 재난관리 전문인력 양성

북한의 각종 재난관리에 대한 공동연구 · 개발 등 역량강화를 위한 북한 재난관리 전문인력 양성이 긴요하다. 소방방재 인력뿐만 아니라 각 부처의 재난관리 담당관들에게 북한 재난관리에 대한 훈련과 교육을 통해 전문적 지식을 함양하도록 해야 한다. 북한지역의 접근 한계로 실질적 평가는 되지 못하겠지만 언론, 국제기구 등이 발표하는 자료 등을 분석하여 명목상의 북한재난 관리업무에 대한 성과평가제도도 도입할 필요가 있으며, 탈북민을 활용한 재난 후 스트레스 등 정신심리치료 분야 전문인력 양성도 필요하다. 선진국의 경우 재난관리에 있어서 응급대피소의 상당수는 전문심리 치료사 파견 등 심리적 트라우마 치료 전용으로 사용되고 있으며 특히 어린이, 노인, 장애인 등에 대한 정신 건강 치유를 위한 특별 프로그램이 마련되고 있다.

중앙정부와 지방자치단체, 특히 접경지역 지자체는 재난관리 체계(컨트롤 타워) 매뉴얼 마련, 재난안전(방재안전직렬) 인력 충원, 안전교육 및 안전인식 제고(방재교육 프로그램 및 교재 개발), 재난 심리치료(트라우마 및 외상 후 스트레스) 역량 강화, 재난관리의 과학화(AI, 빅데이터 활용), 재난관련 R&D 예산 확보, 신종 복합재난 미래 예측 및 시나리오 개발, 재난보험제도 연구 등 북한 재난관리 분야의 중장기적 전문인력을 지속해서 양성해야 한다. 아울러 남한에 상주하고 있는 탈북민 출신의 의사 · 정부관료 · 소방관 등을 대상으로 재난관리 전문교육을 통하여 북한지역 재난 전문인력으로 양성, 관리하면서 재난대처 능력이 취약한 북한지역에서 재난이 발생할 경우 먼저 투입할 수 있도록 대비하여야 할 것이다.

7) 북한 재난관리 데이터베이스 구축

늦었지만 남북 분단 이후 북한지역의 자연재난 및 사회재난의 발생 시기 및 원인, 피해규모, 유형 등 각종 재난발생 현황에 대한 재난 데이터베이스(database)를 구축해야 한다.

북한의 황해도, 강원도 등지에서 정기적으로 심각하게 유행하고 있는 말라리아, B형 간염, 결핵 등 감염병뿐만 아니라 아프리카돼지열병 등 가축전염병과 황사, 미세먼지 등의 정보에 대한 재난관리 데이터베이스 구축이 시급하다. 북한 재난 데이터베이스 구축사업은 북한 당국의 협조가 절실히 필요하지만, 우리가 자체적으로 공개자료를 수집하고 IFRC, WFP, WHO, EM-DAT 등 국제기구 및 국제재난연구소, 대북지원 NGO 들과 협력하면 우선 추진이 가능한 분야이다. 이를 위해 우리 정부는 국제기구와 EM-DAT 등 국제재난연구소와 네트워크를 구축하고 우회적으로 자료수집 비용을 지원하여 전염병, 미세먼지 등 특정 분야의 북한지역 재난정보를 데이터베이스화 할 수도 있을 것이다. 점차 북한과의 협력을 통해 남북한 공동으로 백두산 화산 관측소 설치, DMZ 내 홍수, 산불, 수해 방지 관측소 설치, 황사 및 미세먼지 관측소 설치 등 재난대응 모니터링 시스템을 통하여 재난관리 데이터베이스 구축을 강화해 나가야 한다. 특히 북한국가과학원 산하 지구환경정보연구소와 협력하여 동 연구소가 추진 중인 '국가통합자연재해 관리정보 체계' 구축사업과도 긴밀히 연계할 필요성이 다대하다.

또한, 북한지역의 재난관리 데이터베이스 구축사업은 탈북민을 대상으로 한 인식조사에서 북한지역 재난관리 대비단계 15개 항목 중 차선순위 1위를 차지(제6장 참조)하였다는 점에서도 우선적 지원역량을 투입해야 할 것이다. 북한지역에 대해 재난관리 단계별로 위험요소, 준비요소, 예측 · 평가사항 등을 정보화 시스템으로 구축함으로써 미래의 재난에 대비하고 피해를 경감시킬 수 있을 것이다.

8) 대북 인도적 지원 확대

북한에서의 재난은 자연재난 또는 사회재난이라는 단순한 발생 원인뿐만 아니라 열악한 재난관리 인프라로 인해 경제 · 사회적인 복합적 요인이 작용하고 있다. 북한은 대형재난에 대처하고 관리할 수 있는 재정과 물적 인프라가 부족한 실정이다. 이러한 국가적 대응체계의 미비로 재난의 피해를 가장 크게 입는 주체는 북한 주민들이며 그중에서도 노약자, 어린이, 환자 등 소외계층들이 크게 피해를 보고 있다.

우리 정부의 북한에 대한 지원은 큰 범주로 정부지원과 민간지원으로 구분한다. 그리고 정부지원은 무상지원과 식량차관으로 나누어진다. 무상지원은 정부 차원, 민간단체 기금지원, 국제기구 우회 지원 등으로 구분된다.

2018년 우리 정부는 대북 인도적 지원 관련 민간단체의 접촉신고 133건을 수리하고 북한 방문 15건, 반출 신청 31건을 승인하였으며 민간차원에서는 13개 단체가 결핵 의약품, 분유, 밀가루 등을 65억 원 규모로 북한에 지원하였다(통일부 통일백서, 2019: 189). 2019년에는 우리 민간단체의 대북지원은 총 170억 원이며 민간단체 대북접촉신고 158건, 북한방문 12건, 대북 반출 신청 12건을 승인하였다(통일부 통일백서, 2020: 118). 2020년 6월 현재 통일부에 등록된 대북지원 지정단체는 남북나눔, 월드비전, 우리민족서로돕기, 한국불교종단협의회, 대한예수교장로회통합총회, 남북강원도협력협회, 경기도, 파주시청 등 총 141개이다. 또한 정부는 2015년부터 국내외 기관 및 단체들이 추진한 대북 인도지원을 통합적이고 체계적으로 관리, 분석하기 위해 「대북지원사업 통합 · 관리체계 구축 · 운영」 사업을 추진해 오고 있다.

우리 정부는 1990년 남북 간의 주민왕래, 상호교류와 교역 및 경제협력을 지원하기 위하여 남북협력기금법을 제정하였으며 2020년 남북협력기금은 1조2천56억 원으로 확정됐다(2019년 1조1천63억 원).

인도적 지원(humanitarian assistance)이란 재난발생 후 긴급구호의 좁은 의미의 활동뿐만 아니라 재난발생 전 예방과 대비, 재난발생 후 재건과 복구를 통하여 피해자들이 정상적인 삶을 되찾을 수 있도록 하는 일련의 활동을 포함한 재난관리 전 과정을 말한다. 인도주의적 개입(humanitarian intervention)은 어떤 지역에 대규모 고통과 죽음이 초래되었을 경우 그것을 막을 목적으로 상대국의 동의 없이 실행할 수 있다(A. Roberts and B. Kingsbury, 1993). 당면한 식량난과 기아, 소외계층의 피해 확산, 열악한 재난 인프라 등으로 인해 재난 발생 가능성이 농후한 북한의 재난관리 역량 강화를 위해 향후 우리 정부 기관과 지자체, 종교기관, NGO와 대한적십자사는 인도주의적 지원 원칙(인류애, 중립, 공평, 독립)에 따라 재난분야를 포함하여 조건 없는 대북 인도적 지원을 지속 확대하여 나가야 한다.

4. 국제사회와의 협력 강화

현대사회에 있어서 재난은 단지 독립적이고 국지적인 특정 지역의 위험이 아니라 초월경적이고 초국가적인 복합적 위험의 형태로 나타나고 있다. 근년에 일본의 후쿠시마지역 방사능누출사고, 초미세먼지의 등장, SARS, MERS, ASF, 신종코로나바이러스-19 등과 같이 대규모 사회재난이 예기치 않게 발생하여 전 세계를 공포로 몰아넣고 있다. 이러한 초월경적이고 초대형적인 미래의 재난관리를 위해 국제사회는 예방적 차원에서 정보공유, 원활한 협조시스템 구축 등 재난대응 공조체제를 형성해야 하며 재난관리에 있어서 국경의 한계를 초월해야 한다. 특히 북한, 동남아, 아프리카 등 저개발국가의 재난관리는 인류 공동의 안전과도 직결된다는 측면에서 UN 산하기관, 국제 NGO뿐만 아니라 재난관리 선진국들은 재난위험에 쉽게 노출된 재난관리 후진국들의 재난관리 체계의 개선을 위해 인류의 공동번영과 전 지구적인 관심 사항으로 더 큰 노력과 책임을 다해야 한다. 지금까지 북한을 포함, 후진국들의 재난안전과 재난관리체계 개선을 위해 지속 협력하고 있는 UN 산하기관들은 FAO, UNDP, WMO, IFRC, WFP, WHO, UNFPA, UNICEF, UNHCR, UN-HABITAT 등이 있다. 이들 UN 산하기관들의 경험과 네트워크, 재원조달 능력, 관리능력 등은 여러 분야에서 우리의 부족한 부분을 보충할 기회를 제공할 것으로 기대된다(임강택 · 권태진, 2015: 158).

아직 국제적 재난구호를 총괄하는 보편적 국제기구가 없는 상황에서 UN은 국제사회의 인도적 차원의 재난구호 활동의 중심에 있으며 1991년 12월 UN 정기총회 결의(제46/182호)에 기초하여 유엔인도지원조정국(UNOCHA)과 긴급구호조정관(ERC : Emergency relief coordinator)이 특별기구로 발족하여 국제사회의 재난협력 활동을 지원하고 조정하는 역할을 하고 있다(임예준 외, 2017: 85). 유엔인도지원조정국(UNOCHA)에서 제공하는 개별국가에 대한 국제사회의 지원규모와 관련 통계자료에 따르면 2007년부터 2017년까지 북한에 대한 지원규모는 약 66억 5,100만 달러에 달한다(임예준 외,

2017: 93). 이 금액은 분야별로 다양한 프로그램에 따라 집행되었는바, 그중 식량지원에 대한 비중이 50% 이상이며 보건의료, 영양, 식수 및 위생, 재난 대응 등이 후순위를 차지하고 있다. 실제로 국제사회의 대북 지원과 협력은 탈북민을 대상으로 한 북한 재난관리 단계별 인식조사(제6장 참조)에서도 예방단계(6위), 대비단계(7위), 대응단계(8위)의 최우선순위 항목들 중에 포함된 바, 향후 북한 재난관리체계 개선을 위해 매우 중요한 역할을 할 것이다.

그리고 북한의 안정적인 재난관리를 위해 유엔(UN)과 남북한 간 협력뿐만 아니라 한반도와 인접하고 있는 중국, 러시아, 일본, 대만, 몽골 등 역내 국가들과의 재난관리 분야 국제협력의 모색도 긴요하다. 특히 역내 국가들은 가까운 미래에 발생 가능성이 높은 지진, 화산폭발, 쓰나미, 황사, 미세먼지, 생화학 무기, 방사능 누출, 감염병 또는 가축전염병과 같은 초월경적인 재난의 예방과 대응 차원에서 정보공유, 공동전략 수립 등 재난관리 대응역량을 강화해야 한다. 향후 초미세먼지, 감염병 재난 등 신안보적 위협에 선제적인 대응을 위해 우리나라를 중심으로 북한을 포함하여 중국, 러시아, 일본, 몽골 등과 함께 동북아지역 초국경재난협력기구 창설의 필요성은 점증되고 있다. 아울러 이러한 동북아 초국경재난협력기구, UN 산하 재난대응 기구 등 국제기구를 유치하여 DMZ 내에 설립할 경우, 한반도의 항구적인 평화유지에도 커다란 도움을 줄 것이다.

향후 꾸준한 국제사회의 대북 재난관리 차원의 지원은 미래 북한의 정치 · 경제 · 사회 분야 발전과 남북관계의 개선에도 적지 않게 기여할 것이며 거시적 차원에서 북한의 정치 · 경제적 개혁과 개방에도 긍정적 영향을 미치리라 생각한다.

오늘날 재난과 위험으로부터 국민의 생명과 안전, 재산을 지키기 위한 국제적 협력은 위정자들의 선의의 노력이 아니라 국가의 필수적인 책무 사항이다.

부록

부록

1. 북한의 재난관련 주요 연표

2. 남북한 재난관련 주요협력 일지

3. 북한의 「재해방지 및 구조, 복구법」

4. 동서독 정부 간 재난공동대응협정 및 접경수로협정

5. 북한지역 재난관리체계 개선 조사 설문지

6. 약어표

부록1 : 북한의 재난관련 주요 연표

년 월 일	내 용	비 고
1946.00.00	수해구제 사업에 관한 건	당 결정서
1947.00.00	풍수해 방지 대책위원회 설치에 관한 결정서	당 결정서
1950.00.00	구호사업 보장에 관하여 및 전재민 구호대책에 관한 결정서	당 결정서
1951.00.00	수재 이재민 구제대책에 대하여	당 결정서
1952.3.13	재해를 입은 농민들에게 영농을 보장하기 위한 식량을 대여함에 관하여	당 결정서
1963.00.00	남반부의 전 인민들과 풍수해 이재민을 구제하는데 대하여	당 결정서
1976.00.00	열차폭발 : 함경남도 흥남역에서 비료선적한 열차폭발	사회재난
1977.4.29	토지법 제정	법률
1985.00.00	열차탈선 : 함경남도 정평군에서 열차 탈선, 500명 사망 추정	사회재난
1986.4.9	환경보호법 제정	법률
1987.00.00	열차폭발 : 함경남도 화성군에서 호송열찰 폭발	사회재난
1988.12.18	농업법 제정	법률
1990.00.00	열차화재 : 평안북도 대관-구성 열차화재, 승객 300여 명 사상	사회재난
1992.12.11	산림법 제정	법률
1993.12.10	건설법 제정	법률
1995.7.31.-8.18	신의주, 강원, 황해도/집중호우/사망 및 실종 68명	자연재난
1996.00.00	질병사망 : 강원도 소재 고아원 수용인원 270명 중 60명 사망	사회재난
1996.1.24	국경위생법 제정	법률
1997.00.00	열차추락 : 자강도 회천군 열차추락, 승객 2천여명 사상	사회재난
1997.00.00	광산붕괴 : 평안남도 덕천군 탄광연합기업소에서 갱도 붕괴	사회재난
1997.1.4	바다오염방지법 제정	법률
1997.6.18	물자원법 제정	법률

1997.7.16	국경동식물검역법 제정	법률
1997.11.6	전염병예방법 제정	법률
1997.12.3	의료법 제정	법률
1998.00.00	열차사고 : 함경남도 이파-단천간 열차사고, 승객 5백여 명 사상	사회재난
1998.5.27	국토환경보호단속법 제정	법률
1998.7.14	공중위생업 제정	법률
1998.7.22	식품위생법 제정	법률
1998.12.4	에네르기관리법 제정	법률
2000.00.00	열차사고 : 평안남도 양덕군에서 열차사고, 승객 1천여 명 사상	사회재난
2001.3.21	갑문법 제정	법률
2001.3-5	황해도 일대 농경지 피해/가뭄	자연재난
2002.11.27	하천법 제정	법률
2004.3.10.	수로법 제정	사회재난
2004.4.22	열차폭발 : 평안북도 용천역 질산암모늄선적 화물열차 폭발, 사망 154명, 부상 1,300여 명	법률
2005.2.4	소방법 제정	법률
2005.11.9	기상법 제정	법률
2005.11.9	환경영양평가법 제정	법률
2006.4.23	열차충돌 : 평안남도 양덕-고원 운행열차 충돌, 군인 270명, 민간인 400여 명 사망	사회재난
2007.1.10	적십자회법 제정	법률
2007.4.11	중소형발전소법 제정	법률
2007.4.26	폐기페설물취급법 제정	법률
2007.8.7-8.25	강원도, 황해북도, 함경남도 /홍수, 산사태/610명 사망	자연재난
2007.9.17-9.25	황해북도, 황해남도 /폭풍, 홍수/	자연재난
2008.9.23	대동강오염방지법 제정	법률
2009.12.10	농장법 제정	법률
2010.7.27-8.8	흥남시, 함경남도/ 홍수	자연재난

2010.8.21-8.21	평안도,자강도,함경남도,황해도,강원도/홍수	자연재난
2010.9.2-9.2	함경도,황해도,강원도,평안남도,평양시,개성시/폭풍,홍수, 산사태/사망자 20명	자연재난
2010.11.25	원림법 제정	법률
2011.6.23-7.16	황해도, 강원도, 개성시/홍수,산사태/사망 30명	자연재난
2011.7.25-7.28	황해도,강원도, 개성시/홍수/사망 34명	자연재난
2011.8.29	지진 화산피해 방지 및 구조법 제정	법률
2011.8.29	방사성오염방지법 제정	법률
2011.8.7-8.9	황해도,평안남도, 개성시/폭풍,홍수/사망 10명	자연재난
2012.7.11	대기오염방지법 제정	법률
2012.7.16-7.29	평안도, 황해도, 강원도/홍수, 산사태/사망 88명	자연재난
2012.8.28-8.30	함경도,황해도,강원도, 양강도/폭풍,홍수/사망 59명	자연재난
2013.7.12-7.23	자강도,평안도,강원도, 황해도/홍수, 산사태/사망 51명	자연재난
2014.4.00	양강도, 자강도, 함경도, 강원도/ 가뭄, 식량부족	자연재난
2014.5.13	붕괴사고 : 평양시 평천구역 23층 충복아파트 붕괴, 92세대 입주, 500여 명 사망	사회재난
2014.6.24	재해방지 및 구조, 복구법 제정	법률
2014.7.10	건설감독법 제정	법률
2015.6-7	황해도,함경남도,평안도,평양시/가뭄	자연재난
2015.8.1-8.5	평안남도,황해도,함경북도(나선),자강도/홍수/사망 33명	자연재난
2016.8.29-9.6	태풍 라이언록 : 함경북도/홍수/사망 538명	자연재난
2016.8.30-8.30	함경북도(무산, 회령)/폭풍,홍수/사망 60명	자연재난
2018.8	황해도/태풍 솔릭/사망 76명	자연재난
2019.1-5.	자강도, 양강도, 평안도, 황해도, 강원도 / 가뭄	자연재난
2019.5.23	자강도 우시군 북상협동농장/아프리카돼지열병/77마리 폐사, 22마리 살처분	사회재난
2019.9.8	황해남도/태풍 링링/사망 5명	자연재난
2020.1.30	코로나바이러스-19관련 국가비상사태선포 / 전국에 방역본부 설치 / 사망자 미발표	사회재난

부록2 : 남북한 재난관련 주요협력 일지

1972년	7월	「7 · 4 공동성명」(평양) : 이후락 중앙정보부장과 김영주 노동당조직지도부장
1984년	9월	남북적십자 실무회담(판문점) : 서울과 중부지방 수해에 따른 북한 적십자사의 대남구호 물자(쌀, 시멘트, 옷감, 의약품)지원 협의
1991년	12월	제5차 남북고위급 회담(서울) : 남북 사이의 화해와 불가침 및 교류협력에 관한 합의서(남북기본합의서) 채택
1992년	2월	제6차 남북고위급 회담(평양) : 남북기본합의서 발효 (1992.2.19.)
1992년	5월	제7차 남북고위급 회담(서울) : 남북기본합의서 교류협력분야 부속합의서 채택
1992년	9월	제8차 남북고위급 회담(평양) : 남북기본합의서 교류협력분야 부속합의서 발효
1999년		대한적십자사, 임진강 수해방지 사업관련 실무접촉 제의
2000년	6월	남북정상 회담(평양) : 6.15 남북공동선언 채택
2000년	8월	남북장관급 회담(평양) : 제1차 남북장관급 회담 공동보도문 발표
2000년	12월	남북경제협력추진위원회 제1차 회의 합의문 서명 교환 (2001.2.3.)
2001년	2월	남북임진강수해방지실무협의회 제1차 회의(평양)
2001년	3월	남북임진강수해방지실무협의회(대북 서한 전달)
2001년	9월	제5차 남북장관급 회담(서울)
2002년	8월	남북경제협력추진위원회 제2차 회의(서울)
2002년	10월	남북 임진강수해방지실무협의회 제2차 회의(평양) : 회의 공동 보도문 발표

2003년 5월 남북경제협력추진위원회 제5차 회의
2003년 8월 남북경제협력추진위원회 제6차 회의
2003년 11월 남북경제협력추진위원회 제7차 회의
2004년 2월 제13차 남북장관급 회담
2004년 3월 남북경제협력추진위원회 제8차 회의(서울)
2004년 3월 임진강 수해방지와 관련한 합의서 타결(문서교환방식)
2004년 4월 임진강 수해방지 실무협의회 제3차 회의 : 공동보도문 발표
2004년 6월 남북경제협력추진위원회 제9차 회의(평양)
2005년 6월 제15차 남북장관급 회담
2005년 7월 남북경제협력추진위원회 제10차 회의(서울)
2005년 8월 남북농업협력위원회(개성)
2005년 6월 제16차 남북장관급 회담
2006년 4월 제18차 남북장관급 회담
2006년 6월 남북경제협력추진위원회 제12차 회의(제주)
2006년 6월 제1차 임진강 수해방지 실무접촉 회의(개성)
2007년 4월 남북경제협력추진위원회 제13차 회의(평양)
2007년 10월 남북정상회담(평양) : '남북관계발전과 평화번영을 위한 선언' 발표
2007년 11월 제1차 남북총리 회담(서울)
2007년 12월 남북경제협력공동위원회 제1차 회의(서울)
2007년 12월 제1차 남북기상협력 실무접촉(개성)
2007년 12월 제1차 남북보건의료 환경보호협력분과위원회 제1차 회의(개성)
2009년 10월 임진강 수해방지 남북실무 회담
2011년 3월 백두산 화산 공동연구를 위한 남북실무접촉(문산, 개성)
2018년 1월 남북고위급회담(판문점)
2018년 4월 남북정상회담(판문점) : 한반도의 평화와 번영, 통일을 위한 판 문점 선언 채택

2018년 5월 제2차 남북정상회담(판문점)
2018년 6월 판문점선언 이행을 위한 남북고위급 회담(판문점)
2018년 6월 제1차 북미정상회담(6.12, 싱가폴)
2018년 7월 남북 산림협력 분과회담(판문점)
2018년 8월 남북 산림병해충 피해 공동점검(금강산)
2018년 9월 남북정상회담(평양) : 9월 평양공동선언 채택
2018년 10월 남북 산림협력 분과회담(개성 남북공동연락사무소)
2018년 11월 남북 한강하구 공동이용을 위한 수로조사 개시
2018년 11월 남북 보건의료 분과회담(개성)
2018년 11월 정부, 소나무재선충병 약제 북에 전달 및 공동방제 실시(개성)
2018년 12월 남북 산림협력 현장방문(평양)
2018년 12월 남북 보건의료 실무회의(개성 남북공동연락사무소)
2019년 2월 제2차 북미정상회담(2.27-28, 베트남 하노이) 결렬
2019년 4월 강원도 고성일대 산불 관련상황을 북한에 통보(4월 5일)
2019년 6월 남북미 정상회담(6.30, 판문점)
2019년 9월 아프리카돼지열병 관련사항 북측에 통보(9.18, 개성남북공동연락사무소)
2020년 1월 북한, 신종코로나바이러스-19 차단 및 방역위해 개성남북연락사무소 운영중단
2020년 6월 북한, 남북한 간 통신연락선(군 동서해통신연락선, 남북통신시험연락선, 노동당중앙위원회 본부청사-청와대 직통 통신연락선) 완전 차단 · 폐기 통보(6.13)
2020년 6월 북한, 개성 남북공동연락사무소 폭파(6.16)

부록3 : 북한의 「재해방지 및 구조, 복구법」

주체103(2014)년 6월 27일 최고인민회의 상임위원회 정령 제76호로 채택

제1장 재해방지 및 구조, 복구법의 기본

제1조 (재해방지 및 구조, 복구법의 사명)

조선민주주의인민공화국 재해방지 및 구조, 복구법은 재해방지 및 구조, 복구사업에서 제도와 질서를 엄격히 세워 인민들의 생명안전과 국가 및 사회협동단체, 공민의 재산을 보호하는 데 이바지 한다.

제2조 (용어의 정의)

이 법에서 재해란 큰물, 폭우, 태풍, 해일, 지진, 화산활동 같은 재해성자연현상이나 그밖의 요인으로부터 발생하는 인명피해, 농경지의 침수, 산사태, 건물, 시설물의 붕괴, 전력, 교통 운수, 통신, 상하수도망체계의 마비, 환경의 오염, 전염병의 전파 같은 각종 피해를 말한다.

제3조 (재해의 등급구분)

재해는 그 형태와 세기, 피해 정도, 피해 범위에 따라 특급재해, 1급 재해, 2급 재해, 3급 재해로 구분한다.

재해의 등급기준을 정하는 사업은 국가비상설재해방지대책위원회가 한다.

제4조 (재해방지사업의 기본원칙)

재해위험대상을 빠짐없이 장악하고 방지대책을 미리 세우는 것은 재해방지사업의 기본요구이다.

국가는 재해방지사업에 대한 투자를 체계적으로 늘리고 각종 재해에 대한 경보체계를 더욱 완비하여 재해를 미리 막거나 피해를 최대로 줄이도록 한다.

제5조 (재해구조 및 복구원칙)

국가는 재해발생 시 충분한 역량과 수단을 긴급 동원하여 즉시적이며 효과

적인 구조와 복구를 진행하도록 한다.

제6조 (재해방지 및 복구, 구조활동에 대한 교육원칙)

국가는 교육기관들에서 각종 재해에 대처하기 위한 교육을 실속있게 하며 신문, 방송, 출판물을 통하여 재해성자연현상과 그로 인한 피해의 방지, 1차 구급 치료법 같은 상식을 인민들에게 널리 알려주도록 한다.

제7조 (과학연구 및 전문가양성원칙)

국가는 재해방지 및 구조 복구와 관련한 과학연구사업을 강화하며 이 부문의 과학자, 기술자, 전문가들을 전망성 있게 양성하도록 한다.

제8조 (대외교류와 협조강화)

국가는 재해방지 및 구조, 복구사업과 관련하여 다른 나라, 국제기구들과 교류와 협조를 강화 하도록 한다.

제9조 (법의 적용대상)

이 법은 기관, 기업소, 단체와 공민, 우리나라에 있는 다른 나라 및 국제기구대표기관과 외국투자기업, 외국인에게 적용한다.

이 법에서 정하지 않은 사항은 해당 법규에 따른다.

제2장 재해방지계획

제10조 (재해방지계획작성의 일반적 요구)

재해방지계획을 바로 세우는 것은 해당 기관의 중요 임무이다.

해당 기관은 재해방지계획을 전국적인 재해방지계획과 지역별재해방지계획, 부문별재해방지 계획 같은 것으로 나누어 과학성, 동원성, 통일성을 보장할 수 있게 작성하여야 한다.

제11조 (재해방지계획의 작성)

전국적인 재해방지계획은 국가계획위원회가 작성하며 도(직할시), 시(구역), 군 재해방지 계획은 해당 지역 인민위원회가 작성한다.

농업, 산림, 도로, 강 하천, 도시경영, 전력, 건설, 채취, 철도, 해운, 체신 부문 같은 부문별 재해방지계획은 해당 중앙기관이 작성한다.

제12조 (재해방지계획에 반영할 사항)

재해방지계획에 반영할 사항은 다음과 같다.

1. 국가적으로 중요한 의의를 가지는 지역, 대상에 대하여 전망적으로 또는 긴급히 수행하여야 할 재해방지대책
2. 자연재해위험지역과 대상들에 대한 조사장악 및 예방대책
3. 큰물, 폭우, 태풍, 해일, 산불, 산사태, 지진, 화산활동 같은 재해성자연현상에 대한 관측 및 예보, 경보체계의 수립
4. 각종 재해의 형태와 위험성 정도에 따르는 사전대책
5. 재해방지물자의 조성과 보관관리, 공급대책
6. 이밖에 필요한 사항

제13조 (재해방지계획의 승인)

전국적인 재해방지계획과 부문별재해방지계획은 국가비상설재해방지대책위원회가 심의, 승인한다.

도(직할시), 시(구역), 군의 재해방지계획은 상급비상설재해방지대책위원회가 심의, 승인한다.

제14조 (재해방지계획의 변경)

재해방지계획은 해당 지역과 단위의 인적 및 물적 대상이나 기후 같은 것이 변화되는 데 따라 변경할수 있다. 이 경우 해당 기관의 승인을 다시 받는다.

제15조 (재해방지계획작성에 필요한 자료보장)

기상수문기관, 지진관측기관, 과학연구기관과 해당 기관, 기업소, 단체는 재해방지계획 작성에 필요한 자료를 제때 보장하여야 한다.

제16조 (재해방지계획의 실행과 관련한 지시집행의무)

기관, 기업소, 단체와 공민은 재해방지계획의 실행과 관련한 국가비상설재해방지대책위원회 또는 해당 재해방지대책위원회의 지시를 정확히 집행하

여야 한다.

제3장 재해성 자연현상에 대한 관측과 경보

제17조 (재해성자연현상관측에서 지켜야 할 요구)

재해성자연현상에 대한 관측은 일기상태와 강하천 저수지의 물높이와 흐름량 상태, 해양 상태의 변화, 지각운동 과정을 연속 감시, 측정하여 재해성 자연현상을 예보하기 위한 기초자료를 얻어내는 중요한 사업이다.

기상수문기관, 지진관측기관은 큰물, 폭우, 태풍, 해일, 폭설, 우박, 지진, 화산 활동 같은 재해성 자연현상에 대한 감시, 측정 및 예보에서 과학성, 정확성, 신속성을 보장하여야 한다.

제18조 (관측의 구분과 방법)

자연재해에 대한 관측은 관측대상에 따라 기상, 수문, 해양관측과 지진, 및 화산활동에 대한 관측으로 관측 방법에 따라 전문 관측과 군중감시로 구분한다.

전문 관측은 기상수문기관과 지진관측기관이 관측기재로 진행하며 군중감시는 해당 기관, 기업소, 단체가 일정한 지역 단위로 설정한 감시초소를 통하여 강 하천과 저수지의 물높이, 산불, 동물의 움직임, 지하수의 변화 같은 이상자연현상들을 감시, 기록하는 방법으로 한다.

제19조 (관측 및 경보통신망의 구성)

중앙기상수문지도기관과 중앙지진관측기관, 해당 기관은 필요한 장소에 관측소를 설치하고 정보통신수단들로 연결하여 재해성 자연현상에 대한 국가적인 관측 및 경보통신망을 형성하여야 한다.

제20조 (관측소의 설치와 관측조건보장)

관측소는 해당 지역의 기상상태, 지각상태를 대표적으로 나타내며 관측에 지장을 주는 건물, 전력시설과 통신시설 같은 장애물들이 없는 곳에 설치

한다.

관측환경을 보장하기 위하여 관측소의 일정한 지역을 관측보호구역으로 정할 수 있다. 이 경우 해당 기관의 승인을 받는다.

제21조 (관측자료의 보고)

기상관측기관, 지진관측기관은 관측을 중단하거나 결측하지 말며 관측한 자료를 실시간으로 체계적으로 기록하여 상급기관과 해당 인민위원회에 보고, 전송하여야 한다.

제22조 (재해위험지역과 재해위험대상에 대한 관측강화)

중앙재해방지사업지도기관과 부문별중앙기관, 지방인민위원회는 기상수문기관과 지진관측 기관에 재해위험지역 또는 대상을 제때 알려주어 해당 지역과 대상에 미치는 재해성 자연현상에 대한 관측을 특별히 강화하도록 하여야 한다.

제23조 (재해예보 또는 경보)

기상관측기관, 지진관측기관은 큰물, 폭우, 태풍, 우박, 황사, 산불, 산사태, 해일, 한파, 지진, 화산활동 같은 재해성 자연현상이 예견될 경우 제때 재해예보 또는 재해경보를 내리는 것과 함께 해당 지역의 재해방지사업기관과 인민보안기관에 통보하여야 한다.

재해예보 및 경보에는 재해의 형태와 세기, 재해 예견지역과 재해발생 및 지속시간, 재해발생 요인 같은 재해요소들을 포함한다.

제24조 (재해경보수단, 경보전달)

재해경보는 국가경보신호체계에 따라 전기통신수단과 그밖의 정해진 수단으로 한다.

출판보도기관과 채신기관은 재해경보내용을 제때 방송, 신문 같은 출판보도수단과 통신 기술수단을 통하여 알려주어야 한다.

제25조 (재해현상에 대한 통보의무)

공민은 재해의 발생 또는 그 징후를 발견하였을 경우 즉시 해당 지역 인민위원회나 긴급구조 기관 또는 피해를 받을 수 있는 지역의 기관, 기업소, 단체에 알려주어야 한다.

통보를 받은 기관, 기업소, 단체는 긴급대책을 세우며 그 정형을 국가비상설재해방지대책위원회나 중앙재해방지사업지도기관 또는 재해방지대책위원회에 알려야 한다.

제26조 (관측에 지장을 줄수 있는 행위금지)

관측보호구역에서는 관측에 영향을 줄 수 있는 열, 고주파복사장치와 전기시설을 설치하거나 건물같은 것을 건설할 수 없다.

기관, 기업소, 단체와 공민은 자연현상에 대한 관측 자료를 제멋대로 만들어 이용하거나 근거 없는 말을 퍼뜨리는 행위를 하지 말아야 한다.

제4장 재해방지물자의 조성과 공급

제27조 (재해방지물자의 정의)

재해방지물자는 재해방지를 위한 사전대책과 재해구조, 복구사업에 긴급히 동원 이용하기 위하여 국가가 따로 마련하는 물자이다.

재해방지물자에는 세멘트, 강재, 연유, 통나무, 식량, 의약품, 피복, 전동기, 펌프 같은 각종 물자와 설비, 자금이 속한다.

제28조 (재해방지물자의 계획화)

재해방지물자의 생산, 조성과 공급은 인민경제계획에 맞물려 진행한다.

국가계획기관과 해당 기관, 기업소, 단체는 재해방지물자의 생산과 조성, 공급과 관련한 계획화 사업을 책임적으로 하여야 한다.

제29조 (재해방지물자의 조성, 등록, 보관)

재해방지물자의 조성계획을 받은 기관, 기업소, 단체는 국가가 정한 조성자료와 비율에 따라 월, 분기별로 재해방지물자를 우선적으로 생산, 조성, 공급하여야 한다.

재해방지물자조성계획을 받지 않은 기관, 기업소, 단체도 해당 재해방지대책위원회가 정한 재해방지물자의 품종과 수량을 내부 예비를 동원하여 자체로 조성, 보관하여야 한다.

재해방지 및 구조, 복구를 위하여 다른 나라 또는 국제기구에서 들여온 협조물자는 중앙재해방지사업지도기관이 빠짐없이 등록, 보관한다.

제30조 (재해방지물자의 보관, 공급 및 이용)

재해방지물자를 보관 관리하는 기관, 기업소, 단체는 재산이 유실되거나 부패 변질되지 않도록 보관관리를 잘하여야 한다.

재해방지물자는 국가비상설재해방지대책위원회나 중앙재해방지사업지도기관 또는 해당 재해방지대책위원회의 지시에 의해서만 공급 또는 이용할 수 있으며 재해방지사업이 아닌 다른 사업에 쓸 수 없다.

제31조 (재해방지물자의 공급순위)

해당 기관은 재해방지물자를 피해지역의 어린이, 늙은이, 장애자, 여성 같은 생활 능력상 도움이 절실히 필요한 대상의 구조사업과 국가적으로 중요한 의의를 가지는 대상들의 재해방지 및 피해복구에 우선 공급하며 그 밖의 대상들은 선후차를 정하여 공급하여야 한다.

제32조 (재해방지물자의 수송)

교통운수 기관은 재해방지물자를 재해 지역 또는 목적지까지 제때 우선적으로 수송하여야 한다.

제33조 (긴급재해구조 및 복구물자의 비상동원대책)

중앙재해방지사업지도기관은 불의에 재해가 발생하였거나 발생위험이 조성되였을 경우 국가비상설재해방지대책위원회의 승인을 받아 철도역이나 항구 같은 곳에 머무르고 있거나 수송도중에 있는 물자와 공장, 기업소에서 생산하는 물자를 긴급재해구조 및 복구에 동원 이용할 수 있다.

해당 기관, 기업소, 단체는 긴급재해구조 및 복구용물자의 비상동원과 관련한 지시에 복종하여야 한다.

제34조 (재해보험)

기관, 기업소, 단체와 공민은 재해보험에 의무적으로 들어야 한다.

재해보험사업은 보험법규에 따른다.

제5장 재해구조 및 복구

제35조 (재해긴급구조대책안의 작성과 심의, 비준)

중앙재해방지사업지도기관과 해당 중앙기관은 특급재해가 발생하였거나 그 징후가 명백한 경우 또는 중요지역과 대상에 재해가 발생하였을 경우 구조사업과 대피 및 소개사업을 신속히 진행할 수 있도록 재해긴급구조대책안을 작성하여 국가비상설재해방지대책위원회의 심의, 비준을 받아야 한다.

지방인민위원회와 해당 기관, 기업소, 단체는 1급 재해, 2급 재해, 3급 재해의 발생 또는 그 징후가 명백한 경우 구조사업과 대피 및 소개사업을 신속히 진행할 수 있도록 재해 긴급구조 대책안을 작성하여 해당 지역 재해방지대책위원회 또는 부문별재해방지대책위원회의 심의, 비준을 받아야 한다.

제36조 (긴급구조대책안에 반영할 내용)

재해긴급구조대책안에는 긴급구조 및 복구연합지휘부의 조직과 임무, 권한과 지휘체계, 구조력량의 동원, 재해에 의한 피해정향장악과 통보체계, 인원의 대피 및 설비, 자재의 소개, 피해지역 인민들의 생활보장 문제와 재해구조물자 보장대책 같은 내용들을 반영한다.

재해긴급구조대책안은 실지 정황에 따라 수정보충될 수 있다.

제37조 (재해구조 및 복구사업질서)

재해구조 및 복구사업은 재해규모에 따라 다음과 같이 진행한다.

1. 특급재해가 발생하였거나 그 징후가 명백한 경우 또는 중요지역과 대상에 재해가 발생하였을 경우 국가비상설재해방지대책위원회는 중앙긴급구조 및 복구련합지휘부를 조직하고 그 지휘에 따라 국가적인 력량을

동원하여 재해구조, 복구활동을 진행한다.

2. 1급 재해가 발생하였거나 그 징후가 명백한 경우 도(직할시)재해방지대책위원회와 부문별재해방지대책위원회는 긴급구조 및 복구연합지휘부를 조직하고 그의 지휘에 따라 재해구조, 복구활동을 진행한다.

   재해구조 및 복구사업이 자체능력을 초과할 경우 국가비상설재해방지대책위원회와 인접지역의 재해방지대책위원회에 지원을 요구할수 있다.

3. 2급 재해가 발생하였거나 그 징후가 명백한 경우 시(구역), 군재해방지대책위원회는 긴급구조 및 복구련합지휘부를 조직하고 그의 지휘밑에 재해구조, 복구활동을 진행한다.

   재해구조 및 복구사업이 자체 능력을 초과할 경우 중앙이나 도(직할시) 또는 인접지역의 재해방지대책위원회에 지원을 요구할 수 있다.

4. 3급 재해가 발생하였거나 그 징후가 명백한 경우 기관, 기업소, 단체는 자체 역량으로 재해구조, 복구활동을 진행한다.

   재해구조 및 복구사업이 자체 능력을 초과할 경우 해당 지역 재해방지대책위원회나 상급기관 또는 그와 인접한 기관, 기업소에 지원을 요구할 수 있다.

제38조 (재해발생 시 구조 및 복구사업)

긴급구조 및 복구련합지휘부는 재해가 예견되거나 발생하면 구조 및 복구활동을 다음과 같이 진행하여야 한다.

1. 무너진 건물, 구조물에 깔리우거나 갇히거나 위험한 상태에 있는 인원들을 최우선 신속히 구조하기 위한 조치
2. 부상자치료와 후송 및 긴급 의료조치
3. 파괴된 언제, 제방의 신속한 복구, 살림집, 도로와 다리, 철도, 전력, 통신, 상하수도 같은 기초시설의 복구조치
4. 피해지역주민들에 대한 안전지대소개와 식량, 물, 피복, 침구류, 임시거처지 보장 같은 생활 조건의 보장조치
5. 사망자의 안전한 처리, 전염병 예방 같은 위생방역조치

6. 큰물, 폭우, 태풍, 해일, 지진, 화산활동 같은 재해성 자연현상에 의하여 일어날 수 있는 화재, 폭발, 산사태, 붕락, 유독성 또는 방사성물질의 유출 같은 2차 피해를 막기 위한 대책
7. 재해 지역에서 사회질서를 세우기 위한 조치
8. 이밖에 필요한 조치

제39조 (긴급재해구조역량의 준비)

국가비상설재해방지대책위원회와 해당 재해방지대책위원회는 기관, 기업소, 단체들이 큰물, 폭우, 태풍, 산불, 산사태, 해일 같은 재해발생위험이 많은 시기재해예보 또는 경보에 따라 언제든지 긴급구조활동에 동원될수 있게 필요한 인원과 운수수단같은 재해구조설비들을 준비 및 대기 상태에 두도록 하여야 한다.

제40조 (재해방지를 위한 대피 및 소개훈련)

국가비상설재해방지대책위원회와 해당 재해방지대책위원회는 재해발생시 기관, 기업소, 단체와 공민들의 대피 장소, 설비 및 자재소개장소와 이동경로를 미리 정하며 대피 및 소개훈련을 계획적으로 조직하여야 한다.

대피지휘는 지방인민위원회와 해당 기관이 하며 기관, 기업소, 단체와 공민은 대피 지휘에 복종하여야 한다.

제41조 (긴급구조대의 조직)

해당 중앙기관과 지방인민위원회는 큰물, 폭우, 태풍, 해일, 산사태, 지진 같은 각종 재해에 대처하여 긴급구조대를 조직하여야 한다.

긴급구조대는 화물차, 기중기차, 소방차, 구급차, 불도저, 구급치료설비, 의약품 같은 구조 활동에 필요한 설비, 물자들을 정해진 대로 갖추고 긴급구조훈련을 계획적으로 진행하며 구조 능력을 부단히 높이도록 하여야 한다.

제42조 (재해구조, 복구사업에서 호상협조)

재해구조와 복구에 동원되는 기관, 기업소, 단체는 해당 긴급구조 및 복구연합지휘부의 통일적인 지휘에 따라 분담받은 재해구조, 복구임무를 수행

하면서 서로 긴밀히 협조하여야 한다.

제43조 (재해구조 및 복구에 참가할 의무)

기관, 기업소, 단체와 공민은 재해가 발생하였을 경우 긴급구조 및 복구연합지휘부의 지시에 따라 재해구조, 복구활동에 의무적으로 참가하여야 한다.

재해구조, 복구활동에 참가하는 기관, 기업소, 단체는 분담된 재해구조, 복구활동에 필요한 설계, 노력과 설비, 물자를 제때 충분히 보장하여야 한다.

제44조 (재해구조사업에 대한 지원)

재해지역과 인접한 지역의 인민위원회, 해당 기관, 기업소, 단체는 재해지역의 재해방지대책 위원회 또는 기관, 기업소, 단체로부터 재해구조요청을 받으며 특별한 사유가 없는 한 이에 응하여야 한다. 이 경우 재해구조활동에 동원되는 기관, 기업소, 단체는 해당 지역의 긴급구조 및 복구연합지휘부의 지휘에 복종하여야 한다.

제45조 (2차 피해발생 시 안전대책)

긴급구조활동에 참가하는 기관, 기업소, 단체는 유독성 또는 방사성물질 같은 것이 유출되는 것 같은 2차 피해가 발생하였을 경우 인민보안기관의 지도 방조 밑에 필요한 안전대책을 엄격히 세우고 구조 활동을 진행하여야 한다.

제46조 (재해지역의 출입금지 또는 제한과 장애물, 위험대상제거)

인민보안기관과 해당 기관은 필요한 경우 긴급구조성원과 구조수단을 제외한 기타 인원과 운수수단의 재해지역 출입을 금지 또는 제한하며 긴급구조활동에 장애로되거나 구조성원들의 안전에 위험을 줄 수 있는 시설물, 설비의 제거 같은 조치들을 제때 취하여야 한다.

제47조 (긴급구조활동조건의 최우선보장)

해당 기관, 기업소, 단체는 재해발생 시 긴급구조활동에 필요한 인원과 운수수단, 전력, 연유, 의약품 같은 것을 최우선 보장하여야 한다.

제48조 (구조활동에 필요한 건물, 설비, 토지의 이용)

긴급구조활동을 진행하는 기관, 기업소, 단체는 재해 지역에서 필요한 건물이나 설비, 토지를 이용할 수 있다.

해당 기관, 기업소, 단체는 특별한 사유가 없는 한 구조활동 조건을 적극 보장하여야 한다.

제49조 (피해복구에서 순차성보장)

피해복구는 도로, 다리, 철도, 전력망, 상하수도망, 통신망 같은 기초부문과 병원, 살림집, 학교 같은 중요대상을 먼저 복구하며 그 밖의 대상들은 복구규모와 순서를 합리적으로 정하고 진행하여야 한다.

피해복구에서는 복구대상의 설계를 선행시키며 당해 연도에 복구하지 못한 피해대상들은 다음 해 건설 및 대보수계획에 빠짐없이 맞물려 복구하여야 한다.

제50조 (재해구조, 복구에 지출된 재산의 보장)

국가는 재해구조 및 복구사업이 끝나면 구조, 복구에 동원된 기관, 기업소, 단체와 개인이 구조, 복구과정에 지출한 재산을 보상하기 위한 조치를 취하도록 한다.

제6장 재해방지 및 구조, 복구사업에 대한 지도통제

제51조 (재해방지 및 구조, 복구사업에 대한 지도통제의 기본요구)

재해방지 및 구조, 복구사업에 대한 지도와 통제를 강화하는 것은 국가의 재해방지 및 구조, 복구정책을 정확히 집행하기 위한 기본담보이다.

국가는 재해대책사업 전반에 대한 지도체계를 바로 세우고 감독통제를 강화하도록 한다.

제52조 (국가비상설재해방지대책위원회)

전국적인 재해방지 및 구조, 복구사업을 통일적으로 조직하고 지도하기 위하여 국가비상설재해방지대책위원회를 조직한다.

국가비상설재해방지대책위원회의 실무보장사업은 중앙재해방지사업지도기관이 맡아 한다.

제53조 (국가비상설재해방지대책위원회의 임무)

1. 전국적인 재해방지계획을 심의, 승인한다.
2. 도(직할시) 국가비상설재해방지대책위원회와 부문별비상설재해방지대책위원회가 세운 재해방지계획을 심의, 승인한다.
3. 재해방지 및 구조, 복구와 관련하여 해당 인민위원회와 중앙기관, 단체들의 임무와 권한, 활동범위를 확정한다.
4. 국가재해방지 및 구조, 복구사업정형을 총화하고 대책한다.
5. 재해의 형태와 세기, 피해예측범위 또는 피해상태를 평가하고 해당한 재해대책 지시를 하달한다.
6. 특급재해가 발생하였거나 그 징후가 명백한 경우 또는 중요지역과 대상에 재해가 발생하였을 경우 중앙긴급구조 및 복구련합지휘부를 조직하고 재해구조 및 복구사업을 지도한다.
7. 이밖에 재해방지 및 구조, 복구와 관련한 사업을 한다.

제54조 (중앙재해방지사업지도기관과 임무)

중앙재해방지사업지도기관의 임무는 다음과 같다.

1. 전국적인 재해위험대상을 빠짐없이 장악하고 그와 관련한 재해위험지도를 발행하며 국토건설총계획과 해당 단위의 건설, 대보수계획에 맞물려 대상별, 연차별로 집행하도록 감독한다.
2. 지방과 부문별기관, 기업소, 단체들의 재해방지 및 구조, 복구사업전반을 장악 지도한다.
3. 해당 부문과의 연계 밑에 장마철 기간 대동강과 중요 강하천의 물 관리사업을 지휘한다.
4. 재해방지물자조성계획을 세우고 물자조성과 보관관리, 공급과 이용정형을 감독한다.
5. 교육, 보건, 출판보도부문과 연계 밑에 큰물, 폭우, 태풍, 산불, 해일 같은 각종 재해에 대한 상식과 그 피해를 막기 위한 교육사업을 한다.

6. 여러 나라, 국제기구들과의 재해관련 협조사업을 한다.

7. 이밖에 국가비상설재해방지대책위원회가 위임하는 사업을 한다.

제55조 (부문별, 지방재해방지대책위원회)

국가는 농업, 산림, 도로, 강 하천, 도시경영, 전력, 건설, 채취, 보건, 교통운수, 채신, 화학공업, 인민보안 같은 필요한 부문과 도(직할시), 시(구역), 군에 비상설로 재해방지대책위원회를 조직한다.

부문별재해방지대책위원회의 실무보장은 해당 부문의 중앙기관이, 도(직할시), 시(구역), 군의 재해방지대책위원회의 실무보장은 해당 지역 인민위원회가 한다.

제56조 (부문별, 지방재해방지대책위원회의 임무)

부문별, 지방재해방지대책위원회의 임무는 다음과 같다.

1. 부문별 또는 관할지역의 재해방지계획을 작성하며 아래 단위 재해방지대책위원회와 관할기관, 기업소, 단체가 세운 재해방지계획을 심의, 승인한다.
2. 재해의 형태와 세기, 피해예측범위 또는 피해 상태를 평가하고 해당한 재해대책지시를 하달한다.
3. 1급, 2급, 3급 재해가 발생하였거나 그 징후가 있을 경우 긴급구조 및 복구연합지휘부를 조직하고 필요한 역량을 동원하여 긴급대책을 세운다.
4. 해당 부문 또는 관할지역에서 재해방지 및 구조, 복구에 동원되는 기관, 기업소, 단체들의 임무와 권한, 활동 범위를 확정한다.
5. 재해가 예견되거나 발생하였을 경우 피해 규모와 위험성, 긴급구조대책을 취한 정형에 대하여 국가비상설재해방지대책위원회 또는 상급재해방지대책위원회에 제때 보고한다.

제57조 (지방인민위원회의 임무)

지방인민위원회의 임무는 다음과 같다.

1. 재해위엄방지대상을 빠짐없이 장악하고 자기 지방의 재해방지계획, 국

토건설총계획과 해당 단위의 건설, 대보수계획에 맞물려 대상별, 년차별로 집행하도록 감독한다.

2. 관할지역 안에 있는 기관, 기업소, 단체의 재해방지 및 구조, 복구사업 전반을 장악 지도하며 그 정형을 상급 기관에 정상적으로 보고한다.
3. 중앙재해방지사업지도기관과 해당 기관과의 연계밑에 장마철기간 해당 지역의 강하천물 관리사업을 지휘한다.
4. 해당 지역안의 기관, 기업소, 단체의 재해방지물자조성계획의 집행정형을 감독한다.
5. 이밖에 상급비상설재해방지대책위원회가 위임하는 사업을 한다.

第58条 (재해방지 및 구조, 복구사업조건의 보장)

국가계획기관과 지방인민위원회, 해당 중앙기관은 재해방지사업과 재해발생 시 구조, 복구에 필요한 현대적인 구조장비와 전력, 식량, 의약품, 자재, 수송, 자금, 통신보장을 책임적으로 하여야 한다.

第59条 (건설 및 관리에서 지켜야 할 요구)

다음의 대상에 대하여서는 건설설계와 시공, 감독기준을 특별히 높이며 관리를 책임적으로 하여야 한다.

1. 국방과 국가안전상 중요한 의의를 가지는 철길, 도로, 다리, 구조물
2. 발전소, 언제, 제방, 원유 및 가스저장고, 폭발물질, 화학물질, 유독성 및 방사성물질보관고
3. 역사, 과학, 예술분야의 국가적 의의를 가지는 대상
4. 학교, 병원, 극장, 백화점같이 많은 군중이 모이거나 이용하는 대상
5. 큰물, 폭우, 태풍, 해일 같은 재해성 자연현상이 자주 일어나는 지역에 있는 대상

第60条 (재해위험지역에서의 금지행위)

기관, 기업소, 단체는 저수지에서 물을 최대로 방출하거나 저수지언제가 파괴되는 경우 피해 받을수 있는 지역을 비롯한 재해위험지역에서 망탕 살림집, 공공건물, 시설물을 건설하거나 농작물을 재배하는 것 같은 행위를

하지 말아야 한다.

지방인민위원회와 해당 기관, 기업소, 단체는 재해위험지역에 있는 주민들의 살림집, 공공건물을 비롯한 대상들을 안전지역으로 옮기도록 하여야 한다.

제61조 (감독통제)

재해방지 및 구조, 복구사업에 대한 감독통제는 중앙재해방지사업지도기관과 지방인민위원회, 해당 감독 통제기관이 한다.

중앙재해방지사업지도기관과 지방인민위원회, 해당 감독통제기관은 재해방지계획의 작성과 그 집행을 위한 사업전반을 정상적으로 감독 통제하여야 한다.

제62조 (행정적 책임)

다음의 경우에는 기관, 기업소, 단체의 책임있는 일군과 개별적 공민에게 정상에 따르는 행정처벌을 준다.

1. 재해방지계획을 바로 세우지 않아 재해방지사업에 지장을 주었을 경우
2. 재해성 자연현상에 대한 감시와 관측을 바로 하지 않았거나 재해경보체계를 바로 세우지 않아 재해방지 및 구조, 복구사업에 지장을 주었을 경우
3. 살림집, 공공건물, 시설물의 건설설계와 시공, 감독을 건설법규의 요구대로 하지 않거나 관리운영을 바로 하지 않아 피해위험을 조성하였거나 재해발생 시 피해를 발생시켰을 경우
4. 언제, 제방, 갑문, 암기 같은 수리구조물과 강 하천, 연안, 영해 보호시설물에 대한 보수정비를 제대로 하지 않았거나 강 하천정리, 사방야계공사, 옹벽공사, 사태막이, 산림조성 같은 재해방지를 위한 국토관리사업을 잘하지 않거나 무책임하게 하여 피해를 발생시켰을 경우
5. 저수지에서 물을 방출할 때 침수될 수 있는 지역과 강 하천위험지역, 재해위험지역들에 살림집, 공공건물, 시설물을 건설하거나 농작물을 재배하는 것 같은 금지된 행위를 하여 피해를 발생시켰을 경우

6. 장마철 기간 국가의 통일적인 물관리지휘에 복종하지 않아 피해를 발생시켰을 경우
7. 재해방지물자를 계획대로 생산 또는 조성하지 않았거나 보관관리를 잘 하지 않아 부패, 변질, 유실시켰을 경우
8. 재해방지물자를 해당 재해방지대책위언회의 지시 없이 또는 재해방지와 관련없는 사업에 리용하였을 경우
9. 피해규모와 복구정형을 거짓 보고하여 국가의 전반적인 재해구조, 복구사업에 혼란을 주었을 경우
10. 정당한 이유 없이 재해구조 및 복구활동에 인원과 설비를 동원할 데 대한 지시를 집행하지 않았거나 재해구조지원 또는 구조요청을 받고도 응하지 않았을 경우
11. 대피 및 소개지시에 응하지 않아 피해가 발생하였을 경우
12. 기상 및 지진관측환경 보호구역에서 관측기구나 관측환경을 파괴하거나 관측에 지장을 주는 행위를 하여 자연재해경보를 하는데 장애를 조성하였을 경우
13. 개별적 공민이 재해의 발생 또는 그 징후를 발견하였거나 알고 있으면서도 해당 기관에 통보하지 않고 방임하거나 재해와 관련한 틀린 정보나 근거 없는 말을 퍼뜨려 엄중한 후과를 발생시켰을 경우

제63조 (형사적 책임)

이 법 제62조의 행위가 범죄에 이를 경우에는 기관, 기업소, 단체의 책임있는 일군과 개별적 공민에게 형법의 해당 조문에 따라 형사책임을 지운다.

부록4 : 동서독 정부 간 재난공동대응협정 및 접경수로협정[78)]

동서독 접경지역에서 피해 대응의 원칙에 관한
서독 정부와 동독 정부 간의 협정(1973년 9월 20일)
(재난공동대응협정)

제1조 본 협정의 원칙들은 별도의 규칙에 따르도록 규정되었거나 향후 별도로 규정되는 경우를 제외하고는 유효하다.

제2조 재난의 발생 또는 손실의 확대를 저지하기 위한 노력, 정보 그리고 규명과 관련된 재난상황이라 함은 특히 다음의 것들이다.

(1) 화재가 이하에서 서술되는 지역에서 상대방의 주권 지역상의 경계를 넘어갈 위험이 있을 때
(2) 홍수, 빙해가 접경 하천에서 발생하거나 하수로가 폐쇄되는 것
(3) 폭풍 및 광해가 경계 선상에서 직접 발생하는 것
(4) 야생질병을 포함한 전염성 있는 질병이 경계 선상에서 인간 또는 동물 등에 발생할 때
(5) 산림과 평지의 목초들의 병해가 접경지대에서 발생하는 것
(6) 유류 오염 또는 접경하천 또는 지하수에 유해물질이 침투하거나 토지를 오염시켜 상대국의 영역에 영향을 미치는 것과 같은 기타 재난이 접경지역에서 발생하거나 나타났을 때
(7) 공기 오염이 접경지대에서 발생하거나 해당 지역에서 나타나 상대국의 영역에 있는 사람, 동물 또는 식물에 직접적인 위험을 초래할 수 있을 때
(8) 폭발 또는 폭파가 경계 선상에서 발생하여 그 영향이 상대국가의 영역에 미칠 수 있을 때
(9) 교통사고가 직접적으로 접경지역에서 발생하여 생기는 재난
(10) 방사능 위험

제3조

(1) 발생하거나 위험한 재난에 대하여 상대국의 정보는 단시간에 그에 소

78) 박훈민, 2016, "분단국가의 재난대비 실무협력법제에 관한 연구". 한국법제연구원. pp.81-89. 일부문구 수정함

재하는 상주대표에게 제공한다.

(2) 지체 없이 즉각 대응함으로써 상대국의 지역으로 손해가 확대되는 것을 막을 수 있을 때는 정보의 교환은 서독의 국경보안기관과 동독의 국경경비대 사이에서 오직 경계의 특별한 지점에서 구두로 전달되거나 통신상으로 전달될 수 있다. 경계상의 연락 지점들은 예정된 위치에 설치된다.

(3) 본 조의 제1항과 제5조에서 서술된 상주대표부의 설치는 "1972년 12월 21일자 서독과 동독 간의 관계 기본에 관한 조약" 제8조에 따라 설치될 때까지는 접경협의회의 양측 대표가 합의하는 임무에 따라 수행된다.

제4조

(1) 양국은 모든 가능한 수단을 동원하여 자국의 지역에서 발생한 재난이 상대국의 지역으로 침범하는 것을 저지해야 한다.

(2) 재난 및 화재 대응조직과 구조업무와 보건의료 업무 조직의 차량과 정비는 원칙적으로 자국의 지역에만 투입되어 질 수 있다.

(3) 경계에 직접 접한 지역에서 재난상황이 발생하고 이 재난이 상대측으로 월경해 가는 것을 효과적으로 저지하는 것이 한 측에서만 시행하는 것으로는 불가능할 경우 상대측에서 공동으로 재난방지를 실시하기 위하여 협력할 수 있다.

제5조 재난 상황은 양국에서 자국의 관할 하에서 대응하여야 한다. 필요한 경우 대표자는 상대측에 상호 간 협력을 요청할 수 있다. 사고결과 관련 조사는 조서를 작성한다. 실재하는 입증자료(예를 들면 사진이나 사진 사본)는 조서에 첨부되어야 한다. 재난사고와 관련된 재난상황을 규정하기 위한 추가적인 검토는 양국 간의 상주대표에 의해서 이루어진다. 특수한 상황에 대해서는 양국의 상설 중앙기관 및 조직 간 이 협정과 다른 예외들은 별도로 한다.

1973년 9월 20일 본에서
독일어 2부의 원문으로 체결

서독을 대표하여 파겔 박사　　　　동독을 대표하여 클롭스

서독 정부와 동독 정부 간의 접경지대에서 재난 대응에 관한 원칙들에 대한 동서독 정부 간의 협정 관련 부속 합의서

서독과 동독 간 접경에서 발생하는 재난 대응의 원칙들에 관한 협정의 비준과 관련하여 각 정부의 위임을 받아 대리인들이 위의 합의서를 작성하였다 :

본 협정은 접경위원회의 업무로서 작성된 문서와 함께 효력을 갖게 된다. 서독 정부와 동독 정부는 이 협정이 비준일 때부터 효력을 갖는 것 이전에 미리 적용하는 것에 대하여 합의하였다.

위험한 상황에서의 정보교환은 원칙에 따라 확정한 정보교환 시설을 통해 이루어진다. 이런 양국의 정보교환을 위한 시급한 기술적인 장비들은 즉시 만들도록 한다.

서독 정부와 동독 정부 간의 접경 수로 및 부속 수로 관련 시설정비와 건설원칙에 관한 1973년 9월 20일 자 협정

본 협정의 원칙은 다른 특별한 규칙이 없거나 향후 존재하지 않을 경우에 적용된다 :

- 접경 수로의 유지관리 및 건설에 관하여 그리고 하상 침식 이전의 하천범람의 방지에 관하여
- 제방을 포함하여 접경 수로에 속하는 하천관리시설의 유지관리, 건설 및 운영에 관하여
- 그 밖의 경우 기준으로 적용한다.

제1조

(1) 양국 정부는 조치를 적용하면서 양국의 주권을 행사하는 영역에서 - 이하 서술하는 구역내에서 - 책임을 가지고 실시한다.

(2) 접경 수로에서 조치는 결과에 있어 경계의 흐름을 변경해서는 안 된다. 수로 경계 또는 육상 경계의 성격 변화는 사전 협의를 통해 변경할 수 있다.

(3) 조치의 적용에 있어서 경계 표지를 훼손하지 않아야 한다. 경계의 표식에 관한 효력은 사전 협의가 필요하다.

(4) 조치는 지역의 여건에 합당한 범위 내에서 배수 및 하수 관계를 보장하는 범위 내에서 시행되어야 한다.

(5) 양국은 예정된 조치에 대하여 사전 통보를 받는다.

(6) 조치가 상대방 영역에서 적용되면 양국의 합의가 필요하다.

(7) 한 국가의 조치가 취해짐으로써 상대방 국가에게 현저한 이익이 된다면 적절한 비용 분담에 대하여 합의해야 한다.

(8) 조치를 시행함에 있어서 접경수로 및 제방을 포함한 관련 수로 시설의 현재 상태를 침해하면 상대방의 수로 이용 및 지역을 손상하지 않아야 한다. 본질적인 침해가 발생한다면 이에 대해 손해배상을 하여야 한다. 손해배상에 있어 향후 나타날 이익에 대해서 동시에 계산해야 한다. 일시적인 퇴적물의 적체 또는 흐름을 방해하는 퇴적물의 제거는

손해배상 없이 시행할 수 있다.

(9) 본 조의 제5항부터 제8항까지는 접경 지역의 지표하천에 대해서도 동일한 효력을 가진다.

(10) 이 원칙의 유효한 개념 정의는 개별적 구체적인 상황에 따른다.

제2조

(1) 양국은 지역적 필요에 의해서 특정한 시기에 시행하여야 할 조치의 방법과 범위를 배분하기로 합의한다. 제반 여건상 필요하면 접경 하천 및 제방을 포함한 하천에 속하는 시설의 구분에 있어 일방의 조치가 단독으로 또는 상호간의 협력으로 이루어져야 할지를 합의할 수 있다. 이러한 상황에 대해서 유지관리의 범위에 대하여 확정되어야 한다.

(2) 상대방 국가의 지역에 대한 조치를 시행함에 있어 양국은 상호 협의한다. 이 협의는 경계순찰 시 경계선 1미터 범위 내에서 - 예외적인 경우 5m 범위 내에서 - 월경하는 것은 필요하지 않다. 이 경우에는 작업시점에 대하여 사전에 상대측에 통보하면 가능하다. 양국 간 어떠한 수로경계 지역에서 이 원칙을 적용할 수 있는지 그리고 어떤 수로 경계 지역에서 1m 보다 큰 범위가 필요한지는 상호 합의한다.

(3) 조치의 집행을 위해 작업용 장비가 상대 국가에 머무를 때는 상대국의 규정 또는 합의된 조건에 따른다.

(4) 상대 국가의 지역에 대한 조치의 시행에 대해 관할권 있는 하천관리조직 또는 관청의 수임 관리만이 정당한 권한을 가진다.

(5) 조치의 집행에 대하여 합의된 지역은 공표할 수 있다.

(6) 응급 및 사고 지원, 사회적 보호 그리고 통신 연결은 작업의 시행과 함께 국가가 작업자를 이용하여 공사를 시행할 수 있다. 타국의 지원조치는 이 경우에 배제되지 않는다.

1973년 9월 20일 본에서
독일어 2부의 원문으로 체결

서독을 대표하여 파겔 박사 동독을 대표하여 클롭스

서독 정부와 동독 정부 간의 접경 수로 및 부속 수로 시설 정비와 건설원칙에 관한 1973년 9월 20일 자 협정 관련 부속합의서

접경수로의 유지관리 및 건설에 관한 원칙에 대한 협정의 방침에 따라 정부의 수임관리들이 합의하여 기록한다.

본 협정은 접경위원회가 작성한 문서와 같은 효력을 발생한다. 서독 정부와 동독 정부는 본 협정이 현존하는 접경위원회에서 부분적이고 먼저 적용될 수 있다는 것과 이에 따라 경계를 확정하고 그 미래에 관하여 합의하는 것에 대하여 의견 합치를 이루었다.

접경 수로 및 부속 수로 관련 시설의 정비와 건설의 원칙에 관한 협정에 대한 기초

개념 정의 :

1. 지표하천 : 하상을 포함하여 자연적으로 지면에 흐르거나 존재하는 물
2. 접경 수로 : 지표하천이 접경 지역에 존재한 경우, 하천 또는 하천의 제방 등이 경계를 이루거나 경계에 의하여 나누어지는 경우
3. 접경 수로에 속하는 수로 관련 시설 : 접경 수로에 속하는 댐을 포함하여 접경수로 또는 그 제방 선상에 존재하는 수리상의 시설(예를 들면 제방, 수로관, 수문)
4. 관리 : 유지를 위한 모든 작용 및 하상과 제방에 있어서 지표하천의 기능을 회복하기 위한 것. 접경의 확정 그리고 그와 관련된 접경을 유지하기 위해 시행되는 준설, 유지, 벌목, 하상 청소 및 시설물의 관리 그리고 제방을 포함한 수리시설의 기능을 회복하기 위한 것을 포함한 활동
5. 건설 : 지표하천의 흐름을 변경하는 수리상의 조치로서 예를 들면 배수 단면을 확장하는 것을 포함하여 부분적으로는 하천의 유선(流線)을 변경하는 것과 결부된 제방 또는 물의 흐름에 있어서 낙차의 개선 그리고 제방을 높이거나 강화하는 조치 등을 포함한다.

부록5 : 북한지역 재난관리체계 개선 조사 설문지

I. 다음은 통계분석에 대한 사회 일반적인 사항에 대한 질문입니다. 해당 사항에 'v' 표를 해주시기 바랍니다. (6개 문항)

1. 귀하의 성별은 ?
   ① 남자 ( )　　② 여자 ( )

2. 귀하의 나이는 ?
   ① 20세 이하 ( )
   ② 21세~30세 ( )
   ③ 31세~40세 ( )
   ④ 41세~50세 ( )
   ⑤ 51세~60세 ( )
   ⑥ 61세 이상 ( )

3. 과거 북한에 거주했을 때 귀하의 직업은 ?
   ① 농업 · 공업 · 축산업 등 노동자 ( )
   ② 봉사 · 예술 체육 ( )
   ③ 당 · 행정 · 교육기관 등 국가기관 ( )
   ④ 군인 ( )
   ⑤ 아동, 학생 ( )
   ⑥ 무직, 기타 ( )

4. 과거 북한에 거주했을 때 귀하의 살았던 지역은 ?
   ① 평양시( ) ② 평안도( ) ③ 황해도 ( )
   ④ 강원도( ) ⑤ 함경도( ) ⑥ 자강도( ) ⑦ 양강도( )

5. 귀하의 학력은 ?
   ① 고졸 이하 ( ) ② 전문학교(2~3년) 졸업 ( )
   ③ 대학교 졸업 ( ) ④ 대학원 이상 ( )

6. 귀하가 북한으로부터 이탈한 시기는 ?
   ① 김일성 시대 : 1995년 이전 ( )
   ② 김정일 시대 : 1995년~2011년 ( )
   ③ 김정은 시대 : 2012년 이후 ( )

※ 다음 질문지에서 재난(재해)의 뜻은 자연 재난과 사회 재난을 포괄적으로 표현하고 있는 용어입니다. 그리고 재난관리 단계는 예방-대비-대응-복구의 4단계로 구분됩니다.

√ 자연 재난 : 홍수(큰물), 가뭄(가물), 태풍, 폭설, 지진화산, 황사 등
√ 사회 재난 : 산불, 화재, 건물붕괴, 폭발, 도로철도사고, 전염병, 미세먼지 등

II. 다음은 북한의 재난관리체계 개선과 관련된 총괄적인 질문입니다. (6개 문항) 각 문항에 대해 본인이 느끼시는 응답 1개를 'v' 표를 해 주시기 바랍니다.

1. 과거 북한에서 발생한 재난(재해) 중 가장 피해가 심각하였다고 생각하는 자연 재난은?
   ① 홍수(큰물) ② 가뭄(가물) ③ 태풍 ④ 폭설 ⑤ 지진화산 ⑥ 황사
2. 과거 북한에서 발생한 재난(재해) 중 가장 피해가 심각하였다고 생각하는 사회 재난은?
   ① 산불 ② 화재 ③ 폭발 ④ 건물붕괴 ⑤ 도로철도 사고
   ⑥ 전염병 혹은 가축전염병 ⑦ 미세먼지
3. 미래에 북한에서 발생 가능성이 가장 높은 자연재난은 ?
   ① 홍수(큰물) ② 가뭄(가물) ③ 태풍 ④ 폭설 ⑤ 지진화산 ⑥ 황사
4. 미래에 북한에서 발생 가능성이 가장 높은 사회재난은 ?
   ① 산불 ② 화재 ③ 폭발 ④ 건물붕괴 ⑤ 도로철도 사고
   ⑥ 전염병 혹은 가축전염병 ⑦ 미세먼지
5. 북한에 재난(재해) 발생 시 가장 우선적으로 지원해야 할 분야는 다음 중 무엇이라고 생각하십니까?
   ① 식량 · 의약품 · 의복 등 구호품 ② 주택 등 임시거소 마련
   ③ 도로, 건물 등 피해지역 복구 ④ 트라우마 등 재난 심리치료
6. 북한의 재난관리 단계 중 어느 단계가 가장 미흡하다고 생각하십니까 ?
   ① 예방단계 ② 대비단계 ③ 대응단계 ④ 복구단계

III. 다음은 북한지역 재난관리체계의 개선을 위하여 귀하께서 평소 "중요하다고 느끼시는 정도인 중요도(미래의 필요수준)"와 "북한의 현재수준(현재 준비 정도)"를 'v' 표 해주시기 바랍니다.

가. 예방	다음은 예방과 관련된 질문입니다. 예방은 재난을 사전에 예방하고 재난발생 가능성을 감소시키며 미래의 재난의 피해를 최소화시키기 위한 활동단계 입니다. (15개 문항)

중요도 (미래의 필요수준)							**예방** 관련 재난관리 인식 측정항목	북한의 현재수준 (현재 준비정도)						
전혀 중요하지 않다	거의 중요하지 않다	중요하지 않다	그저 그렇다	중요하다	약간 더 중요하다	매우 중요하다		전혀 못하고 있다	거의 못하고 있다	못하고 있다	그저 그렇다	잘 하고 있다	약간 더 잘 하고 있다	매우 잘 하고 있다
①	②	③	④	⑤	⑥	⑦	1. 북한당국의 재난의 심각성과 위험성에 대한 인식	①	②	③	④	⑤	⑥	⑦
①	②	③	④	⑤	⑥	⑦	2. 재난안전 법규('재해 및 구조, 복구법' 등)	①	②	③	④	⑤	⑥	⑦
①	②	③	④	⑤	⑥	⑦	3. 북한의 국가조직(당 · 군 · 행정부처)의 예방활동	①	②	③	④	⑤	⑥	⑦
①	②	③	④	⑤	⑥	⑦	4. 북한 국가계획위원회의 재난 방지계획	①	②	③	④	⑤	⑥	⑦
①	②	③	④	⑤	⑥	⑦	5. 감시감독 및 조사	①	②	③	④	⑤	⑥	⑦
①	②	③	④	⑤	⑥	⑦	6. 중앙부서간 및 중앙과 지방부처 협조 · 조정	①	②	③	④	⑤	⑥	⑦
①	②	③	④	⑤	⑥	⑦	7. 재난관련 과학적 연구	①	②	③	④	⑤	⑥	⑦
①	②	③	④	⑤	⑥	⑦	8. 토지사용 규제 및 관리	①	②	③	④	⑤	⑥	⑦
①	②	③	④	⑤	⑥	⑦	9. 재난재해 보험 제도 구비	①	②	③	④	⑤	⑥	⑦
①	②	③	④	⑤	⑥	⑦	10. 안전기준 설정	①	②	③	④	⑤	⑥	⑦
①	②	③	④	⑤	⑥	⑦	11. 위험지도 제작	①	②	③	④	⑤	⑥	⑦
①	②	③	④	⑤	⑥	⑦	12.재난업무의 전담요원 확보	①	②	③	④	⑤	⑥	⑦
①	②	③	④	⑤	⑥	⑦	13.일반 주민들의 재난안전 의식과 문화	①	②	③	④	⑤	⑥	⑦
①	②	③	④	⑤	⑥	⑦	14. NGO · UN 등 국제사회의 예방 분야 지원	①	②	③	④	⑤	⑥	⑦
①	②	③	④	⑤	⑥	⑦	15. 남한 정부의 예방분야 지원	①	②	③	④	⑤	⑥	⑦

나. 대비	다음은 대비와 관련된 질문입니다. 대비는 비상대응, 복구, 재활을 위한 대비를 통하여 실제 상황에 신속하게 대응하기 위한 사전 준비활동으로 효율적으로 재난의 영향을 최소화하는 활동 단계입니다.(15개 문항)

중요도 (미래의 필요수준)							**대비** 관련 재난관리 인식 측정항목	북한의 현재수준 (현재 준비정도)						
전혀 중요 하지 않다	거의 중요 하지 않다	중요 하지 않다	그저 그렇다	중요 하다	약간 더 중 요하다	매우 중요 하다		전혀 못하 고 있다	거의 못하 고 있다	못하 고 있다	그저 그렇다	잘 하고 있다	약간 더 잘 하고 있다	매우 잘 하 고 있다
①	②	③	④	⑤	⑥	⑦	1. 북한당국의 주민 안전 교육 · 훈련실시	①	②	③	④	⑤	⑥	⑦
①	②	③	④	⑤	⑥	⑦	2. 재난대비 조기경보체계 구축	①	②	③	④	⑤	⑥	⑦
①	②	③	④	⑤	⑥	⑦	3. 부처 및 지역간 조정과 협조, 네크워크 구축	①	②	③	④	⑤	⑥	⑦
①	②	③	④	⑤	⑥	⑦	4. 대응 조직, 인력 및 기구 관리	①	②	③	④	⑤	⑥	⑦
①	②	③	④	⑤	⑥	⑦	5. 재난 대비 방송(TV, 라디오) 및 정보자료(신문 등)	①	②	③	④	⑤	⑥	⑦
①	②	③	④	⑤	⑥	⑦	6. 긴급통신, 비상방송 시스템 구축	①	②	③	④	⑤	⑥	⑦
①	②	③	④	⑤	⑥	⑦	7. 대응요원들에 한 재난안전 교육 · 훈련	①	②	③	④	⑤	⑥	⑦
①	②	③	④	⑤	⑥	⑦	8. 재해보험 가입	①	②	③	④	⑤	⑥	⑦
①	②	③	④	⑤	⑥	⑦	9.중요자원(물자,장비 등)의 비축	①	②	③	④	⑤	⑥	⑦
①	②	③	④	⑤	⑥	⑦	10. 재난관련 데이터베이스 구축	①	②	③	④	⑤	⑥	⑦
①	②	③	④	⑤	⑥	⑦	11. 재난대비 예산 확보	①	②	③	④	⑤	⑥	⑦
①	②	③	④	⑤	⑥	⑦	12. 재난 위험성 분석	①	②	③	④	⑤	⑥	⑦
①	②	③	④	⑤	⑥	⑦	13. 위기상황 매뉴얼 작성 및 훈련	①	②	③	④	⑤	⑥	⑦
①	②	③	④	⑤	⑥	⑦	14. NGO, UN 등 국제사회의 대비 분야 지원	①	②	③	④	⑤	⑥	⑦
①	②	③	④	⑤	⑥	⑦	15. 남한 정부의 대비분야 지원	①	②	③	④	⑤	⑥	⑦

다. 대응	다음은 대응과 관련된 질문입니다. 대응은 재난발생시 신속하게 피해(인명 및 재산) 복구와 원조를 제공하는 활동 단계입니다.(20개 문항)

중요도 (미래의 필요수준)							대응 관련 재난관리 인식 측정항목	북한의 현재수준 (현재 준비정도)						
전혀 중요하지 않다	거의 중요하지 않다	중요하지 않다	그저 그렇다	중요하다	약간 더 중요하다	매우 중요하다		전혀 못하고 있다	거의 못하고 있다	못하고 있다	그저 그렇다	잘 하고 있다	약간 더 잘 하고 있다	매우 잘 하고 있다
①	②	③	④	⑤	⑥	⑦	1. 총괄 지시, 통제 · 조정 체재	①	②	③	④	⑤	⑥	⑦
①	②	③	④	⑤	⑥	⑦	2. 비상방송, 보도 시스템 가동 (주민 경고활동)	①	②	③	④	⑤	⑥	⑦
①	②	③	④	⑤	⑥	⑦	3. 대책본부 및 긴급 구조 통제단 가동	①	②	③	④	⑤	⑥	⑦
①	②	③	④	⑤	⑥	⑦	4. 민간 · 군 · 당 · 정부간 협조 체재	①	②	③	④	⑤	⑥	⑦
①	②	③	④	⑤	⑥	⑦	5. 긴급대피 및 대피소 운영	①	②	③	④	⑤	⑥	⑦
①	②	③	④	⑤	⑥	⑦	6.긴급 의료 및 응급 의료소 운영 (응급처치 등)	①	②	③	④	⑤	⑥	⑦
①	②	③	④	⑤	⑥	⑦	7. 구호물품 보급(식량 · 의류 · 물 등)	①	②	③	④	⑤	⑥	⑦
①	②	③	④	⑤	⑥	⑦	8.인명수색과 구조 활동	①	②	③	④	⑤	⑥	⑦
①	②	③	④	⑤	⑥	⑦	9. 장비, 설비 투입	①	②	③	④	⑤	⑥	⑦
①	②	③	④	⑤	⑥	⑦	10. 초기 현장 대응력	①	②	③	④	⑤	⑥	⑦
①	②	③	④	⑤	⑥	⑦	11. 통행제한 등 치안질서 유지	①	②	③	④	⑤	⑥	⑦
①	②	③	④	⑤	⑥	⑦	12. 도로 · 철도 등 교통수송망 확보	①	②	③	④	⑤	⑥	⑦
①	②	③	④	⑤	⑥	⑦	13. 통신 및 의사전달 체계	①	②	③	④	⑤	⑥	⑦
①	②	③	④	⑤	⑥	⑦	14. 재난 상황정보 수집 및 분석	①	②	③	④	⑤	⑥	⑦
①	②	③	④	⑤	⑥	⑦	15. 현장 대응 및 지도요원들의 전문성	①	②	③	④	⑤	⑥	⑦
①	②	③	④	⑤	⑥	⑦	16. 의료장비, 치료(의사) 수준	①	②	③	④	⑤	⑥	⑦
①	②	③	④	⑤	⑥	⑦	17. 응급복구 및 피해조사	①	②	③	④	⑤	⑥	⑦
①	②	③	④	⑤	⑥	⑦	18. 대응기관별 활동 목표와 역할의 명확화	①	②	③	④	⑤	⑥	⑦
①	②	③	④	⑤	⑥	⑦	19. NGO · UN 등 국제사회의 대응 분야 지원	①	②	③	④	⑤	⑥	⑦
①	②	③	④	⑤	⑥	⑦	20. 남한 정부의 대응분야 지원	①	②	③	④	⑤	⑥	⑦

라. 복구	다음은 복구와 관련된 질문입니다. 복구는 재난으로 인한 피해를 재난 이전의 상태로 회복시키는 활동 단계입니다.(15개 문항)

중요도 (미래의 필요수준)							복구 관련 재난관리 인식 측정항목	북한의 현재수준 (현재 준비정도)						
전혀 중요하지 않다	거의 중요하지 않다	중요하지 않다	그저 그렇다	중요하다	약간 더 중요하다	매우 중요하다		전혀 못하고 있다	거의 못하고 있다	못하고 있다	그저 그렇다	잘 하고 있다	약간 더 잘 하고 있다	매우 잘 하고 있다
①	②	③	④	⑤	⑥	⑦	1. 이재민 임시 거주지 마련	①	②	③	④	⑤	⑥	⑦
①	②	③	④	⑤	⑥	⑦	2. 핵심도로 · 철도 등 교통시설 복구	①	②	③	④	⑤	⑥	⑦
①	②	③	④	⑤	⑥	⑦	3. 잔해물 및 장애물 제거	①	②	③	④	⑤	⑥	⑦
①	②	③	④	⑤	⑥	⑦	4. 전기, 통신 복구	①	②	③	④	⑤	⑥	⑦
①	②	③	④	⑤	⑥	⑦	5. 국가보조금 지원 및 보상	①	②	③	④	⑤	⑥	⑦
①	②	③	④	⑤	⑥	⑦	6. 피해자 심리상담 치료 (스트레스 · 트라우마 등)	①	②	③	④	⑤	⑥	⑦
①	②	③	④	⑤	⑥	⑦	7. 보험금 지급	①	②	③	④	⑤	⑥	⑦
①	②	③	④	⑤	⑥	⑦	8. 피해규모 평가	①	②	③	④	⑤	⑥	⑦
①	②	③	④	⑤	⑥	⑦	9. 복구계획 수립을 위한 원인조사	①	②	③	④	⑤	⑥	⑦
①	②	③	④	⑤	⑥	⑦	10. 재발 방지 대책 수립	①	②	③	④	⑤	⑥	⑦
①	②	③	④	⑤	⑥	⑦	11. 대응계획, 결과 평가 및 수정	①	②	③	④	⑤	⑥	⑦
①	②	③	④	⑤	⑥	⑦	12. 장기적 원상복구	①	②	③	④	⑤	⑥	⑦
①	②	③	④	⑤	⑥	⑦	13. 복구 예산 확보	①	②	③	④	⑤	⑥	⑦
①	②	③	④	⑤	⑥	⑦	14. NGO · UN 등 국제사회의 복구 분야 지원	①	②	③	④	⑤	⑥	⑦
①	②	③	④	⑤	⑥	⑦	15. 남한 정부의 복구분야 지원	①	②	③	④	⑤	⑥	⑦

부록6 : 약어표

ASF	African Swine Fever
CDC	Center for Disease control and prevention
CLRTAP	Convention on Long-Range Transboundary Air Pollution
CRED	Center for Research on the Epidemiology of Disaster
COVID	Coronavirus disease
DMZ	Demilitarized zone
EM-DAT	Emergency Events Database
EOC	Emergency Operation Organization
ERC	Emergency Relief Coordinator
EUPS	European Union Programme Support
FAO	Food and Agriculture Organization of the United Nations
FEMA	Federal Emergency Management Agency
GCF	Green Climate Fund
GNP	Gross National Product
GTI	Great Tumen Initiative
IAEA	International Atomic Energy Agency
IARC	International Agency for Research on Cancer
ICBM	Inter-Continental Ballistic Missile
ICRC	International Committee of the Red Cross
IDNDR	International Decade for Natural Disaster Reduction
IFRC	International Federation of Red Cross and Red Crescent Societies
ILC	International Law Comission
IPCC	Intergovernmental Panel on Climate Change
IVI	International Vaccine Institute

KCDC	Korea Centers for Disease Control and Prevention
MERS	Middle East Respiratory Syndrome
NDCC	National Disaster Coordinating Commission
NDRT	National Disaster Response Team
NEASPEC	North–East Subregional Programme for Environment Cooperation
NOWPAP	Northwest Pacific Action Plan
OCHA	Office for the Coordination of Humanitarian Affairs
ODA	Official Development Assistance
OECD	Organization for Economic Cooperation and Development
OIE	Office International des Epizooties
PDRT	Provincial Disaster Response Team
PM	Particulate Matter
RCS	Red Cross Society
SARS	Severe Acute Respiratory syndrome
SCEDM	State Committee on Emergencies and Disaster Management
SDC	Swiss Agency for Development and Cooperation
SLBM	Submarine–Launched Ballistic Missile
UNDP	United Nations Development Programme
UNDRO	United Nations Disaster Relief Organization
UNEP	United Nations Environment Programme
UNFPA	United Nations Population Fund
UN–HABITAT	United Nations Human Settlements Programme
UNHCR	United Nations High Commissioner for Refugees
UNICEF	United Nations International Children's Emergency Fund
UNISDR	United Nations International Strategy for Disaster Reduction

USGS	United States Geological Survey
VOA	Voice of America
WFP	World Food Programme
WHO	World Health Organization
WMO	World Meteorological Organization

참고문헌

1. 단행본

곽길섭. 2019. 『김정은 대해부』. 서울: 도서출판 선인.

김성철. 2015. 『재난과 평화』. 서울대학교 통일평화연구원.

김영훈 · 권태진 · 남민지. 2012. 『맞춤형 대북 농업협력사업 추진방안 연구』. 농촌경제연구원.

김용현 외. 2010. 『평생교육 프로그램 개발론』. 파주: 양서원.

김웅락 · 이현담. 2008. 『재난관리체계론』. 한국학술정보(주).

김진원. 2012. 『재난관리론』. 파주: 동화기술.

남성욱. 2016. 『현대 북한의 식량난과 협동농장 개혁』. 파주: 한울엠플러스.

노진철. 2010. 『불확실성 시대의 위험사회학』. 파주: 한울.

니콜라스 발칙 · 폴 트레이시 지음. 김태웅 · 김학렬 · 홍현숙 옮김. 2017. 『재난관리 및 대응 사례연구』. 성남: 북 코리아.

다케나카 헤이조 · 후나바시 요이치 공저. 김영근 옮김. 2012. 『일본 대지진의 교훈 : 복합위기와 리스크 관리』. 서울: 도서출판 문.

데이비드 콰먼 · 강병철 역, 2020. 『인수공통 모든 전염병의 열쇠』. 제주: 꿈꿀자유 서울의학서적

류 충. 2001. 『재난관리론』. 파주: 도서출판 한성문화.

____. 2014. 『재난관리론』. 천안: 도서출판 미래소방.

메리 비어드(Mary Beard) 지음, 강혜정 옮김, 2016. 『폼페이, 사라진 로마 도시의 화려한 일상』. 파주:(주)글항아리.

박찬석. 2015. 『재난심리학』. 토파민.

베리 부잔 · 김태현 역. 1995. 『세계화시대의 국가안보』. 파주: 나남출판사.

송창영. 2013. 『재난안전 이론과 실무』. 파주: 예문사.

_____. 2014. 『재난안전 A to Z』. 파주: 기문당.

예병일. 2015. 『세상을 바꾼 전염병』. 서울: 도서출판 다른.

유재천 · 김동규 옮김. R Wimmer · J Dominick 지음. 2014.

『매스미디어 연구방법론』. 서울: 한경사.
이민부 외. 2006. 『북한의 환경변화와 자연재해』. 파주: 한울.
이순형 · 김창대 · 진미정. 2014. 『북한이탈청소년과 남한청소년의 도덕성, 법의식과 권위 인식』. 서울대학교출판문화원 서울대학교통일학연구총서 21.
이 연. 2016. 『국가위기관리와 재난정보』. 서울: 박영사.
이승열. 2009. 『김정일의 선택』. 서울: 시대정신.
이재열. 2009. 『위기관리 사회학이론 일반, 정지범 편저 국가종합위기관리』. 파주: 법문사.
______. 2014. 『바이러스는 과연 적인가?』. 대구: 경북대학교출판부.
이재열 외. 2018. 『한국사회의 변화를 돌아보다』. 과천: 진인진.
이종렬 · 김근영 · 박흥식 · 백윤정. 2007. 『국가재난관리시스템』. 서울: 현대문화사.
이종열 · 이종영 · 최진식 · 정지범. 2014. 『재난관리론』. 서울: 도서출판대영문화사.
이호동 · 문현철 · 이종렬 · 위평량. 2009. 『재난관리법과 예산 기금 · 구조』. 서울: 도서출판대영문화사.
이화정 · 양병찬 · 변종임. 2003. 『평생교육 프로그램 개발의 실체』. 서울: 학지사
임강택 · 권태진. 2014. 『농업분야의 지속 가능한 대북지원 및 남북 협력방안 모색』. 서울: 통일연구원.
임예준 · 이규창. 2017. 『북한 재난협력 방안과 과제』. 서울: 통일연구원.
정병도. 2015. 『재난관리론』. 파주: 도서출판 동화기술.
정지범 편저. 2009. 『국가 종합위기관리 : 이론과 실제』. 파주: 법문사.
채 진. 2018. 『재난관리론』. 도서출판 동화기술.
최정임. 2002. 『인적 자원개발을 위한 요구분석 실천가이드』. 서울: 학지사.
칼 짐머 · 이한음 역. 2013. 『바이러스 행성』. 고양: 위즈덤하우스.
태영호. 2018. 『태영호 증언 3층 서기실의 암호』. 서울: 기파랑.

하미나 외, 2011.『방사능 상식사전』. 서울;21세기북스.
한동하. 2019.『면역이 답이다』. 서울;페가수스.
홍윤철. 2020.『펜데믹』. 서울;포르체.
황창화. 2014.『재난관리체계 Ⅱ』. 국회도서관.
행정자치부. 2003.『국가재난관리종합대책』. 국가재난관리시스템기획단.
국가정보원. 2017.『북한법령집 상 · 하』
통일부. 2018.『2018 통일백서』. 서울: 장애인동반성장협회.
______. 2019.『2019 통일백서』. 서울: 장애인동반성장협회.
______. 2020,『2020 통일백서』. 서울: 장애인동반성장협회.
행정자치부. 2003.『국가재난관리종합대책』. 국가재난관리시스템기획단.

2. 학술지 · 연구자료집

강택구 외. 2016.「통일 대비 북한지역 자연재해 대응을 위한 자료 구축과 남북협력 방안 연구(1)」.『한국환경정책 · 평가연구원』.
고은경 외. 2016.「영유아 교사의 인성교육 지도역량 요인에 대한 요구도 분석」.『한국보육지원학회』. 제12권. 제5호
김병로. 2014.「재난과 평화 : 북한의 재해, 기근, 사회적 불평등」.『서울대 통일평화연구원』. p.295.
김남신. 2011.「시뮬레이션에 의한 백두산 화산분출 영향범위 분석」.『한구지역지리학회지』. 제17권. 제3호. p.348.
김순양 · 전기우. 2012.「우리나라 교육불평등 대처 정책의 우선순위 설정 : 일반교사를 대상으로 한 Borich 요구도 분석(Needs Analysis)」.『한국정책연구』. 제12권. 제3호.
김승권. 2005.「한국 재해구호의 현황 및 문제점과 발전방안」.『한국위기관리논집』. 제1권. 제2호.
김진원 · 정한범. 2018.「효과적 남북한 재난대응 협력을 위한 법제도적 문제 고찰」.『경북대학교 사회과학기초자료연구소 연구방법논총 3』.

pp.25-55.
김진한. 2017.「북한이탈주민의 법의식 실태와 준법의식 제고방안 연구」.『한국형사정책연구원』 연구총서 (17-AA-11).
김창호 · 신소영. 2014.「시설보안시스템의 효과적인 안전관리를 위한 연구 : 재난안전 의식을 중심으로」.『한국재난정보학회논문집』. 제11권. 제4호. 통권 30호.
나채준. 2012.「과학적 재해관리체계 강화를 위한 법제연구」.『한국토지공법학회』. pp.497-525.
노영선 외 8명. 2018.「북한 재난의 역학」.『대한응급의학회 추계학술대회』.
명수정 외. 2008.「북한의 자연재해취약지 추정 및 남북협력 방안 연구」.『한국환경정책 · 평가연구원』.
박민형. 2016.「비군사적 위협증가에 따른 주변국의 대응」.『국가안전보장문제연구소』. 2015 안보연구시리즈. 제2권. 제1호.
박소연 · 김백조 · 안숙희. 2010.「북한의 자연재해 현황 및 특성」.『 한국방재학회논문집』.
박소연 · 이영곤 · 김세원. 2010.「북한의 홍수 피해 현황 및 대응방안」.『한국수자원학회 2010년도 학술발표회』. pp 1867-1872.
박훈민. 2016.「분단국가의 재난대비 실무협력 법제에 관한 연구」.『한국법제연구원』.
백경선 외. 2006.「국가교육과정기준 개발에서 사회적 요구분석 방법연구」.『한국교육연구학회』.
백민호. 2013.「북한재난발생과 우리나라의 대응에 관한 연구」.『북한연구학회 추계학술회의 : 동아대학교 동아시아연구원』.
백승국. 2019.「북한의 재난발생에 대한 남북협력과 정책적 제언」.『통일교육원 통일논문집 : 38회 대학생 통일논문 현상공모 입상작』.
변선영 외. 2019.「중장기 보육 기본계획에 대한 원장의 요구도 및 중요도 분석」.『학습자중심교과교육연구』. 15. 579-604.
석재왕 · 홍윤근. 2020.「북한주민의 재난 및 재난관리 인식에 대한 연구」.

『국가안보와 전략: 국가안보전략연구원』. 제20권 제1호. pp.115–151.
소순창 · 이창섭 · 한형서. 2019.「IPA 분석을 통한 지방분권 정책의 중요도와 만족도에 관한 실증분석」.『지방행정연구』. 제33권 제1호. pp.119-144.
손기웅. 1996.「북한의 환경정책과 실태」.『국제정치논총』. 35(2).
손기웅. 2012.「통일직후 과도기 상황에서의 북한지역 안정화 방안」.『국방대학교 안보문제연구소』. 제55권 제2호.
송인호 · 최귀일. 2019.「북한의 재난관리 법제에 대한 고찰」.『경희법학』. 제54권 제2호. pp.27-55.
신은경 외. 2017.「요구분석 연구동향 : 2006-2016년 국내학술지 게재 논문을 중심으로」.『한국인력개발학회』. 제19권. 제1호. pp.65-97
신호준 · 백민호. 2014.「북한의 재난발생에 따른 남한의 대응에 관한 기초연구」.『한국방재협회논문집』. 제14권. 제5호 pp.165-171.
오윤경 · 정지범. 2016.「국가 재난안전관리의 전략에 대한 연구」.『한국행정연구원』.
오해영. 2016.「재난에서의 집단 트라우마와 지역공동체 탄력성」.『한국심리학회』.
유영의 · 이미선 · 송미정 · 장은정. 2018.「Borich 공식을 통해 살펴 본 유아의 놀이권리에 대한 교사의 중요도와 실행도에 대한 인식」.『학습자중심교과교육연구』. 제18권. 제15호.
윤성효. 2011.「백두산 화산의 실태, 촉발의 가능성과 영향」.『백두산화산관련대책 전문가 간담회: 남북관계발전특별위원회』. p.13.
이금순. 2017.「남북한재난관리 협력방안」.『통일연구원』.
이동훈 · 김지윤 · 강현숙 · 이혜림. 2016.「일본의 재난관리체계 및 재난심리지원체계 고찰과 시사점」.『한국콘텐츠학회』. 제16권 제7호.
이재열 · 김동우. 2004.「이중적 위험사회형 재난의 구조」.『한국사회학회논문집』. 제38집 제3호. pp.143-176.

이정화 · 김동진. 2012.「국내 자연재해 물류체계 개선방안 연구 : 태풍 콘파스 사례를 중심으로」.『로지스틱스연구』. 제 20권 제 2호 pp 75-92.
이철범 · 김효진. 2015.「북한급변사태 시 대응 방안」.『한국민간경비학회보』. 제14권. 제1호. pp 229-368.
임동진. 2016.「사회안전에 대한 인식수준과 영향요인 분석 : 시민과 공무원을 대상으로」.『한국정책과학학회보』. 20(1). 89-114.
임을출. 2011.「2000~2010 한국의 인도적 대북지원의 현황과 평가」.『한국개발연구원』. 제13권, 제2호.
전병성. 2004.「남북한 임진강 수해방지사업 협력방안」.『한강과 환경』. 제 7권, 8호 pp 14-17.
정기웅. 2017.「백두산 화산분화에 대비한 남북협력 체제 구축 필요성의 제기」.『국재학논총』. 제 26집. pp 159-176.
정길호. 2008.「우리나라 지진발생 현황 및 지진대책」.『대한지방행정공제회』. 제43권. 제478호.
조대연. 2006.「국내 성인교육의 요구분석 연구동향: 1990-2005년 관련 문헌을 중심으로」.『한국성인교육학회』. 제9권. 제1호. pp 85-106.
_____. 2009.「설문조사를 통한 요구분석에서 우선순위 결정방안 탐색」.『고려대학교 교육문제연구소』. 제35권. pp.165-187.
조석현 · 김태윤. 2014.「폐기학습 이론의 우리나라 재해재난관리정책에의 함의」.『한국행정학보』. 48(4).
조영순. 2000.「우리나라 최근 지진발생 현황과 지진 및 지진해일 감시체계」.『대한지질공학회』.
최윤중 외 2명. 2017.「도시지역과 농촌지역의 재난안전에 관한 인식조사연구」.『한국재난정보학회』. 논문집 제13권 통권37호.
홍영교 외. 2009.「재해구호품 전달체계의 개선방안 연구 : 재해지역 주민과 공무원의 인식을 중심으로」.『한국행정학회』. 제18권. 제4호 pp.375-400.
황수환. 2017.「자연재해 대응 관련 북한의 정책과 법 · 조직체계」.『국회입법조사처 입법과 정책』. 제3호. pp.241-268.
황지웅 · 안상진 · 변성준. 2016.「재난 사례분석을 통한 대규모 풍수해 발생에 따른 국가적 심리치료 지원체계 개선방안 연구」.『위기관리 이론과 실천』. 제12권. 제5호 .

3. 학위논문

강경일. 2014.『북한지역 재난시 안정화를 위한 도시생명선 구축』. 서울대학교 대학원 박사학위논문.
권영희. 2018.『한반도 통일에 대비한 남북협력 재난안전관리 구축에 관한 연구』. 가천대학교 대학원 설비소방공학과 박사학위논문.
김민정. 2010.『한GMO에 대한 감정 및 위험인식과 세계관이 GMO 식품 구매의도에 미치는 영향』. 고려대학교 대학원 석사학위논문.
김선영. 2013.『한국에 영향을 미친 황사 출현에 관한 연구』. 건국대학교 대학원 박사학위논문.
김영주. 2017.『정부신뢰, 재난경험, 사회적 자본이 재난 위험인식에 미치는 영향』. 연세대학교 대학원 박사학위논문.
김윤태. 2012.『1990년대 식량난이후 북한주민의 생애경험이 인권의식 형성에 미치는 영향 연구』. 연세대학교 대학원 박사학위논문.
김태일. 2014.『한국의 재난관리 실태와 문제점 연구 : 세월호를 중심으로』. 한양대학교 기업경영대학원 석사학위논문.
류마리아. 2019.『요구분석에 기반한 성인 쓰기교육 내용 연구』. 전남대학교 대학원 박사학위논문.
백경선. 2006.『국가교육과정기준 개발에서 사회적 요구분석과 반영체제 연구』. 고려대학교 대학원 박사학위논문.
문병현. 2016.『재난관리 거버넌스 체제에 관한 연구』. 호남대학교 대학원 박사학위논문.
박보현. 2018.『의사소통 역량강화를 위한 학습자의 문법교육 내용 요구분석

연구』. 고려대학교 대학원 박사학위논문.
박재휘. 2019.『노인의 재난안전 인식에 관한 연구』. 건국대학교 대학원 박사학위논문.
박찬석. 2014.『소방조직 연령 구성비 변화에 따른 문제점과 대응방안에 관한 연구』. 서울시립대학교 대학원 박사학위논문.
변우택. 2018.『재난관리 운영효과성의 영향요인에 관한 연구』. 건국대학교 대학원 박사학위논문.
신소영. 2015.『경찰, 소방의 재난관리체계 실태분석 및 효율화 방안 모색』. 경기대학교 대학원 박사학위논문.
오영출. 2012.『북한지역의 기후변화 협약 산림메카니즘 활용방안 연구』. 서울대학교 대학원 박사학위논문.
오형근. 2018.『남북한 자연재난 협력의 법제도 연구』. 국민대학교 대학원 박사학위논문.
이재선. 2011.『의료전문인을 위한 영어 교수요목 설계 : 요구분석을 중심으로』. 강원대학교 대학원 박사학위논문.
이종찬. 2018.『채용제도변화에 따른 대학생과 기업종사자의 인식
차이 및 교육요구도 분석』. 백석대학교 교육대학원 석사학위논문.
이종찬. 2018.『채용제도변화에 따른 대학생과 기업종사자의 인식차이 및 교육요구도 분석』. 백석대학교 교육대학원 석사학위논문.
장시성. 2009.『한국의 재난관리체제 구축방향에 관한 연구 : 재난관리 담당 공무원 인식을 중심으로』. 명지대학교 대학원 박사학위논문.
정병도. 2012.『기후변화에 따른 포괄적 국가재난관리시스템에 관한 연구』. 인제대학교 대학원 박사학위논문.
정병윤. 2014.『통일대비 대북지원 NGO의 역할과 효율성 재고방안』. 동아대학교 대학원 박사 학위논문.
최호철. 2019.『재난대응역량과 재난관리성과의 관계성에 법 · 제도 체계성이 미치는 조절효과 연구』. 건국대학교 대학원 박사학위논문.
함병우. 2018.『국제 개발복지 비영리조직 구성원의 역량모델 개발과 교육요

구 분석』. 숭실대학교 대학원 박사학위논문.
홍윤근. 2020. 『북한지역 재난관리체계의 개선에 관한 연구 : 탈북민의 북한 지역 재난관리에 관한 인식을 중심으로』. 건국대학교 대학원 박사학위논문.

4. 신문, 인터넷

김준태, 2019.5.20. 「세종, 재난대비 못한 공무원 곤장 100대 때렸다」. 『동아일보』, A29면.
김현진, 2015.12.30. 「국제사회 올해 대북지원 4천270만달러.. 대부분 영양지원」. 『미국의 소리(VOA)』. https://www.voakorea.com/a/3122916.html. (검색일자: 2019.06.30)
박효순, 2019.1.30. 「북한 재난의료 효율적 구호-지원과 협력- 교류 특별법 필요하다」. 『경향신문 & 경향닷컴』.
이연철, 2018.10.17. 「북한, 경제규모 대비 자연재해 피해 세계 3번째」. 『미국의 소리(VOA)』. https://www.voakorea.com/a/4616291.html. (검색일자: 2019.05.28)
허태회, 2009.9.22.「위기발생 사후비용은 사전비용의 1,000배 넘어」. https://www.youtube.com/watch?v=uPnjIZI7T9c.(검색일자: 2019.08.03.)
홍윤근, 2018.4.25. 「상생의 남북관계 발전위해 북한 재난관리 필요하다」. 『천지일보』.

5. 전자문헌

국가법령정보센터. http://www.law.go.kr
국립국어원표준국어대사전. https://stdict.korean.go.kr
국립재난안전연구원. http://www.ndmi.go.kr
국민재난안전포털. http://www.safekorea.go.kr

국방부 군사편찬연구소. http://www.imhc.mil.kr
국회입법조사처. http://www.nars.go.kr
기상청. http://www.weather.go.kr
네이버 위키백과. https://ko.wikipedia.org/wiki
미국의 소리(VOA). http://www.voakorea.com
북한정보포털서비스. https://nkinfo.unikorea.go.kr
세계법제정보센터. http://world.moleg.go.kr
소방방재청. http://www.nfa.go.kr
아시아뉴스통신. http://www.anewsa.com
재난포커스. http://www.di-focus.com
지진연구센터. https://quake.kigam.re.kr
통계청. http://kostat.go.kr
통일교육원. https://www.uniedu.go.kr
통일부. https://www.unikorea.go.kr
통일뉴스. http://www.tongilnews.com
통일법제데이터베이스. https://www.unilaw.go.kr
한국방재안전학회. http://www.dssms.org
한국방재학회. http://www.kosham.or.kr
한국재난정보학회. http://www.sodi.kr

6. 북한문헌

< 김일성, 김정일 전집 · 선집>

김일성. 2006.『김일성전집 61』. 평양: 조선로동당출판사.
_____. 2006.『김일성전집 62』. 평양: 조선로동당출판사.
_____. 2009.『김일성전집 80』. 평양: 조선로동당출판사.
김정일. 2013.『김정일선집 19』. 평양: 조선로동당출판사.
_____. 2014.『김정일선집 22』. 평양: 조선로동당출판사.

______. 2014.『김정일선집 23』. 평양: 조선로동당출판사.

< 단행본>

리철민 · 원주철. 2017.『북부피해복구로 보는 조선의 모습』. 평양: 평양출판사.
류선학. 2018.『북변땅의 신화』. 8-13. 평양: 금성청년출판사.

< 사전류, 당규약>

조선말대사전. 2004. 평양: 과학백과사전출판사.
조선말대사전. 2010. 평양: 과학백과사전출판사.
조선로동당 규약. 2016. 2016.5월 7차 당대회 수정 당규약.

< 신문 · 방송 · 잡지 >

노동신문사. 2015.2.27.「전국 지진 및 화산부분 과학기술발표회」『노동신문』 4면
노동신문사. 2017.1.1.「신년사김정은」.『노동신문』. 1면
북한농업출판사. 1998.『농업수리화』. 제3호(루계 제73호).
북한농업출판사. 2016.『농업수리화』. 제5호(루계 제183호).

7. 영문자료

Barton, A. H. 1969. *Communities in disaster: a sociological analysis of collective stress situations.* Garden city, N.Y : Doubleday.

Beck, U. 1992. *Risk Society: Toward a new Modernity. London* : Sage Publication.

Borich, G. 1980. A Needs Assessment Model for Conducting follow-up Studies. *Journal of Teacher Education.* 31(1). 39-42.

Drabek, T. E. 2007. Emergency management and homeland security curricula: Contexts, Cultures, and Constrains. *Journal of*

Emergency management.
Fritz, C. E. 1961. *Disaster In Contemporary Social Problems.* in IR Merton and R Nisbet(Eds). New York:Harcourt, Brace and World, 651–694.
Gilbert, C. 1995. Studying Disaster: A Review of the Main Conceptual Tools. *International journal of Mass Emergencies and Disas ters.* 13(3). 231–240.
Islam, T. & Ryan, J. 2016. *Hazard Mitigation in Emergency Manage ment.* Oxford, UK: Cambridge, MA: Butterworth–Heinemann.
Jones, D. K. C. 1993. Slope instability in Warmer Britian. *The Geo graphical journal.* 159(2). 184–195.
Kaufman, R. 1988. Needs Assessment: A Menu. *Educational Tech nology.* 28(7). 21–23.
Kaufman, R. Platt, W. Leigh, D. Watkins, R. 1998. Need Assessment – a digest, review and comparison of needs assessment liter ature. *Performance improvement.* 37(7). 40–53
Kasperson, R. E. and Pijawka, K. D. 1985. Societal Response to Haz ard and Major Hazard Events : comparing Natural and Tech nocological Hazard. *PAR.* 45.
Kreps, G. A. 1984. Sociological inquiry and Disaster Research. *Annual Review of sociology.* 10. 309–330.
Krimsky, S. & Golding, D. 1992. *Social Theories of Risk.* Westport, Conn : Praeger Publishers.
Luhmann, N. 1992. what is communication. *Communication theory.* 2(3). 251–259.
Mckillip, J. 1987. *Needs analysis: Tools for the human service and education.* Newbury Park. CA: Sage.
Mink, O. G, Shultz, J. M, & Mink, B. P. 1991, *Developing and man*

aging open organizations : A model and methods for maximizing organizational potential. Austin, TX : Somerset Consulting Group.

Moles, T. M. 1977. Planning for Major Disasters. *British journal of Anaesth. 49.* 643–649.

Nunnally, J. 1978. *Psychometrics theory.* New York : McGraw–Hill.

Petak, William. J. 1985. Emergency Management : A challenge for Public Administration. *Public Admonistration Review.* 45. 3.

Posner, R. A, 2004, *Catastrophe : Risk and Response*, New York :Oxford University Press.

Pinkowski, J. 2008. *Disaster management Handbook*. New York : CRC Taylor & Francis Group.

Quarantelli, Enrico. L.(ed.) 1998. *What is a Disaster?: Perspectives on the Question*. London : Routledge.

Richardson, B. 1994. Crisis Management Strategy: Time to "Loop the Loop ?". *Disaster Prevention & Management*. 3. 59–80.

Richardson, B. 1994. Socio–technical Disasters: Profile and Prevalence. *Disaster Prevention & Management*.

Sylves, R. 2014. *Disaster policy and politics: Emergency management and homeland security*. LA : CQ Press.

Turner, B. A. 1976. The organizational and inter–organizational development of disasters. *Administrative Science Quarterly*.

Turner, 1978. Man–made Disaster. London : *Wykeham Publications*.

Timothy, J. Smith. 2014. Overlord/Bodyguard: Intelligence Failure through Adversary Deception. *International Journal of Intelligence and CounterIntelligence*. 27. 550–568.

Willam, L. Waugh Jr. & Kathleen Tierney. 2007. "*Emergency Management*". Washington. D.C. : ICMA press. p.144.

Zimmerman, Rae. 1985. The Relationship of Emergency Management to Governmental Policies on Man-made Technological Disasters. *Public Administration Review 45(Special Issue)*.

CRED. https//www.cred.be
EM-DAT. https://www.emdat.be
FEMA. https://www.fema.gov
IFRC. https://media.ifrc.org
INFORM. https://www.inform-index.org
OCHA https://www.unocha.org
UNDP. https://www.undp.org
UNISDR. https://www.unisdr.org
WIKIPEDIA. https://www.wikipedia.org
WHO. https://www.who.int

8. 이미지 출처

- 불의 고리 : 위키피디아. https://ko.wikimedia.org/Pacific_Ring_of_Fire.png(검색일 : 2020.4.13.)
- 폼페이 및 베수비오 화산 : 위키피디아. https://en.wikipedia.org/wiki/Pompeii(검색일 : 2020.5.5.)
- 지구의 내부구조 : 행정안전부(국민안전처, 2016). https://www.mois.go.kr
- 미세먼지와 초미세먼지 비교 : 소방방재청. https://www.epa.gov(검색일 : 2019.12.25.)
- 코로나바이러스 구조 : 위키피디아. https://en.wikipedia.org/wiki/Coronavirus(검색일 : 2020.3.11.)
- 태풍 '링링' 대비 김정은 주재 비상확대회의 : 네이버(연합뉴스).

https://news.naver.com/main/read.nhn?oid=001&aid=0011068445
(검색일:2020.2.13.)
- 유엔의 재난대응 기구 클러스터 : UNOCHA.
https://reliefweb.int/sites/reliefweb.int/files/resources/Disaster
(검색일: 2020.4.25.)
- 체르노빌 원전사고후 모습 : 위키피디아.
https://en.wikipedia.org/wiki/Chernobyl_disaster(검색일:2020.5.6.)
- Icon : made by Smashcons from www.flaticon.com
- Icon : made by Freepik from www.flaticon.com